社区戒毒和社区康复的理论与实践研究课题成果

社区戒毒与社区康复

刘建昌　等著

中国人民公安大学出版社
·北　京·

图书在版编目（CIP）数据

社区戒毒与社区康复/刘建昌等著．—北京：中国人民公安大学出版社，2011.6

ISBN 978-7-5653-0442-2

Ⅰ.①社… Ⅱ.①刘… Ⅲ.①社区—戒毒②戒毒—康复 Ⅳ.①R163

中国版本图书馆 CIP 数据核字（2011）第 098642 号

社区戒毒与社区康复

刘建昌 等著

出版发行：中国人民公安大学出版社
地　　址：北京市西城区木樨地南里
邮政编码：100038
经　　销：新华书店
印　　刷：北京泰锐印刷有限责任公司

版　　次：2011 年 6 月第 1 版
印　　次：2025 年 7 月第 5 次
印　　张：8.75
开　　本：880 毫米×1230 毫米　1/32
字　　数：232 千字

书　　号：ISBN 978-7-5653-0442-2
定　　价：36.00 元

网　　址：www.cppsup.com.cn　www.porclub.com.cn
电子邮箱：zbs@cppsup.com　zbs@cppsu.edu.cn

营销中心电话：010-83903254
读者服务部电话（门市）：010-83903257
警官读者俱乐部电话（网购、邮购）：010-83903253
教材分社电话：010-83903259

《社区戒毒与社区康复》
课题组成员名单

主持人：刘建昌

成员、撰稿人：

刘建昌　李兴林　曾　伟　张晓春

俞保华　徐炳全　李　巍　秦　娟

阳　莉　王艳斌　刘芷君　黎宜春

蒋　巍　陈　静　覃泽敏　何明波

纪仲昊　张新艳

前　　言

社区戒毒和社区康复是由中华人民共和国第十届全国人民代表大会常务委员会第三十一次会议于 2007 年 12 月 29 日通过，并于 2008 年 6 月 1 日施行的《中华人民共和国禁毒法》确定的新的戒毒和康复模式。我国的毒品犯罪相当严重，吸毒人员数量多，适用社区戒毒和社区康复的人员也比较多。开展社区戒毒和社区康复的理论与实践研究，有着重要的理论价值和实践意义。

由于我国社区戒毒和社区康复工作还处于试点阶段，成熟的经验总结文献资料也还没有形成，所以有必要系统、深入地研究社区戒毒和社区康复工作的理论。

在国外，有一些专家开展了吸毒人员的康复方面的理论研究，也开展了康复方面的实践，但对社区戒毒方面的理论研究不系统，对社区戒毒方面的实践经验总结文献资料也不多，尤其是因为政治制度、法律制度等国情不同，即使有一些社区戒毒理论或实践成果，但可资我国借鉴的也不多。所以，有必要探讨符合我国国情的社区戒毒和社区康复工作的理论，构建我国社区戒毒和社区康复工作理论体系。

基于这种状况和考虑，我们萌发了深入研究的想法，并组织一批对该问题感兴趣的青年教师着手立项，开始从事研究工作。本课题于2009年由广西壮族自治区公安厅立项，计划2010年年底完成。历经两年，基本按时完成了研究任务，并以《社区戒毒与社区康复》著作结项。

本书的研究内容包括：社区戒毒和社区康复的必要性和可能性；社区戒毒和社区康复的指导思想、基本原则和目的与任务；社区戒毒和社区康复的组织机构建设；社区戒毒和社区康复的队伍建设；社区戒毒和社区康复的适用对象；社区戒毒和社区康复的决定与执行；社区戒毒和社区康复的基本措施；社区戒毒和社区康复的制度建设；社区戒毒和社区康复的机制建设；社区戒毒和社区康复的法律文书与档案；社区戒毒和社区康复工作考评；我国社区戒毒和社区康复试点工作的经验；国外社区戒毒和社区康复的经验及启示。

本书预期达到的研究目标是，为社区戒毒和社区康复的组织机构建设、社区戒毒和社区康复的队伍建设和制度建设等各项具体工作提供理论支撑，为社区戒毒和社区康复的实践提供比较系统的、可行性和可操作性强的措施、办法等。

本书的研究思路和写作提纲由主持人草拟，后经部分成员讨论确定，然后按照不同专题内容进行分工承担。承担的分工是：第一章由刘建昌、俞保华负责撰写；第二章由徐炳全负责撰写；第三章由李巍负责撰写；第四章由秦娟负责撰写；第五章由阳莉负责撰写；第六章由李兴林负责撰写；第七章由曾伟负责撰写；第八章社由王艳斌负责撰写；第九章由刘芷君负责撰写；第十章由黎宜春负责撰写；第十一章由张晓春、蒋巍、陈静负责撰写；第十二章由覃泽敏负责撰写；第十三章由何明波、纪仲昊、张新艳负责撰写。研究成果的文稿最后由课题主持人统稿、定稿。

在本书的撰写过程中，参考和借鉴了许多专家和学者的观点。

本书的完成是课题组全体成员共同努力的结果，也是广西壮族自治区公安厅科技处和广西警官高等专科学校领导的关心、支持的结果。在此，对为本书的出版付出辛勤劳动的领导和工作人员表示衷心的感谢。

本书是集体劳动的结晶，但由于课题组各成员的写作风格不一样，更由于各成员的水平和能力参差不齐，难免存在不足与不妥之处，敬请读者批评指正。

《社区戒毒与社区康复》课题组

2011 年 4 月

目　　录

第一章　社区戒毒和社区康复的必要性和可能性

当前，我国禁毒斗争面临严峻的形势。面对戒毒这一世界性难题，为了提高戒毒的效果，我国在总结禁毒戒毒工作经验，并借鉴国外戒毒治疗措施的基础上，确立了以自愿戒毒、社区戒毒、强制隔离戒毒和社区康复为模式的戒毒工作新体系。其中，社区戒毒和社区康复，依托戒毒人员生活的社区，通过有关基层组织和机构实施戒毒管理，更加体现了以人为本的戒毒理念。自《中华人民共和国禁毒法》（以下简称《禁毒法》）实施以来，全国各地结合本地戒毒工作的实际，对社区戒毒和社区康复工作进行了积极的探索和实践，取得了明显的成效。实践表明，深入开展社区戒毒和社区康复工作，不管从国家和社会角度，还是从戒毒人员个人和家庭角度，都是十分必要的，也是可行的，对我国的禁毒工作具有重大的现实意义和深远的历史意义。

一、社区戒毒和社区康复的概念

概念是研究问题的逻辑起点。在此，有必要先明晰几个相关的基本概念。

（一）社区的概念

“社区”一词，最先是德国社会学家滕尼斯在1887年使用。此后，社会学家对“社区”进行了大量的深入的研究，但对于社区概念的含义，无论是国外还是国内，人们的认识还没有完全一致，目前尚没有一个统一的、权威的表述，据有人统计，社区的定义达一百几十种之多。[①] 不同的研究者、不同的组织有不同的表述。《中国大百科全书·社会学卷》中的"社区"的定义是：社区通常是指"以一定地理区域为基础的社会群体"。[②] 我国的一些社会学家认为："社区是进行一定的社会活动，具有某种互动关系和共同文化维系力的人类群体及其活动区域。"[③] 还有一些教材表述为："在社会学上，社区常指以一定地域为基础的社会群体。具体地说，居住于一定地区里的、具有共同联系并彼此交往的人们，就构成一个社区。"[④] 世界卫生组织于 1974 年界定了适用于社区卫生作用的社区（community）定义："社区是指一固定的地理区域范围内的社会团体，其成员有着共同的兴趣，彼此认识且互相来往，行使社会功能，创造社会规范，形成特有的价值体系和社会福利事业。每个成员均经由家庭、近邻、社区而融入更大的社区。"

虽然社会学家对社区下的定义各不相同，但在构成社区的基本要素上认识还是基本一致的，普遍认为一个社区应该包括四个要素：

1. 一定的地域

这是构成社区的最基本的要素，如村落、集镇。社区存在于一定的地理空间，以地理的范围来界定社区的大小。疆界是一般人最能接受的社区的定义。但是，社区之"区"并不是纯粹的自然地理区，它还是一个人文区位，是社会空间和地理空间的结合。[⑤]

2. 一定数量的人口

社区由人所组成。不论何种类型之社区，因人聚集与互动，方

---

① 周云清主编：《社会学》，武汉大学出版社 1988 年版，第 226 页。

② 《中国大百科全书·社会学卷》，中国大百科全书出版社 1991 年版，第 356 页。

③ 郑杭生主编：《社会学概论新修》，中国人民大学出版社 2000 年第 2 版，第 364～365 页。

④ 刘豪兴主编：《社会学概论》，高等教育出版社 1999 年版，第 326 页。

⑤ 郑杭生主编：《社会学概论新修》，中国人民大学出版社 2000 年版，第 365 页。

能满足彼此的需求。但人数多少才能形成一个社区，目前并无定论。社区太大、人数过多，将使彼此互动困难；但人数太少，就一定不可能形成利益互惠与生活维持的团体。

3. 社会互动

社区的核心内容是社区中人们的各种社会活动及其互动关系。[①] 社区内居民由于生活所需彼此产生互动，特别是互赖与竞争关系，如社区居民的食、衣、住、行、育、乐皆需与他人共同完成，相关的经济、交通、娱乐等系统即因此而形成。社区经由不同的社会系统发挥功能，满足居民生活必需，建立社区规范。

4. 社区认同

社区居民习惯以社区的名义与其他社区的居民沟通，并在自己的社区内互动。同时，社区居民中会形成某些共同的行为规范、生活方式及社区意识，如共同的文化传统、民俗、“归属感”和“社区情结”等，它们构成了社区居民的文化维系力。

（二）戒毒的概念

对于戒毒的含义，无论是从国外看还是从国内看，人们的认识比较一致。普遍认为，所谓戒毒，就是指吸毒人员戒除吸食、注射毒品的恶习及毒瘾。而且，基本认同，戒毒包括三个阶段，即脱毒阶段、康复阶段和回归社会阶段。吸毒成瘾人员的完全戒毒，需要1~9年的时间。

1. 脱毒阶段

脱毒，即消除患者的躯体依赖。通常采取一定的脱毒治疗方法，将毒瘾戒断，消除患者对毒品的躯体依赖。脱毒治疗方法有许多，常用的主要有以下几种方法：

（1）自然戒断法，也称冷火鸡法或干戒法，是指强制中断吸毒者的毒品供给，仅提供饮食与一般性照顾，使其戒断症状自然消退而达到脱毒目的的一种戒毒方法。

---

① 郑杭生主编：《社会学概论新修》，中国人民大学出版社2000年版，第365页。

（2）药物戒断法，也称药物脱毒治疗，是指给吸毒者服用戒断药物，以替代、递减的方法，减缓、减轻吸毒者戒断症状的痛苦，逐渐达到脱毒的戒毒方法。目前我国常用的戒毒药物大致有以下几类：①阿片受体激动剂（最常用的是美沙铜）；②阿片受体部分激动剂（代表药物是丁丙诺啡）；③非阿片类药物（代表药物为可乐宁、洛非西定）；④莨菪碱药物；⑤部分精神药物（常用的有抗精神病药物氯丙嗪、氯氮平、抗癫痫药物氯硝安定等）；⑥各类中草药。

（3）非药物戒断法，是指采用针灸、理疗等，减轻吸毒者戒断症状反应的一种戒毒方法。其特点是通过辅助手段和“心理暗示”的方法，减轻吸毒者戒断症状的痛苦，达到脱毒目的。

脱毒的过程一般 7～21 天即可完成。有人认为，整个脱毒治疗过程分为以下几个时期：第一，脱毒治疗前期，一般指吸毒者在家庭、单位、朋友、社会和自己内心等压力的情况下，开始打算或决定戒毒的时期。第二，脱毒治疗早期，一般指脱毒治疗过程的头 5 天。第三，脱毒治疗中期，一般指脱毒治疗过程的中间 5 天。第四，脱毒治疗后期，一般指脱毒治疗过程的后 5 天及以后。

2. 康复阶段

在此阶段，消除稽延性戒断症状，并消除患者的精神依赖，即所谓的“去心瘾”。脱毒完毕绝非是戒毒治疗的终结，在常规的脱毒治疗中，由于药物的作用只是消除了生理戒断症状，而戒毒者的心理状况、神经功能、身体状况还未恢复，行为还未得到矫正，这些都是导致复吸的因素，因此需要有一个过程来处理脱毒后的稽延性戒断症状以及心理和行为问题，这个过程就是康复阶段。这个阶段主要是采用心理疏导、正面教育、社会帮助、体育锻炼、改善营养等措施以解除或消除稽延性症状和心瘾，矫正个体的不良心理、行为态度，完成心理上的康复，使戒毒者能够重返社会，成为社会所能接纳的人，成为亲社会的人。这个阶段通常需要 6～12 个月或更长的时间。

3. 回归社会阶段

回归社会阶段又称后续照管阶段，指的是戒毒者回归社会之后，建立一监督、扶持、帮教系统予以后续照管，以便对戒毒者提供专业或职业辅导以及其他方面的支持和帮助，使他们能作为一个正常人适应并融入正常的社会生活之中。这个阶段需要 1 ~3 个月或更长时间。

（三）康复的概念

康复，原意是复权，即恢复到原来应有的地位和状态。康复概念有广义和狭义之分。广义康复也就是“全面康复”，包括“医学康复”、“教育康复”、“职业康复”、“社会康复”；狭义康复则是指医学康复。

康复，最早、也最主要的是应用在医学领域。在医学领域内，康复是指功能复原，即针对各种先天性或后天的疾病和损伤所造成的各种功能障碍，包括肢体、内脏功能障碍和精神上的障碍或受限、不全和残缺，采取综合措施，以训练治疗为主，辅以必要的教育、心理、辅助支具的应用和环境的改造、适应等，使之尽可能恢复正常的功能或重新获得技能；对无法恢复的功能，除充分发挥其残余功能外，可采取补偿的办法，使其具有独立生活的能力，重返社会，并担任其应有的角色。这一过程都属于康复的范畴。简单地说，康复，是指综合地、协调地应用医学的、社会的、教育的、职业的措施，以减轻伤残者的身心和社会功能障碍，使其得到整体康复而重返社会。

后来，康复被应用在戒毒领域。戒毒康复，是指综合地、协调地应用医学的、教育的、心理的、社会的、职业的各种科学方法，使产生特殊药物（毒品）依赖性的人由于吸食毒品而损坏或丧失的生理功能、社会功能等尽快地、尽最大可能地得到恢复和重建，并帮助他们逐步增强体格、精神、社会和经济等方面能力的一项综合性工作。戒毒康复包括医学康复（利用医学手段促进康复）、教育康复（通过特殊教育和培训促进康复）、心理康复（利用心理咨询和矫治手段促进康复)、职业康复(恢复就业能力取得就业机会)以及社会康复(在社会层次上采取与社会生活有关的措施,促使吸毒者能重返社会)。①

(四)社区戒毒的概念

关于社区戒毒的概念,有不同的表述。有的表述为:“社区戒毒,是指吸毒成瘾人员在社区的牵头、监管下,整合家庭、社区、公安以及卫生、民政等力量和资源,使吸毒人员在社区里实现戒毒的一种方式。”有的表述为:“社区戒毒,是指以政府为主导,以社区为单元,通过基层群众组织、社区戒毒志愿者对吸毒成瘾人员开展戒毒治疗、康复训练、技能培训、就业援助与指导等工作,最大限度地使戒毒康复参与者的生理、心理得到恢复,社会生活能力得到增强,最终回归社会的一种方式。”有的表述为:“社区戒毒,是指吸食、注射毒品成瘾人员在家庭、社区组织以及政府有关部门和社会力量的监督帮助下,固定生活地址、联系方式和工作场所,在一定期限内戒除毒瘾的一种方式。”

无论何种表述,社区戒毒的概念都包括以下几个基本要点:

第一,社区戒毒的地点是在社区,即吸毒人员户籍所在地或者现居住地。

第二,社区戒毒的对象是第一次发现吸毒成瘾的人员。

第三,社区戒毒依靠的力量是社区的各种社会力量,包括政府机构、社会组织或团体以及家庭等。

第四,社区戒毒是一项综合性的戒毒措施,包括戒毒治疗、身心康复和重返社会正常生活的完整过程,它将最初对吸毒者以惩罚为主转变为以治疗、康复、教育为主,突出了以吸毒人员为病人的中心理念,重点是对吸毒人员开展戒毒回归后的社区帮教工作。

不同的国家,社区戒毒的具体内容和采取的具体措施、做法有所不同。根据《禁毒法》的规定,我国社区戒毒的基本内容包括:

---

① 广东省三水戒毒康复管理所廖小粦:《解读禁毒法科学定位戒毒康复工作》。

第一，对吸毒成瘾人员，公安机关可以责令其接受社区戒毒，同时通知吸毒人员户籍所在地或者现居住地的城市街道办事处、乡镇人民政府。

戒毒人员应当在户籍所在地接受社区戒毒；在户籍所在地以外的现居住地有固定住所的，可以在现居住地接受社区戒毒。

第二，城市街道办事处、乡镇人民政府负责社区戒毒工作。城市街道办事处、乡镇人民政府可以指定有关基层组织，根据戒毒人员本人和家庭情况，与戒毒人员签订社区戒毒协议，落实有针对性的社区戒毒措施。公安机关和司法行政、卫生行政、民政等部门应当对社区戒毒工作提供指导和协助。

第三，对签订社区戒毒协议的人员，不收押，不限制人身自由。

第四，社区戒毒的期限为 3 年。

第五，城市街道办事处、乡镇人民政府，以及县级人民政府劳动行政部门对无职业且缺乏就业能力的戒毒人员，应当提供必要的职业技能培训、就业指导和就业援助。

第六，接受社区戒毒的戒毒人员应当遵守法律、法规，自觉履行社区戒毒协议，并根据公安机关的要求，定期接受检测。

第七，对违反社区戒毒协议的戒毒人员，参与社区戒毒的工作人员应当进行批评、教育；对严重违反社区戒毒协议或者在社区戒毒期间又吸食、注射毒品的，应当及时向公安机关报告。

对于接受社区戒毒的人员，不影响其工作，不影响其家庭生活，不给予任何处分，不在档案里做任何记载。

社区戒毒是一种戒毒措施或形式。社区戒毒与强制隔离戒毒的关系是：社区戒毒并不是强制隔离戒毒的前置措施，对于吸毒人员并不是一律先进行社区戒毒。根据《禁毒法》的规定，第一次发现吸毒成瘾的人员，先使用社区戒毒这一方式；对于吸毒成瘾严重，通过社区戒毒还难以戒除毒瘾的，可以直接作出强制隔离戒毒的决定，这包括了首次被发现的吸毒成瘾人员，但要根据具体情况来判定。在实际操作中，是直接采取强制隔离戒毒还是先予以社区戒毒，法律赋予了公安机关一定的自由裁量权。

（五）社区康复的概念

社区康复，也称社会康复。与康复概念一样，社区康复最早是针对残疾人的康复而设计的一种治疗护理模式，是指以社区为基地开展残疾人康复工作，即对残疾人进行普查和预防，开展家庭康复训练，帮助残疾人参加社会的政治、经济和文化活动，使分散在社区的残疾人得到基本的康复服务。其包括以下五个基本点：

（1）依靠本社区的人力资源；

（2）尽可能利用社区原有的卫生保健和民政工作网点；

（3）使用简化的适宜的技术，因地制宜，因陋就简，在社区和家庭条件下可以发挥作用；

（4）以康复中心为后盾，帮助解决复杂的康复医疗、咨询、培训等问题；

（5）在社区对残疾人进行身体的、精神的、教育的、职业的和社会生活等方面的康复训练，使残疾人就地得到全面康复，回归社会。社区康复是初级卫生保健的一个组成部分。

后来，社区康复引申到戒毒工作中，作为戒毒的一种模式。对于戒毒中的“社区康复”，目前尚未有人对之作过完整的阐述。结合以上相关社区康复概念的表述，笔者认为，戒毒中的“社区康复”可以表述为：以社区为基地对吸毒上瘾之人开展康复工作，即对吸毒上瘾之人进行普查和预防，开展家庭康复训练，帮助吸毒上瘾之人参加社会的政治、经济和文化活动，使分散在社区的吸毒上瘾之人得到基本的康复服务。同样地，它也包括五个基本点：

（1）依靠本社区的人力资源（包括他们的家属、所在社区，相应的卫生部门、教育部门、劳动就业部门和社会服务部门等）；

（2）尽可能利用社区原有的卫生保健和民政工作网点；

（3）使用简化的适宜的技术，因地制宜，因陋就简，在社区和家庭条件下可以发挥作用；

(4) 以康复中心为后盾，帮助解决复杂的康复医疗、咨询、培训等问题；

(5) 在社区对吸毒上瘾之人进行身体的、精神的、教育的、职业的和社会生活等方面的康复训练，使吸毒上瘾之人就地得到全面康复，回归社会。

根据《禁毒法》的规定，社区康复是社区戒毒、强制隔离戒毒之后的整个戒毒工作的一个环节。

社区戒毒与社区康复是戒毒中既有联系又有区别的不同工作环节。所谓有联系，是指社区戒毒与社区康复是戒毒工作的两个相互衔接的环节，有戒毒，就应有康复。所谓有区别，就是通常戒毒在前、康复在后；戒毒的重点是“戒”，即将毒瘾戒除，康复的重点是对吸毒上瘾之人进行身体的、精神的、教育的、职业的和社会生活等方面的康复训练，使吸毒上瘾之人就地得到全面康复，回归社会；社区戒毒带有一定的强制性，而社区康复属于自愿性。

二、社区戒毒和社区康复的必要性

(一) 社区戒毒和社区康复是构建我国科学戒毒工作新体系的迫切需要

在实施《禁毒法》以前，我国的戒毒康复主要以强制戒毒、劳教戒毒和自愿戒毒为主，这些方式对我国的禁吸戒毒发挥了重要作用，但也存在不足。强制戒毒将戒毒人员限制在戒毒场所进行治疗和教育，使其戒除毒瘾，并在客观上隔断了戒毒人员与毒品的接触，在一定程度上遏制了毒品的消费需求，减少了社会危害。但是，戒毒人员由于失去人身自由，在戒治过程中容易出现抵触心理，戒治时间也相对较短，最长一般不超过 1 年，虽然可以消除生理毒瘾，但很难戒断其心理毒瘾。劳教戒毒是通过在劳教场所封闭的环境中，进行较长时间的戒毒，使戒毒人员与毒品隔绝，在生理和心理上获得较快的康复，不足的是管理方式相对单调，强调强制性和处分性，忽视戒毒人员既是违法者也是病人和受害者的多重性，存在重管理、轻治疗的偏差。自愿戒毒一般在各地卫生机构进行，生活条件、活动空间、专业人员配置、医疗设施等条件相对比较好，戒毒人员戒毒期间躯体痛苦较少，往往主动配合，一般能较快达到生理脱毒目的，但是戒毒人员需交纳较高费用，戒毒时间过短，很难戒除心理毒瘾，且由于缺少相应的法规制约，对戒毒人员的管理约束相对薄弱，复吸率高。这三种戒毒方式存在的一个共同缺陷是戒毒人员回归社会的帮教措施没有跟上，没有一个良好的过渡和巩固，不能真正达到心理脱瘾，正如全国人大法工委刑法室黄永等学者所言："与社会隔离的戒毒方法虽然能够在一定期限内有效地阻止吸毒成瘾人员接触毒品，在短期内消除生理依赖，但不利于戒毒人员巩固戒毒效果，顺利回归社会，恢复正常的社会生活"。[①] 多年的实践表明，原有的戒毒康复体制已经不能适应禁吸戒毒工作发展的需要。

2008 年 6 月 1 日颁布实行的《禁毒法》，在法律层面确立了我国自愿戒毒、强制隔离戒毒、社区戒毒和社区康复的新戒毒体系，建立起了集生理脱毒、身心康复、重返社会于一体的完整的戒毒康复模式，在这一体系中，社区戒毒和社区康复是不可缺少的环节，与其他两种方式优势互补，共同构成一个更加科学、合理、统一的新型戒毒模式。社区戒毒和社区康复与其他戒毒模式相比，突出的优势在于社会层面的有效帮教、支持和监管机制的完善。

首先，社区戒毒和社区康复区分了吸毒人员的不同情况开展戒毒、康复工作，更有针对性，更人性化。研究表明，吸毒人员的客观情况各不相同，主要有三种：一是吸毒人员戒毒意愿强烈，毒品依赖性不强，戒毒环境较好，可以通过自愿戒毒戒除。二是吸毒人员具备戒毒意愿，但依赖性较强，需要一定的外部环境支持才能控

① 胡鹏：《禁毒法视角下的社区戒毒工作研究》，载《青少年犯罪问题》2008 年第 6 期。

制不再吸毒。三是吸毒人员属于无法自我控制，必须予以隔离戒除。[①] 社区戒毒和社区康复针对上述第二种情况，实施戒毒康复，注意到了吸毒人员既是病人又是违法者的身份，既有一定的管理机制，又不限制其人身自由，以人为本，更加人性化，使其更好地康复、巩固，融入社会。根据《禁毒法》第33条的规定，对吸毒成瘾人员不再直接进行强制戒毒，而是进行社区戒毒。社区戒毒不是行政处罚，而是一种法定的戒毒方法，这体现了把人的生命放在第一位、把对吸毒人员的教育挽救放在第一位的戒毒理念。

其次，社区戒毒、社区康复与其他戒毒方式协同配合、紧密衔接，共同构成科学合理的戒毒、康复新体系。这一新的体系，既注重戒毒工作的社会干预，又强调善后辅导，更加符合戒毒规律。《禁毒法》针对以往戒毒方式的优点和不足，对禁毒体系进行了重构和改进，如对强制隔离戒毒增强人性化管理，淡化惩罚性，强调治疗；自愿戒毒则明文规定其非营利性。同时还考虑到仅有这两种方式仍不能从根本上解决戒毒人员回归社会的问题，在借鉴吸收国外经验和国内实践成功经验的基础上，创设了社区戒毒和社区康复模式，自愿戒毒和强制隔离戒毒的效果需要通过社区戒毒与社区康复加以巩固。根据《禁毒法》的规定，戒毒人员解除强制隔离戒毒后，公安机关可以责令其接受不超过3年的社区康复。可见，社区戒毒比强制隔离戒毒更注重对戒毒人员的社会帮教，使他们在原来生活环境中接受治疗，体现了对戒毒人员宽容、接纳和尊重的态度，为吸毒人员回归新生创造了良好的社会基础。社区戒毒主要由政府出资，脱毒费用比较低，大大减轻了戒毒人员的经济负担，而且社区戒毒时限更长，《禁毒法》规定社区戒毒期限为3年，这符合完整的戒毒治疗过程（生理脱毒、心理脱毒和社会帮教三个阶段）需要3至5年时间的国际惯例。这就保证了戒毒人员在生理脱

---

① 戴富强、郭维丽、文建：《社区戒毒若干问题刍议》，载《云南警官学院学报》2009年第6期。

毒后，在社区中获得帮教人员后期的康复治疗和监督帮助，从而更好地保持操守，降低复吸率。可见，社区戒毒和社区康复是戒毒人员回归社会的关键环节。

从《禁毒法》对整个戒毒体系的构建来看，社区戒毒处在基础性的地位，是必不可少的环节。《禁毒法》除在第33～35条对社区戒毒作了具体规定外，还在第38条中，将强制隔离戒毒的条件建立在难以进行社区戒毒基础上，即："吸毒成瘾人员有下列情形之一的，由县级以上人民政府公安机关作出强制隔离戒毒的决定：（一）拒绝接受社区戒毒的；（二）在社区戒毒期间吸食、注射毒品的；（三）严重违反社区戒毒协议的；（四）经社区戒毒、强制隔离戒毒后再次吸食、注射毒品的。对于吸毒成瘾严重，通过社区戒毒难以戒除毒瘾的人员，公安机关可以直接作出强制隔离戒毒的决定。"从立法逻辑我们不难得出这样的推论：优先考虑社区戒毒，不能解决问题时再启动强制隔离戒毒模式。由此可见社区戒毒的基础性地位。

（二）社区戒毒和社区康复有利于整合社会资源，依靠社会力量，共同解决戒毒问题

吸毒问题是社会问题，要依靠社会力量和社会资源，采取多种手段来共同解决。社区戒毒和社区康复打破了传统封闭式的戒毒理念，改变了过去以强制、惩戒为主，靠少数部门"单打独斗"的做法，通过政府、公安、司法、社区、吸毒人员亲属及吸毒者本人等多方面共同参与，多方入手、多管齐下，有效地整合各种社会资源。《禁毒法》明确规定，禁毒工作实行政府统一领导，有关部门各负其责，社会广泛参与的工作机制；城市街道办事处、乡镇人民政府负责社区戒毒工作，公安机关和司法行政、卫生行政、民政等部门提供指导和协助。社区戒毒和社区康复以社区为基础，以家庭为依托，由专职工作人员、辖区民警、志愿者等采取社区戒毒监护、维持疗法康复等多种手段及措施开展工作，实现了社会力量的整合。这实际上也是专门戒毒机构与群众路线相结合方针的一种具

体体现。

具体而言，社区戒毒和社区康复以社区戒毒机构为核心，通过发挥社区戒毒和社区康复的人文关怀和实施方便、成本低廉、效果明显等优点，解决了强制戒毒投入大、效益低的问题，达到了资源整合、社会联动的工作效果。[①] 这在一定程度上也缓解了政府的压力。在政府的大力支持下，通过加强社会各方面的联合协作，把政府相关部门、社区及家庭的力量整合起来，以街道（乡村）为单位，由街道、乡村、司法所、公安派出所、学校、单位、家庭共同参与，落实责任，为戒毒工作提供良好的净化社区环境；建立由戒毒管理机构、社区、家庭共同协作的帮教网络，组织教师、医生、律师、新闻工作者、社会工作者等有专业特长的人员以及青年志愿者和社会工作者立足岗位或利用业余时间参与社区服务，组织帮教人员进行业务培训，通过有针对性的帮教工作方式方法，切实从心理康复、生活出路、社会交往、家庭和谐等方面着手，帮助戒毒回归人员解决实际困难，并通过适当的监督，及时掌握他们的工作生活现状、心理状态、交往状况、有无复吸迹象等情况，通过跟踪帮教，使他们既感受到社会的关怀和家庭的温暖，又感受到社会、家庭的监督和约束，从而增强戒毒康复工作的效果。

（三）社区戒毒和社区康复有利于巩固戒毒成果，使戒毒人员顺利回归社会、融入家庭，促进社会和谐

温家宝总理在湖北考察禁毒工作时指出，要以科学的态度对待吸毒人员，对他们要给予更多的关爱和帮助，要对戒毒人员实行人文关怀，帮助他们走上新生道路。社区戒毒和社区康复充分体现了这种人文关怀。通过发动群众积极参与创建“无毒社区”、“无毒村”，营造充满人文关怀的社区环境，对戒毒人员的心理脱毒具有直接的影响，宽松、和谐的气氛有助于提高戒毒康复质量和效率，

---

① 许雪峰、刘继平：《关于公安强制隔离戒毒所与社区药物维持治疗门诊之间转介工作的探讨》，载《海峡科学》2010 年第 9 期。

有利于巩固戒毒成果，使戒毒人员顺利回归社会、融入家庭，促进社会和谐。

1. 社区戒毒和社区康复有利于巩固强制隔离戒毒和自愿戒毒的成果

《禁毒法》规定，戒毒人员经过强制隔离戒毒回归社会后，还要接受为期3年的社会康复，以巩固戒毒效果。社会康复工作主要由街道社区负责，针对生理戒断易、心理戒断难、复吸率高的情况，发挥社区戒毒的优势，巩固戒毒成果。因为吸毒者不可能一直留在强制隔离戒毒和自愿戒毒场所，他们终究要回归社会，回到自己生活的社区。在这一过程中，他们可能面对毒品的诱惑和毒瘾威胁，在操守能力相对薄弱的情况下，尤其需要来自社会的帮教和扶持，具体来说，他们需要社会为他们提供监督、帮助机制，需要社会对他们理解和包容，需要社会对他们劝诫警醒，需要社会为他们解决就业问题，等等。戒毒人员重返社区的时候，如果缺少社会的帮教管理，走回头路在所难免。[①] 因此，需要对他们开展社区康复工作，有针对性地实施药物生理脱毒、心理疏导、行为矫治、拒毒能力、生存技能、融入社会技巧等训练，积极帮助戒毒人员走好回归社会这一步，发挥承上启下的衔接作用，巩固戒毒效果，防止复吸。可见，社区康复制度的建立，有利于引导吸毒人员在生活常态下戒毒，为戒毒人员保持操守、适应社会、重获新生创造条件。[②]

2. 社区戒毒和社区康复有利于回归社会、融入家庭

吸毒人员戒毒的最终目的是回归社会、回归家庭、回归正常人的生活。戒毒人员回归的过程中，生理毒瘾戒断易，心理毒瘾戒断难，心病还须心药治，家庭的包容、社区的接纳、社会的理解、歧

---

① 薛丽燕：《我国现行戒毒模式的效果、存在问题及对策》，载《中国药物滥用防治杂志》2005年第11卷第6期。

② 刘丽敏、鲁仲平、陈晓雪：《社区戒毒及社区康复的工作范围探讨》，载《中国药物滥用防治杂志》2010年第16卷第1期。

视的消除，是戒断毒瘾最好的“心药”。获得心理支持可以促使戒毒人员更全面地康复，社区戒毒和社区康复在这方面有着天然的优势。社区是人们活动的最基本的场所，也是家庭存在的基本社会环境，社区可以为戒毒人员提供正常社会交往的机会和平台。在我国，人们历来重视家庭团聚，注重邻里和谐，在社区里，戒毒人员的人身自由不受限制，无须与家庭隔离，能和家人一起生活，与邻里正常交往，对社区和家庭具有浓厚的归属感，依托这种天然的心理归属优势，在无毒社区的环境中，在家人、邻里、朋友的帮助和督促下，在充满亲情温暖的氛围中，真切感受到社会、家庭没有抛弃他们，不断强化戒除毒瘾的信心，逐步克服不良行为，大大提高戒毒康复的效果，最终达到彻底戒除毒瘾、恢复身心健康、真正回归社会的目的。

3. 社区戒毒和社区康复有利于维持社会稳定，促进社会和谐

据全国吸毒人员信息数据库显示，截至2009年年底，全国现有登记在册吸毒人员1335920人[①]，如果把吸毒人员仅仅当成违法者，完全作为社会的对立面，只重打击和惩处，必然引起他们的抵触情绪，丧失改正的信心，容易滋生反社会心理，使他们感觉自己被家庭、被社会抛弃，产生被“边缘化”心理，甚至有家不归、流落社会、无工可做，容易引发诸多社会问题，势必影响社会的和谐稳定。

通过社区戒毒和社区康复的有效措施，积极进行康复治疗、救助和教育引导，可以避免或者减少这些不和谐因素的产生。从实践情况看，通过社区戒毒和社区康复多方面的有效措施，可以促进戒毒人员的心理康复，解决其生活、就业、教育等现实问题，较好地解决康复问题和生活出路问题。例如，社区医生、社区法律工作者、社区心理工作者等有关专业人士可以及时对戒毒人员提供治疗、法律咨询服务、心理辅导干预；在社区中，家人可以对戒毒人

① 公安部网站。

员的生活起居悉心照顾，保持正常的接触和交流，家庭成员能够安心生活、学习和工作；在政府的支持下，社区和劳动保障等部门提供生产劳动、学习教育和再就业的安置平台，使戒毒人员既可以自食其力，减轻家庭负担，又可以在劳动中正常地与他人交往，获得尊重和认同，培养和增强戒毒的意志和信心，更好地抵御毒瘾的诱惑。而且，在社区中，戒毒人员可以随时接受人们的监督，及时获得鼓励与支持。可见，社区戒毒和社区康复具有可持续发展性，既有利于戒毒人员个人的康复和家庭和睦，也有利于社会的和谐稳定。同时，社区戒毒和社区康复还直接关系到禁毒工作的成果巩固和长远发展，因为借助社区健全的组织体系和完善的网络资源优势，一方面能够进一步提高对吸毒人员的管束率，另一方面在吸毒人员基本信息登记、开展社区戒毒帮教、社区禁毒宣传、社区禁毒防治网络建设等方面也能发挥积极的作用。①

（四）社区戒毒和社区康复是特定人群戒毒康复的需要

社区戒毒和社区康复本身是相对独立的戒毒康复模式，符合特定戒毒人群的需要。这些特定人群包括初次吸毒成瘾者、怀孕或者正在哺乳自己不满 1 周岁婴儿的妇女、未成年人，或者老年人，有严重疾病或者残疾、生活不能自理的人等，由负责社区戒毒工作的城市街道办事处、乡镇人民政府加强帮助、教育和监督，督促落实社区戒毒措施，改变以往实行的“凡吸毒必强戒”的禁毒措施，更加体现了执法上的人性化和以人为本的理念，也更有利于特定戒毒人群的戒毒康复。

三、社区戒毒和社区康复的可能性

在我国推行社区戒毒和社区康复，不仅是必要的，而且也是有可能的。

---

① 沈洪仕、何英云、苏俊义：《社区戒毒模式的探讨》，载《中国药物滥用防治杂志》2008 年第 14 卷第 4 期。

（一）党和政府的高度重视为社区戒毒和社区康复提供了政治保证

中国共产党是一个代表最广大人民群众利益的政党，对毒品问题历来旗帜鲜明、态度坚决，一贯主张并实行坚决的禁毒政策，切实地采取有效措施，禁止、取缔一切毒品犯罪活动，消除毒品对人民的贻害。在革命战争年代，就已经在革命根据地、解放区开展禁毒活动；新中国成立后，把扫除毒害和其他社会丑恶现象作为重要任务，在20世纪50年代初全国各地集中军警查封、取缔烟馆，收容吸毒人员进行戒毒，彻底地解决了旧社会遗留下来的毒品问题，中国被国际舆论赞誉为“无毒国”，享誉30多年。当20世纪80年代，贩毒、吸毒等毒品问题死灰复燃的时候，我们党和国家保持了高度警惕性，及时、明确地提出了“禁贩、禁种、禁吸三禁并举，堵源截流、严格执法、标本兼治”的禁毒工作方针。[①] 我们党和政府一贯重视禁毒工作。例如，1990年11月，中国国务院成立了国家禁毒委员会。国家禁毒委员会是国家禁毒的最高机构。委员会由国务院办公厅、海关总署、卫生部等16个部委领导组成。1998年5月，时任中共中央总书记、国家主席江泽民为中国的禁毒事业题词：“禁绝毒品，功在当代，利在千秋。”这表明我国党和政府对禁毒工作的高度重视，向国际社会表明中国政府对待禁毒问题的坚定决心和鲜明态度。2008年6月，中共中央总书记、国家主席、中央军委主席胡锦涛，中共中央政治局常委、国务院总理温家宝，中共中央政治局常委、中央政法委书记周永康对禁毒工作作出重要指示，要求把禁毒工作作为一项长期任务，坚持不懈地抓下去；要认真总结经验，针对新形势、新问题、新特点，继续搞好综合治理，继续深入开展禁毒人民战争；要下大气力，在宣传教育、依法严打、科学戒毒、强化管理、国际合作等方面取得明显成效；要以

① 我国的禁毒方针后来完善为：“预防为主，综合治理，禁种、禁制、禁贩、禁吸并举。”

实施《禁毒法》为契机，加强禁毒执法，努力开创禁毒工作新局面。

党和国家领导人对戒毒康复工作予以了高度重视。温家宝、周永康同志曾多次对戒毒康复工作作出重要批示，2005年7月5日，温家宝同志到昆明市强制戒毒所视察指导工作时，作出“戒毒工作一靠法治，二靠科学，三靠教育；就是靠依法管理，靠科学治疗，靠爱心教育”的重要指示，反复强调要坚持以人为本的理念，对戒毒人员给予人文关怀。2006年6月26日、11月14日，周永康同志两次就禁毒工作发表重要讲话，要求把禁毒工作作为构建社会主义和谐社会的一项重要工作，置于构建社会主义和谐社会的大局中谋划，按照“最大限度地增加和谐，最大限度地减少不和谐因素”的原则，将其作为贯彻落实科学发展观，坚持以人为本、维护社会稳定，促进社会和谐的重要内容，不断促进社会和谐，全力推进戒毒康复场所的建设，切实起到“降低复吸率，提高戒断巩固率”的目标。国务委员、国家禁毒委主任、公安部部长孟建柱指出，禁毒事业，功在当代，利在千秋。从事戒毒工作的同志们要从维护社会和谐稳定、改善和保障民生的高度，充分认识戒毒工作的重要意义，进一步增强做好戒毒工作的责任心和使命感。要把以人为本的理念贯穿戒毒工作始终，积极探索更加人性化的工作方法，把人文关怀体现到戒毒工作的各个方面，最大限度地教育、感化和挽救吸毒人员。要深化戒毒制度改革，坚持科学戒毒，研究建立科学合理的戒毒工作新机制，不断提高戒毒医治水平。要深入研究强制隔离戒毒与其他戒毒措施无缝衔接的有效方法，积极帮助戒毒人员早日重返社会。①

党中央和国务院对禁毒和戒毒工作的重视，向社会、向人民表明了我们党中央和国务院禁毒和戒毒工作的决心，必将增强各级党委和政府以及广大人民群众开展社区戒毒和社区康复工作的信心，

---

① 《北京日报》2009年6月27日。

鼓舞各级党委和政府的广大党政干部以及人民群众的斗志，推动社区戒毒和社区康复工作的全面推开和深入发展。

（二）全国人民的大力支持为社区戒毒和社区康复提供了力量源泉

中国人民饱受毒品的危害，对毒品的危害有切肤之痛。自鸦片战争以来，西方资本主义列强利用他们的船坚炮利，打开了我国的大门，在向中国人民“倾销”（兜售）西方物质文明、精神文明的同时，也强制给中国输入烟毒祸害。他们利用鸦片，不仅从中国搜刮了大量财富，使中国在很长的历史时期里国库空虚，国力衰弱，民不聊生；而且更为严重的是，诱使我国人民吸食鸦片，染上毒瘾，从肉体上、精神上毒害我国人民，让我国人民变成“东亚病夫”，降低了中华民族的素质。因此，我国人民对毒品都恨之入骨。也正因为如此，我国人民也素有同毒品作斗争的光荣传统。1839 年，以林则徐为代表的中国人民在广东虎门进行的“销烟运动”，揭开了中国人民同毒品作斗争的历史，向全世界表明了中国人民对毒品问题的态度和禁毒的决心。此后相当长一段时期里由于当政的统治者本身的反动性质或者他们的软弱无力，没有组织过大规模的全民性的禁毒，使人民群众的禁毒热情受到冷却、禁毒积极性受到抑制；直到代表中国先进的生产力、中国的先进文化和最广大人民群众利益的中国共产党成立后，广大人民群众中受冷落、受抑制多年的禁毒热情、禁毒积极性才又重新被激发和调动起来。在中国共产党的带领下，无论是在革命战争年代，还是新中国成立初期或自 20 世纪 80 年代以来，革命根据地的人民群众或全国人民都拥护、支持禁毒，并满腔热情地投入禁毒斗争。我们之所以在禁毒斗争中取得一个又一个的胜利，就是因为有广大人民群众的拥护、配合和支持。人民群众是我们禁毒斗争的力量源泉，是禁毒斗争取得胜利的力量基础。

社区戒毒和社区康复是整个禁毒工作的重要内容，是《禁毒法》确定的一种新的戒毒模式。由于刚刚试点，除少部分群众由于认识不足，而对社区戒毒和社区康复工作的配合、支持不够外，绝大部分群众都能够认识到社区戒毒和社区康复的必要性，所以拥护、支持和配合开展社区戒毒和社区康复工作。毫无疑问，人民群众是社区戒毒和社区康复工作的力量源泉和力量保证。

（三）独特的政治优势为社区戒毒和社区康复提供了思想和制度保障

我们是中国共产党领导的社会主义国家，它有着比其他国家优越的独特的政治优势。这些优势为我们开展社区戒毒和社区康复提供了思想和制度保障。

1. 以马克思列宁主义、邓小平理论、“三个代表”重要思想为指导思想，为社区戒毒和社区康复工作提供了思想和制度保障

（1）以马克思列宁主义、邓小平理论、“三个代表”重要思想为指导，能够确保社区戒毒和社区康复沿着正确的方向发展。党的十七大的《中国共产党党章》载明，中国共产党以马克思列宁主义、毛泽东思想、邓小平理论和“三个代表”重要思想作为自己的行动指南。马克思列宁主义、毛泽东思想、邓小平理论和“三个代表”重要思想是中国共产党的指导思想，是我们党的一切工作的行动指南。社区戒毒和社区康复工作是禁毒工作的重要内容，是党的事业，必须坚持以马克思列宁主义、邓小平理论、“三个代表”重要思想为指导。马克思列宁主义、邓小平理论、“三个代表”重要思想是世界观、方法论，坚持马克思列宁主义、邓小平理论、“三个代表”重要思想，特别是坚持其中的与时俱进、实事求是、以人为本、走群众路线的思想，能够确保社区戒毒和社区康复沿着正确的方向发展。

①与时俱进。所谓与时俱进，是指准确把握时代特征，始终站在时代前列和实践前沿，始终坚持解放思想、实事求是和开拓进取，在大胆探索中继承发展。与时俱进，是马克思列宁主义、邓小平理论、“三个代表”重要思想和科学发展观的品质。社区戒毒的提出并写入法律，本身是与时俱进的成果；社区戒毒要坚持与时俱

进。与时俱进的思想指导我们，在推进社区戒毒和社区康复工作的各个时期、各个阶段，应该根据社会发展的情况、社区戒毒工作的进展情况，调整工作思路，采取新措施、新方法，以取得新实效。

②实事求是。所谓实事求是，是指从实际对象出发，探求事物的内部联系及其发展的规律性，认识事物的本质。其通常是指按照事物的实际情况办事。实事求是是毛泽东思想的精髓，是邓小平建设中国特色社会主义理论的哲学基础。实事求是的思想指导我们，在推进社区戒毒和社区康复工作中，由于各地的各种情况不同，不同的地区，一切应该从当地、当时情况出发，不照搬照抄。

③以人为本。所谓以人为本，其基本含义简要说就是：它是一种对人在社会历史发展中的主体作用与地位的肯定，强调人在社会历史发展中的主体作用与地位；它是一种价值取向，强调尊重人、解放人、依靠人和为了人；它是一种思维方式，就是在分析和解决一切问题时，既要坚持历史的尺度，也要坚持人的尺度。以人为本，是科学发展观的核心，是中国共产党坚持全心全意为人民服务的党的根本宗旨的体现。以人为本的思想指导我们，社区戒毒和社区康复工作中，不能把被戒毒人员和参与社区康复的人员当做罪犯看待，而应该把他们当做病人，要尊重和保障被戒毒人员和参与社区康复人员的人权，给予被戒毒人员和参与社区康复的人员更多人性关怀。

④走群众路线。群众路线是党的根本工作路线，其基本含义是：一切为了群众，一切依靠群众，从群众中来，到群众中去。走群众路线的思想指导我们，社区戒毒和社区康复工作应该相信群众，广泛发动群众、组织群众，充分依靠群众的力量。只有相信群众，宣传、教育群众，发动、组织、依靠群众，才能做好社区戒毒的各项工作，取得实效。

（2）以马克思列宁主义、邓小平理论、“三个代表”重要思想为指导，能够确保动员人民群众参与社区戒毒和社区康复工作。列宁说过：“没有革命的理论，就没有革命的运动。思想一旦掌握群众，就变成力量。”以马克思列宁主义、邓小平理论、“三个代表”重要思想为指导，就是用马克思列宁主义、邓小平理论、“三个代表”重要思想武装人们的头脑，统一认识、统一思想，进而达到统一行动。用马克思列宁主义、邓小平理论、“三个代表”重要思想指导社区戒毒和社区康复工作，就可以统一全国各族人民的思想和意志，进而动员全国各族人民群众参与社区戒毒和社区康复工作，为社区戒毒和社区康复工作提供雄厚的群众力量。

2. 中国特色社会主义制度，为推行社区戒毒和社区康复提供了各种条件

社会主义制度是人类历史上新的真正的更高类型的民主制度，具有资产阶级及其他剥削阶级制度所不具有的许多优越性。我国实行中国特色社会主义制度。它具有旺盛的生命力、强大的优势，能够为推行社区戒毒和社区康复提供各种条件。[①]

（1）中国特色社会主义制度促进了生产力的大解放。我们实行社会主义市场经济，坚持公有制为主体、多种所有制经济共同发展的基本经济制度，同时创造性地把市场经济与社会主义基本制度结合起来，既注重发挥市场的作用，又注重加强宏观调控，为不断解放和发展社会生产力提供了根本的制度保证，极大地推动了我国经济的迅猛发展，为社区戒毒和社区康复工作的开展创造了经济条件、奠定了物质基础。

（2）中国特色社会主义制度加快了政治文明建设进程。我们坚持把党的领导、人民当家做主和依法治国统一起来，建立并不断完善了人民代表大会制度、中国共产党领导的多党合作和政治协商制度、民族区域自治制度以及基层群众自治制度等一整套政治制度。这套制度同时借鉴吸收了人类政治文明的有益成果，既充分尊重和保障个人民主权利，又能形成共同意志、集中力量办大事，充

① 新华社记者：《社会主义中国的最大优势——论中国制度优越》，新华网2009年09月21日20：22。

满活力又富有效率，培育了我们的紧急应变能力、动员能力和众志成城的集体意志，为我们社区戒毒和社区康复工作动员全民参与创造了条件。

（3）中国特色社会主义制度激发了先进文化的蓬勃发展，使我们形成了社会主义核心价值体系，民族精神和时代精神得到大力弘扬，中华民族的凝聚力、向心力空前增强，全社会展现出奋发向上的精神风貌，为社区戒毒和社区康复创造了良好的人文环境。

（4）中国特色社会主义制度推动了和谐社会建设，促进了社会公平正义和社会和谐稳定，为社区戒毒和社区康复工作开展创造了和谐的社会环境。

（5）中国特色社会主义制度具有“其他任何制度所不能比拟的”强大优势和巨大威力，这是我们社区戒毒和社区康复工作的政治优势——社会主义制度优势。正如邓小平所说：“社会主义国家有个最大的优越性，就是干一件事情，一下决心，一做出决议，就立即执行，不受牵扯……这方面是我们的优势，我们要保持这个优势，保证社会主义的优越性。”①

总之，中国特色社会主义是我们开展社区戒毒和社区康复工作的最根本制度保障。

（四）全面有效推进地社区建设为社区戒毒和社区康复奠定了坚实的社会基础

20 世纪 80 年代后期，我国开始倡导“社区建设”，历经试点及全面推进过程，至今已有 20 多年。随着经济社会发展和改革的不断深化，特别是构建和谐社会重大任务的提出，各地对社区建设的重视程度显著提高，社区建设的步伐加快，使城乡的基层基础工作得到了进一步加强和完善。在社区组织体系方面，通过积极培育社区组织，各地逐步建立健全了社区党组织和社区居民委员会组织，社区建设逐步完善，社区组织逐步健全，保障了社区建设的良

① 《邓小平文选》（第三卷），第 240 页。

性运转。在社区队伍建设方面，通过积极培育社区队伍，居委会干部结构优化、队伍精干、素质明显提高，社区中介组织发展迅速，在城市基层管理和服务中发挥了显著的作用，壮大了社区建设工作力量。在社区民主政治建设方面，通过积极培育社区意识，增强了居民的认同感和归属感；通过积极培育社区活动，居民、社会参与意识不断增强，社区建设的活力增强，制度逐步健全，程序更趋规范，民主自治健康发展。在社区服务方面，领域拓宽、内容拓展、覆盖面扩大。在社区基础设施建设方面，投入增加、力度加大，办公、活动条件大为改善。在社区工作运行机制方面，内外关系逐渐理顺，新的工作机制正在形成。社区戒毒和社区康复以社区为依托，社区的组织体系健全与否、社区的功能完善与否，将直接或间接地影响和制约社区戒毒和社区康复工作的开展。我国社区建设取得的上述成效，为社区戒毒和社区康复工作的开展奠定了良好的社会基础。

（五）卓有成效的社区矫正、社区支持为社区戒毒和社区康复工作提供了可资借鉴的丰富经验

1. 国内外社区矫正的经验

社区矫正，是指将符合特定条件的罪犯置于社区内，由专门的国家机关，在相关社会团体和民间组织以及社会志愿者的协助下，在判决、裁定或决定确定的期限内，矫正其犯罪心理和行为恶习，并促进其顺利回归社会的一种刑罚执行活动。它是与监狱的监禁矫正相对应的一种非监禁刑罚执行方式。

社区矫正制度最先是在西方国家形成。目前，在西方各国，社区矫正制度已经成为普遍适用的刑罚执行方式，而且非常成熟。在我国，尚处于试行阶段。

我国从 2003 年开始社区矫正改革试点工作。2003 年 7 月，最高人民法院、最高人民检察院、公安部、司法部联合下发《关于开展社区矫正试点工作的通知》，对社区矫正的性质、适用范围、工作任务、部门职责、工作要求等作出了规定，正式启动了我国社

区矫正的试点工作，2009年在全国全面试行。目前，北京、上海、江苏、内蒙古等13个省、自治区、直辖市已经在全辖区开展社区矫正工作。截至2010年年底，全国304个地（市）和2053个县（市、区）已全面开展社区矫正工作，覆盖所有乡镇（街道）；全国累计接收社区服刑人员59.8万人，累计解除矫正32万人，现有社区服刑人员27.8万人，矫正人员矫正期间的再犯罪率为0.22%。从2003年开始试点到2009年全面试行共6年，取得了一定的成效，特别是积累了一些经验。（1）在教育矫正方面，加强对社区服刑人员思想教育、法制教育、社会公德教育；组织有劳动能力的服刑人员参加打扫社区卫生、照顾孤寡老人等公益劳动，培养其社会公德意识和良好的行为习惯；根据社区服刑人员的犯罪类型、性格特点、家庭环境等情况，开展有针对性的分类教育和个别教育；一些地区还探索了心理矫正方法，对社区服刑人员进行心理健康教育、心理评估、咨询和治疗等，帮助其消除不良心理和情绪，增强了教育改造效果。（2）在监督管理方面，制定了社区服刑人员报到、迁居、外出请销假等多项监管制度，成立了由司法所、公安派出所、村（居）委会、社会志愿者等组成的监督考察小组，通过谈话、走访等方法，加强对社区服刑人员的监管。（3）在帮困扶助方面，司法行政机关协调民政、人力资源和社会保障等部门，将符合条件的社区服刑人员纳入城市最低生活保障范围，为符合条件的农村籍社区服刑人员落实责任田，免费为社区服刑人员提供技能培训和就业指导，帮助其提高就业谋生能力，解决基本生活保障问题。① 社区戒毒是从社区矫正制度发展而来，国外成熟的社区矫正的一些做法以及上述我国开展社区矫正试点工作的这些经验，对社区戒毒和社区康复有借鉴意义。

2. 国内外对艾滋病病人的社区支持的经验

对艾滋病病人的社区支持，是以社区为基础的艾滋病防治关爱

---

① 《人民日报》2010年2月21日。

的一种模式，即利用社区资源，在社区内大力宣传艾滋病防治知识，对目标人群实施关怀和救助，营造社会对HIV/AIDS的支持性环境，减少社区居民、家庭对吸毒者和HIV感染者的歧视。这是防治艾滋病的有效措施之一。其方法是：建立目标人群（静脉吸毒者）档案、入户随访和例会制度，组织社区居民、目标人群及其家属开展丰富多彩的宣教、联谊活动，对吸毒者和HIV感染者实施情感交流、生活照顾、转介就业等，从精神上、物质上给予艾滋病病人充分的人道主义支援和关爱。

“对艾滋病病人的社区支持”这种针对艾滋病病人防治关爱的模式，在国内外被广泛实践，取得了良好效果，并积累了丰富的经验。在国外，一些国家在对艾滋病病人的社区支持方面创造了有各自不同特点的模式，典型的有澳大利亚社区支持模式、加拿大社区服务模式、英国社区支持模式、美国社区支持模式、非洲AIDS孤儿社区支持模式；在我国，也有一些地方开展了“社区支持”的尝试，形成了一些有特点的模式，典型的有“以救助艾滋儿童为中心”的社区支持模式、“以干预女性性服务者”为目标的社区支持项目、浦东新区AIDS健康促进社区管理模式（简称“MSM工作模式”）、贵州贵阳市实施HIV/AIDS社区支持与关怀项目、昆山市社区艾滋病预防健康教育干预项目、济南市社区艾滋病性病健康促进项目、新疆维吾尔自治区“以社区为基础”的防治毒品危害项目等。

社区戒毒与“对艾滋病病人的社区支持”有相似之处，都是依托社区、针对特殊的群体而实施，所以，国内外“对艾滋病病人的社区支持”的做法对社区戒毒有一定的启示，有些做法可以直接借鉴。例如，澳大利亚社区支持模式，它将艾滋病患者的社会支持纳入社区工作范围，政府和非政府机构以社区为基础开展各种支持活动。社区支持网络用各种形式推介社区服务，并招募志愿工作者为患者服务。志愿工作者在为患者提供服务前接受专门机构的培训，以具备护理艾滋病患者的技术、技能。政府为社区派遣专业工作者，帮助志愿工作者开展工作。又如，美国社区支持模式的做法，它强调以社区为基础为艾滋病患者提供长期关怀。其社区支持包括满足艾滋病患者的医疗需求、心理需求、社会经济需求以及人权法律的需求等方面内容。社区为患者提供治疗手段和治疗信息；对患者亲属进行培训，以提高家庭护理能力；医护人员定期上门为患者服务，为病人开展心理咨询服务；社区各类机构对艾滋病患者及其家庭实施社会救助，给予经济援助；为患者提供人身安全保护，使其免遭暴力侵害和人格歧视；提供法律咨询服务；解决相关法律纠纷，等等。再如，济南市社区艾滋病性病健康促进项目的做法：它们在济南市槐荫区青年公园办事处设立由社区一把手（办事处书记）负责的社区艾滋病性病健康促进领导小组，将艾滋病性病防治列为本级政府的日常工作，并作为政务考核的内容。该小组依托社区计划生育网络开展艾滋病、性病防治工作，具体工作包括：依托社区卫生服务中心，成立了一支集计生人员、医务人员为一体的专业队伍，为社区各类人群提供避孕药具，免费测量血压，免费提供健康咨询，免费为居民体检，免费为各类人群发放宣传品，免费提供艾滋病、性病防治知识；针对社区内的娱乐场所开展社区基线调查，将社区内的娱乐场所按行业特点进行分类、注册，在社区内所有娱乐服务场所中开展“全覆盖”健康使者关爱活动；在所有客房、饭店、歌舞厅的卫生间内放置艾滋病、性病防治宣传服务手册和安全套，等等。总之，就是以社区为基础开展艾滋病、性病的防治工作，有效地利用社区现有资源，借助社区各项优势，把艾滋病性病防治纳入社区发展计划，并与初级卫生保健服务网络融为一体，创造政府牵头、部门协作、全社会参与的大好局面。

四、社区戒毒和社区康复的实现

（一）党委、政府重视，层层落实责任，形成全社会工作格局

社区戒毒和社区康复是一项复杂的社会工程，涉及社会的方方面面，诸如公安、司法、卫生、民政、劳动和保障、工青妇和志愿

者等各种组织和团体，而党委、政府的主要负责人就是本地区的最高领导，掌握着本地区人、财、物的调控权，所以，只有在各级党委、政府对社区戒毒和社区康复工作高度重视，在职权范围内调配各种力量、各种社会资源，协调各个部门的关系，落实各种责任，形成全社会共同参与的工作格局的前提下，社区戒毒和社区康复工作才能深入开展、才能取得成效。

（二）提高认识，统一思想

思想是行动的先导。认识的正确，思想的提高，思想的高度统一，是做好社区戒毒和社区康复工作的思想条件。要搞好社区戒毒和社区康复工作，除了需要一定的物质条件外，更重要的是依靠人——各级党政领导干部特别是社区党政组织的主要领导干部和广大人民群众。人是社区戒毒和社区康复工作的决定性因素。人的认识正确与否、思想觉悟的高低以及思想统一与否，将直接影响和制约社区戒毒和社区康复工作的开展和效果。就各级党政特别是社区党政组织的领导干部而言，只有他们的认识正确、思想统一，才能积极、主动地履行党和国家赋予的职责，认真地研究、分析当地的毒情、吸毒的具体情况，并根据情况制定社区戒毒和社区康复工作规划、计划，发动和组织全社会的力量开展社区戒毒和社区康复。就广大人民群众来说，也只有认识正确了、思想提高了和统一了，才能拥护党和政府的决策，自觉执行法律规定，听从党和政府的号召，主动参与、积极支持和配合社区戒毒和社区康复工作。因此，要开展社区戒毒和社区康复工作，必须解决认识问题。解决认识问题，就是要提高认识、统一思想、统一认识。行动的步调统一，源于思想认识的统一。只有思想认识上统一，才有可能在行动步调上保持统一。思想认识不一致，行动步调也肯定不一致。总之，提高思想认识、统一思想，对于社区戒毒和社区康复工作是至关重要的。

但就目前的情况看，有些地方对社区戒毒和社区康复工作的认识有待提高，思想认识有待进一步统一。一些地方的领导同志对于当前全国和当地禁毒斗争面临的严峻形势，对于当地的吸毒情况，对于全面推开和深入开展社区戒毒和社区康复的重大意义，还缺乏足够清醒的认识。有的对当地的毒情估计不足，认识不到位，认为当地毒品犯罪不突出、吸毒现象不严重，不值得、不必要开展社区戒毒和社区康复工作；有的认为社区戒毒和社区康复工作是公安机关和卫生部门的事，与全党全国的中心工作关系不大，因而重视不够，敷衍了事，措施不力；有的则不相信人民群众，不敢大张旗鼓地发动群众、组织群众和依靠群众开展社区戒毒和社区康复工作。他们在社区戒毒和社区康复工作上心存疑虑，其原因主要有：一是认为在市场经济条件下，在对外开放的环境中，要想在一个国家或地区有效遏制毒品问题很难办到；二是认为我国的社区各方面不完善，难以承担戒毒（康复）工作的重任；三是认为吸食海洛因和新型毒品与以往吸食鸦片不一样，很难解决复吸问题；四是认为市场经济条件下，群众工作难做，群众难发动、难组织。而从群众方面看，其主要体现在：一些群众对社区戒毒和社区康复意义认识不足，对禁绝毒品的信心、对社区戒毒和社区康复效果的信心不足，认为开展社区戒毒和社区康复工作也不一定能禁绝毒品违法犯罪，甚至认为毒品违法犯罪是很难禁绝的；还有的群众认为禁毒也好，社区戒毒和社区康复也好，这是政府的事，与老百姓无关。党政领导干部和人民群众中存在的这些不正确的认识极大地影响着禁毒斗争和社区戒毒与社区康复工作的开展，必须加强宣传教育，予以消除。

要提高认识，统一思想，最主要的是要把禁毒工作、社区戒毒和社区康复工作的认识提高和统一到党中央和国务院的要求上来。党中央和国务院历来重视禁毒工作特别是戒毒工作。在江泽民同志担任中共中央总书记时他就指出："现在不把贩毒、吸毒问题解决掉，从某种意义上说是涉及中华民族兴衰的问题，这不是危言耸听，必须提高到这样的高度来认识。"要开展社区戒毒和社区康复工作，问题的关键就是各级党政领导要把认识提高和统一到党中央和国务院的要求上来。重视不重视禁毒、社区戒毒和社区康复工作，抓不抓禁毒、社区戒毒和社区康复工作，抓得好不好，不仅是禁毒或者社区戒毒和社区康复工作本身的问题，而且是能否在政治上与党中央的部署保持一致的问题。各级党委政府、各级禁毒以及卫生部门都应以对国家、对民族、对历史高度负责的态度，进一步提高对禁毒、社区戒毒和社区康复工作重大意义的认识，切实增强做好禁毒工作、社区戒毒和社区康复工作的责任感和紧迫感，为实现党中央、国务院提出的目标而努力奋斗。

（三）广泛深入开展宣传教育，发动和组织群众积极参与社区戒毒和社区康复

人民，只有人民，才是创造世界历史的动力。人民群众是历史的创造者，这是马克思主义的历史观。在马克思主义看来，任何一项伟大的革命运动都离不开人民群众的配合和支持。人民群众是革命运动的力量源泉。只有有了人民群众的拥护、配合和支持，才能使革命获得巨大的力量保证，才能取得革命的最终胜利。没有人民群众，任何革命运动都很难取得最终胜利；即使取得一时的胜利，最终也会因为没有人民群众做坚强的后盾而不能巩固革命成果、告于失败。如果说禁毒斗争是一场人民战争的话，那么社区戒毒和社区康复就是这场人民战争的一个战役。而无论是对一场战争来说，还是对一个战役而言，同样都离不开人民群众的配合和支持。有了广大人民群众，禁毒斗争、社区戒毒和社区康复工作才有坚实雄厚的力量保证。因为做好禁毒工作的巨大伟力蕴藏在人民群众中间。所以，开展禁毒斗争、开展社区戒毒和社区康复工作，应该走群众路线，要宣传群众、发动群众、组织群众和依靠群众。从某种意义上说，社区戒毒和社区康复工作能不能真正开展起来并取得实效，关键的一点在于人民群众是否能够发动起来。只有广泛发动广大人民群众，才能确保社区戒毒和社区康复工作的各项措施落到实处。广泛宣传教育群众，是开展社区戒毒和社区康复工作不可缺少的重要环节。各级党委、政府和有关部门应该高度重视社区戒毒和社区

康复的宣传发动工作，充分发动群众，营造舆论氛围。但是，从目前情况来看，我们在社区戒毒和社区康复的宣传教育工作上存在时紧时松、缺乏经常性，没有形成制度化，工作不够深入、普及面不广、宣传渠道和形式单一等问题，影响和制约着社区戒毒和社区康复工作的推广和深入。对此，应该予以高度重视，认真加以解决。否则，社区戒毒和社区康复工作将很难全面推开，更难深入、持久地坚持下去。当前，必须进一步加强社区戒毒和社区康复的宣传工作。

首先，要思想高度重视，把宣传工作摆到重要位置。也就是说，各地各级党委、政府和禁毒部门，要把搞好宣传、发动群众工作作为社区戒毒和社区康复的治本工作抓紧抓好，进一步提高人民群众对社区戒毒和社区康复必要性的认识；要把社区戒毒和社区康复工作的宣传教育纳入党和政府宣传工作的总体规划，统筹安排；要层层召开开展社区戒毒和社区康复工作的动员大会，党政主要领导要亲自动员，亲自部署；要制定开展社区戒毒和社区康复工作的宣传提纲，通过报纸、电视、广播、网络等新闻媒体，充分利用多种形式，广泛宣传开展社区戒毒和社区康复工作的重要意义，为开展社区戒毒和社区康复工作大造声势，形成良好的社会舆论氛围。

其次，要深入持久地进行宣传教育，扩大宣传教育的空间和时间。不仅要注意在特定时间点（如每年 6 月 3 日林则徐虎门销烟日、6 月 26 日国际禁毒日等重要纪念日）、时间段（如社区戒毒和社区康复试点初期或全面推广初期）开展大张旗鼓的宣传，还要重视在平时的经久不息的持久性教育，使宣传教育形成一种制度、形成常态化工作。不仅在城市街道、公共场所进行宣传，还要深入农村、中小学、企事业单位，深入每家每户进行宣传教育；不仅在开展社区戒毒和社区康复工作试点的社区进行宣传教育，更要到没有进行试点的社区宣传教育。总之，要进一步扩大社区戒毒和社区康复工作宣传教育的覆盖面和时间，把社区戒毒和社区康复的宣传深入到每一个城镇乡村，做到家喻户晓、人人皆知。

（四）加强对社区戒毒和社区康复的领导和指导

所谓加强领导和指导，就是说各级党委、政府及其领导下的禁毒领导机构都要加强对本地区社区戒毒和社区康复工作的全面领导，而主要的又是政治上、组织上的领导，发挥党和政府在社会主义事业中的领导核心作用、组织者的作用，带领、组织当地人民群众积极投身社区戒毒和社区康复工作，同时要加强对本地区的社区戒毒和社区康复工作的具体业务指导，指导各社区、各有关部门实施各项具体工作。社区戒毒和社区康复工作要动员、组织整个社会的各方面的力量，要采取戒、管、教、心理矫治等各种手段，要贯彻执行国家的《禁毒法》等法律、法规和党的禁毒、戒毒政策、措施，要开展方方面面的工作，只有加强了领导和指导，才能将全社会各方面的力量调动起来、组织起来，参与到社区戒毒和社区康复工作中来；才能保证社区戒毒和社区康复工作所需要的人力、财力、物力和其他各种物质条件；才能保证正确地贯彻执行国家的《禁毒法》等法律、法规和党的禁毒、戒毒政策、措施，使社区戒毒和社区康复工作沿着正确的方向进行；才能使社区戒毒和社区康复工作的各项业务符合预定的目标规范有序、有效地开展，达到预期目的，取得理想的效果。

随着《禁毒法》的普及，以及社区戒毒和社区康复宣传教育工作的不断深化，人民群众已普遍认识到毒品的危害，并逐步加深了对社区戒毒和社区康复工作的必要性、紧迫性的认识，表现出关注禁毒社区戒毒和社区康复工作，并参与社区戒毒和社区康复工作的极大热情，各基层党委、政府特别是社区的党政组织也应更加重视社区戒毒和社区康复工作，社区戒毒和社区康复工作已迎来了开创新局面的良好机遇。目前，问题的关键就在于如何领导和指导本地各社区、各有关部门和各组织、各团体开展好社区戒毒和社区康复工作。为此，各级党委、政府和各级禁毒领导机构应切实担负起本地社区戒毒和社区康复工作的领导和指导责任；各级党委、政府的主要领导要尽职尽责，领导各社区、各有关部门和各组织、各团体落实各项措施。就当前来说，要加强对社区戒毒和社区康复工作的领导和指导，必须首先在工作中做到“六个到位”：

第一，思想认识到位。社区戒毒和社区康复是禁毒工作的重要组成部分，是《禁毒法》规定的一项法律措施，事关国家利益、民族命运、人民群众的期盼，是党中央、国务院交给我们的义不容辞的神圣职责。各级党委、政府和有关职能部门领导对禁毒、社区戒毒和社区康复工作必须予以高度重视，把是否重视毒品问题、能否抓好禁毒和社区戒毒与社区康复工作作为衡量各级党委、政府和有关职能部门讲不讲政治的一项重要标准，使大力开展禁毒斗争和开展社区戒毒与社区康复工作真正成为各级党委、政府和有关职能部门的共识，真正成为每一个干部、每一个工作人员的自觉行动。要树立“毒品一日不绝，国家和社会一刻不得安宁”的忧患意识。总之，各级党委、政府和有关职能部门一定要以对国家、对民族、对历史高度负责的态度，要从讲政治的高度出发，把抓好禁毒斗争作为刻不容缓、毫不懈怠的政治责任，以更大的决心，采取更加有力的措施，坚持不懈、持之以恒地把禁毒斗争、社区戒毒和社区康复工作抓下去，为彻底禁绝毒品而努力奋斗。

第二，组织机构和人员到位。社区戒毒和社区康复工作的开展，要依靠人来组织，更要依靠人来实施。必须建立相应的组织机构，配备相应的人员。这是社区戒毒和社区康复工作的深入开展和取得实效的组织保证。一要建立社区戒毒和社区康复工作的领导机构：成立以党政主要领导为组长、副组长，由社会治安综合治理部门、公安机关、卫生部门、司法部门、民政部门、财政部门、社会保障部门、教育部门、工会、共青团、妇联等职能部门主要领导担任成员的领导小组，负责领导、组织、协调、督促社区戒毒和社区康复工作。二要明确各个部门的职责分工：要明确社会治安综合治理部门、公安机关、卫生部门、司法部门、民政部门、财政部门、社会保障部门、教育部门、工会、共青团、妇联等职能部门在社区戒毒和社区康复工作中的职责，要求各职能部门各行其职、各负其责且密切配合。三要建立社区戒毒和社区康复的专、兼职工作队伍：除社区戒毒和社区康复工作的领导小组的成员要落实到位外，还要配备社区戒毒和社区康复的专职工作人员（不得少于1人）；各社区要成立社区戒毒和社区康复的帮扶小组，落实专门人员；要建立戒毒专业服务组织，引导戒毒社会工作者组织参与社区戒毒和社区康复工作；要探索设立禁毒志愿者组织，招募禁毒志愿者；要加强对社区戒毒和社区康复的专、兼职工作人员的培训，提高专、兼职人员的素质。

第三，组织领导到位。各级党政领导尤其是主要领导同志一定要把搞好本地区、本社区的社区戒毒和社区康复工作作为自己的任期目标，纳入全局工作去考虑和安排；要经常听取禁毒机构的工作汇报，认真分析各地、各部门、各社区的禁毒、社区戒毒和社区康复工作的情况和面临的困难及问题，然后针对存在的问题采取对策，狠抓落实；要明确目标任务，建立领导责任制，建立健全奖惩制度，严格责任追究制度，对那些因对本地毒品问题认识不清，对本地吸毒情况不明，对社区戒毒和社区康复工作重视不够、措施不力，导致毒品问题在其任期内蔓延发展，社区戒毒和社区康复工作开展不起来或深入不下去的，要按照有关规定，严肃追究领导责任；要更加关心各级禁毒机构的建设，建立健全禁毒委员会办事机构，切实加强对禁毒、社区戒毒和社区康复工作的领导与协调，确保禁毒、社区戒毒和社区康复工作从上到下有人抓、有人管，保证各项禁毒、戒毒和社区戒毒与社区康复工作任务和措施的落实。

第四，工作措施要到位。要使社区戒毒和社区康复工作取得实效，必须要有切实可行的工作措施，必须狠抓措施的落实，并把社区戒毒和社区康复工作措施、责任落实到社区党委、政府，再分解到各个职能部门、居民委员会、派出所等基层组织，使社区戒毒和社区康复工作由部门行为转为党委、政府领导下的全社会行为。各级党委、政府一定要提高对开展社区戒毒和社区康复工作的认识，统一策划，周密安排，切实加强对社区戒毒和社区康复工作的领导。在此基础上，要制定出开展社区戒毒和社区康复工作的总体方案，提出社区戒毒和社区康复工作的具体方法和措施。要加强对社区戒毒和社区康复工作的全过程的指导，对调查研究、宣传发动、制定措施、具体落实、检查评比、巩固提高等每一个步骤、每一个环节，都要进行科学论证、科学设计，缜密安排。各地要结合本地实际，采取措施，落实吸毒人员的排查、登记，建立档案，尽可能输入计算机进行管理。要认真调查研究，摸清本地毒情特别是吸毒状况，找准存在的主要问题，有的放矢地开展工作。社区戒毒和社区康复工作，并非一朝一夕所能奏效，必须坚持长期作战，要切合实际制定阶段性目标，以及实现阶段性目标的方法、途径、措施和工作方案，并要求各社区、职能部门不折不扣地贯彻落实，切忌搞形式主义。

第五，保障措施到位。社区戒毒和社区康复工作涉及方方面面，需要大量的人力、财力、物力支持。当前，我国面临的毒品形势十分严峻，深入开展禁毒斗争和社区戒毒与社区康复工作刻不容缓。虽然党中央、国务院十分重视，禁毒、戒毒工作在机构、编制、经费方面都给予了适当的倾斜，但是，仅靠国家财政的拨款是非常有限的，对需要庞大的禁毒经费而言，无异于杯水车薪，解决不了根本问题，因此，各级党委、政府特别是领导同志一定要从大局出发，从禁毒事业的长远发展来考虑，根据需要与可能，加大对禁毒、戒毒，特别是社区戒毒和社区康复工作的支持力度和资金投入，切实解决戒毒工作特别是社区戒毒和社区康复工作中遇到的困难和问题。也要把社区戒毒和社区康复工作的经费，以及教育医治、心理矫治所需的设施设备等纳入财政预算，把戒毒工作特别是社区戒毒和社区康复工作纳入当地经济社会总体发展规划，舍得增加投入，不断改善社区戒毒和社区康复工作条件，保证社区戒毒和社区康复工作所需的基本经费。

第六，工作制度和机制到位。要建立健全各项工作规章制度，用规章制度来规范社区戒毒和社区康复工作。社区戒毒和社区康复是一项严肃的工作，要严格依法按章办事。要建立社区戒毒和社区康复工作适用范围、任务、职责、工作程序、监督管理、考核奖惩等一系列制度，诸如《社区戒毒工作人员以及禁毒志愿者的培训制度》、《戒毒人员定期检测制度》、《执行地点变更制度》、《戒毒人员定期报告制度》、《社区戒毒人员档案管理制度》、《社区戒毒人员信息汇总制度》、《禁毒志愿者招募制度》、《社区戒毒工作保密制度》、《帮教人员资格审查制度》、《社区戒毒工作考核奖惩制度》、《社区戒毒工作责任制和责任追究制度》等各项制度。通过建立各项规章制度规范社区戒毒和社区康复工作，促进社区戒毒和社区康复工作走向正规化道路。要建立完善工作机制，用机制来保障社区戒毒和社区康复工作。要根据社区戒毒和社区康复工作的需要，结合实际，建立和完善诸如经费保障机制、工作协作机制、动态管控机制、督查机制等机制，用机制保障社区戒毒和社区康复工作的顺利开展。

第二章　社区戒毒和社区康复的指导思想、基本原则和目的与任务

社区戒毒和社区康复工作能否顺利进行、效果如何，与坚持什么样的方针、原则有着密切联系，而方针和原则的确定又与社区戒毒和社区康复的指导思想有着直接的关系。为此，我们在研究和实践社区戒毒和社区康复过程中，必须明确其指导思想，坚持正确方针和原则，明确职责与任务，才能实现社区戒毒和社区康复的目的。

一、社区戒毒和社区康复的指导思想

社区戒毒和社区康复的指导思想，是指社区戒毒和社区康复理论与实践应该坚持的思想理论基础与科学指南。重视与强调社区戒毒和社区康复的指导思想，不仅是为了理论研究，而且是为了指导社区戒毒和社区康复的司法实践，因为在社区戒毒和社区康复的司法实践中，无论有多少问题需要探讨、有多少困难需要克服，指导思想的确立总是最为关键的。只有指导思想明确了，工作才有方向。

多年来，我国在戒毒工作中历来遵循的是重惩罚、轻帮教，重脱毒治疗、轻身心康复，重所内治疗、轻社区管理的理念。但从实践工作来看，这种理念指导下的戒毒工作效果并不理想。社区戒毒和社区康复是《禁毒法》在总结我国部分地区多年来戒毒帮教工作成功经验的基础上规定的符合科学戒毒规律和我国国情的新的戒

毒康复措施。在《禁毒法》施行后，全国各地根据中央的要求和部署，结合当地情况，制定了本地区的社区戒毒和社区康复工作方案或实施方案（意见）等，提出了本地的社区戒毒和社区康复的指导思想。具体如下：

山东济南市提出的本地社区戒毒和社区康复工作的指导思想是："以党的十七大精神为指导，以科学发展观为统领，以《中华人民共和国禁毒法》为依据，认真贯彻'预防为主，综合治理，禁种、禁制、禁贩、禁吸并举'的禁毒工作方针，坚持党委政府统一领导、相关部门齐抓共管、社会各界广泛参与的原则，坚持以人为本、依法管理的原则，建立健全社区戒毒治疗、心理干预、帮扶救助、监控管理工作机制，坚决遏制毒品的社会危害，积极推动全市群众性禁毒斗争深入开展，努力为我市经济社会的发展创造良好的社会治安环境。"①

贵州贵阳市提出的本地社区戒毒和社区康复工作的指导思想是："以邓小平理论和'三个代表'重要思想为指导，全面贯彻落实科学发展观，坚持以人为本、注重实效，帮助吸毒人员生理脱毒、身心康复和重返社会相衔接的原则，依法管理、科学戒毒、综合矫治、关怀救助，为我市建设生态文明城市创造良好的社会环境。"②

江西九江市提出的本地社区戒毒和社区康复试点工作的指导思想是："以科学发展观和党的十七大精神为指导，以《中华人民共和国禁毒法》为依据，在浔阳区、庐山区、九江经济开发区开展社区戒毒和社区康复工作，探索建立集生理脱毒、心理康复、回归社会'三位一体'的戒毒康复新模式，力争为全市社区戒毒和社区康复提供经验。"③

---

① 《济南市禁毒委员会2010年全市社区戒毒（康复）工作意见》。

② 《贵阳市禁毒委关于全面开展社区戒毒（康复）工作实施方案（试行）》。

③ 江西九江市《关于在城区开展社区戒毒和社区康复试点工作实施方案》。

云南德宏州提出的本地社区戒毒和社区康复工作的指导思想是："以党的十七大和胡锦涛总书记等中央领导同志对禁毒工作的重要指示精神为指导，全面落实科学发展观，坚持'预防为主，综合治理，禁种、禁制、禁贩、禁吸并举'的禁毒工作方针，建立健全并不断完善与《中华人民共和国禁毒法》相衔接、符合全州实际的禁吸戒毒工作长效机制，深化和巩固禁毒人民战争的成果，最大限度地减少毒品危害。"①

福建福州市鼓楼区提出的本地社区戒毒和社区康复工作的指导思想是："以党的十七大精神为指导，以《中华人民共和国禁毒法》为依据，认真贯彻'预防为主，综合治理，禁种、禁制、禁贩、禁吸并举'的禁毒工作方针，坚持党委政府统一领导、相关部门齐抓共管、社会各界广泛参与的原则，坚持以人为本、依法管理的原则，努力探索和建立社区戒毒治疗、心理干预、帮扶救助、监控管理工作机制，推动群众性禁毒斗争深入开展。"②

湖南湘潭县提出的本地社区戒毒和社区康复工作的指导思想是："以邓小平理论和'三个代表'重要思想为指导，深入贯彻落实科学发展观，全面落实《中华人民共和国禁毒法》，胡锦涛总书记、温家宝总理等中央领导同志关于深入开展禁毒斗争的重要批示精神，加快推进社区戒毒和社区康复工作，全面巩固和深化禁毒人民战争成果，为做好新时期禁毒工作、构建和谐湘潭县创造良好条件。"③

江苏宜兴市提出的本地社区戒毒和社区康复工作的指导思想是："以党的十七届三中全会精神和科学发展观为统领，按照《中华人民共和国禁毒法》关于社区戒毒和社区康复的规定，坚持'以人为本、依法管理、科学戒毒、综合监护'的原则，在政府统

① 云南《德宏州人民政府关于开展社区戒毒和社区康复试点工作的意见》。
② 福建福州市《鼓楼区关于开展社区戒毒（康复）工作方案》。
③ 湖南《湘潭县社区戒毒和社区康复工作实施方案》。

一领导下，协调各方力量广泛参与，逐步实现以镇、园区、街道为主体，社区为基础，家庭为依托，社区戒毒监护、维持疗法康复等多种手段并重的社区戒毒（康复）工作格局，切实提高戒毒工作成效，最大限度地教育挽救吸毒成瘾人员，为构建和谐宜人新宜兴创造良好的社会治安环境。”①

上海奉贤区南桥镇提出的本地社区戒毒和社区康复工作的指导思想是：“开展禁毒斗争，消除毒品危害，利在当代，功在千秋。禁毒是全社会的责任，要坚持禁毒人民战争的理念，认识禁毒斗争的重要性、长期性和艰巨性。要切实加强领导，坚决遏制毒品的蔓延，动员社会多方参与，巩固和完善禁毒工作网络。”②

四川夹江县界牌镇提出的本地社区戒毒和社区康复工作的指导思想是：“以深入开展学习实践科学发展观为指导，以教育挽救吸毒人员为宗旨，以‘以人为本，依法管理，科学戒毒，综合监护’为原则。注重对吸毒人员的康复治疗、权利保障和人文关怀，树立以人为本的禁毒工作新理念，以实现无毒乡镇、无毒村社为目的，建立以村为基础、以家庭为依托，戒毒治疗、康复指导、救助服务兼备的戒毒工作新体系。”③

综观各地提出的社区戒毒和社区康复工作的指导思想，表述不完全一样，强调的重点也不尽一致。应该说，这些指导思想都有各自的立意，体现了指导思想的基本内涵，但给人的总体印象是表述不够完整、全面和规范。从哲学层面而言，有的没有突出中国特色；从宏观角度而言，有的没有明确工作方针、原则、宗旨和目标；从微观的、实际操作的层面而言，有的没有明确职责、手段及措施。

笔者认为，综合我国开展社区戒毒和社区康复工作的指导理

---

① 江苏宜兴市《关于在全市开展社区戒毒康复工作的实施意见》。

② 上海奉贤区南桥镇《关于奉贤区南桥镇社区戒毒（康复）工作的实施意见》。

③ 四川夹江县界牌镇《关于社区戒毒康复推广工作实施方案》。

念、应该坚持的方针和原则，以及追求的工作目标等方面因素，规范的、全面的社区戒毒和社区康复工作的指导思想应表述为：以邓小平理论、“三个代表”重要思想和科学发展观为指导，依据《中华人民共和国禁毒法》和有关的禁毒、戒毒法规政策，按照“预防为主，综合治理，禁种、禁制、禁贩、禁吸并举”的禁毒工作方针，坚持“以人为本、依法管理、科学戒毒、综合监护”的原则，以“教育挽救”吸毒人员为宗旨，以建立集生理脱毒、心理康复、回归社会“三位一体”的戒毒康复模式为目标，在政府统一领导下，以社区为基础，以家庭为依托，协调公安、司法、卫生、民政、劳动和社会保障、工青妇和志愿者等各种社会力量广泛参与，以社区戒毒监护、维持疗法康复等为手段及措施，最大限度地教育挽救吸毒人员，帮助吸毒人员戒除毒瘾、回归社会，为构建和谐社会创造良好的社会治安环境。

对于社区戒毒和社区康复工作指导思想的这个表述，可以从以下方面来理解和把握：

从哲学层面而言，我国的社区戒毒和社区康复工作仍然要以马克思辩证唯物主义和历史唯物主义作为指导，而邓小平理论、“三个代表”重要思想和科学发展观正是中国化的马克思主义理论，是当今中国社会发展与实践的统领，理应作为我国的社区戒毒和社区康复工作的最高层面的指导思想。

第一，依法治国是现代文明的标志，社区戒毒和社区康复工作的开展必须依据《禁毒法》和有关的禁毒、戒毒法规政策进行，只有严格依法办事，才能使社区戒毒和康复得到保障。

第二，《禁毒法》确定的“预防为主，综合治理，禁种、禁制、禁贩、禁吸并举”的禁毒工作方针，强调把提高全民识毒、拒毒、防毒意识，作为禁毒工作的治本之策，最大限度地减少新吸毒人员的滋生，最大限度地发动全社会共同参与禁毒工作；强调综合运用法律、行政、经济、文化、教育、医疗等多种手段治理毒品问题，把禁毒工作纳入社会治安综合治理的范畴；强调“四禁”

工作同步推进，以法律形式固定由禁毒宣传教育、堵源截流和缉毒执法、禁吸戒毒、禁种铲毒、麻醉药品、精神药品和易制毒化学品管制、禁毒合作等构成的社会化、专业化、国际化禁毒框架。禁毒工作方针指明了工作重点和工作方法，对指导全国各级禁毒部门和工作人员完成禁毒工作任务，具有十分重要的意义，作为禁毒工作的有机组成部分，社区戒毒和社区康复工作的开展同样要遵循这一方针的指导进行。

第三，坚持“以人为本、依法管理、科学戒毒、综合监护”的原则，“以人为本”是社区戒毒和社区康复工作的基本出发点；“依法管理”是社区戒毒和社区康复工作的有力保障；“科学戒毒”是社区戒毒和社区康复工作取得成效的前提；“综合监护”是保证社区戒毒和社区康复工作取得成效的具体措施。只有坚持这一原则，才能帮助吸毒人员成功戒除毒瘾。

第四，“教育挽救”吸毒人员，是我国开展社区戒毒和社区康复工作的根本目的。国家采取各种措施帮助吸毒人员戒除毒瘾，教育和挽救吸毒人员，通过各种渠道，提供各项帮助，把吸毒人员从毒品世界中拉回来，过上正常人的生活。

第五，建立集生理脱毒、心理康复、回归社会“三位一体”的戒毒康复模式，是社区戒毒和社区康复的现实性、长期性的目标；为构建和谐社会创造良好的社会治安环境则是社区戒毒和社区康复的最终目标。

从微观层面而言，“政府统一领导，以社区为基础，家庭为依托，协调公安、司法、卫生、民政、劳动和社会保障、工青妇和志愿者等各种社会力量广泛参与”，明确了社区戒毒和社区康复工作的领导体制和工作机制；“以社区戒毒监护、维持疗法康复等为手段及措施，最大限度地教育挽救吸毒人员，帮助吸毒人员戒除毒瘾，回归社会”，明确了社区戒毒和社区康复工作的手段、措施和努力方向。

二、社区戒毒和社区康复的基本原则

社区戒毒和社区康复的基本原则，是指开展社区戒毒和社区康复工作必须遵循的基本行为准则。它体现着《禁毒法》关于社区戒毒和社区康复的立法精神，是指导社区戒毒和社区康复活动的重要基本原理，发挥着法律规范的效用。明确社区戒毒和社区康复的基本原则，是社区戒毒和社区康复理论体系形成和理论创新的标志，对推动社区戒毒和社区康复工作的发展和建设意义重大。

从《禁毒法》有关社区戒毒和社区康复的工作机制、价值追求、目标模式和宗旨等方面结合起来看，社区戒毒和社区康复工作应贯彻执行以下基本原则：

（一）政府统一领导，有关部门各负其责，社会广泛参与

政府统一领导，有关部门各负其责，社会广泛参与的工作机制，是长期以来我国禁毒工作实践不断探索的成果，是实践证明行之有效的经验总结。

1. 坚持政府统一领导

毒品是全人类的公敌，是世界各国政府共同面对的一个重大的社会问题。我国政府在禁毒问题上，一直坚持坚决禁毒的鲜明立场。做好我国的禁毒工作，是人民群众的迫切要求，是党和政府责无旁贷的重要职责。社区戒毒和社区康复是在总结我国部分地区多年来戒毒帮教工作成功经验的基础上规定的符合科学戒毒规律和我国国情的新的戒毒康复措施，同样，政府切实重视是做好社区戒毒和社区康复工作的前提和保障。只有坚持政府统一领导，才能充分组织和动员社会资源，保障社区戒毒和社区康复的各项措施落实到位，有效遏制毒品的发展蔓延。新中国成立以后之所以能够在很短的时间内基本禁绝毒品危害，主要原因在于有强有力的政府统一领导。我国当前面临的毒品形势严峻，毒情非常复杂，社区戒毒和社区康复工作作为一项长期、复杂、艰巨的系统工程，牵涉到经济社会的各个领域，必须要有强有力的政府统一领导。为此，各级政府

应切实提高认识，加强对人民高度负责的观念，做到组织领导到位、工作措施到位，调动一切积极因素使社区戒毒和社区康复工作的各项措施落到实处。坚持政府统一领导，要求各级政府坚持用科学发展观统领社区戒毒和社区康复工作，切实把科学发展观贯穿于社区戒毒和社区康复工作之中，统筹规划，认真组织，在摸清本地区毒情的基础上，研究和明确本地区的社区戒毒和社区康复目标，建立健全领导责任制和目标管理责任制，切实把社区戒毒和社区康复工作摆上重要日程。

2. 有关部门各负其责

社区戒毒和社区康复工作是一项系统工程，涉及诸多管理部门。为做好社区戒毒和社区康复工作，各职能部门要按照《禁毒法》的规定，在各自的业务范围内，充分发挥职能作用，既要各尽其职，各负其责，又要相互配合，通力协作，发挥整体优势，进一步完善工作机制和监督机制。只有坚持“谁主管，谁负责”的原则，充分发挥各有关部门的职能作用，同时把“抓系统，系统抓”与“条块结合，以块为主”有机结合起来，才能真正形成政府统一领导，各部门齐抓共管、协同作战，全社会参与的工作格局。例如，宣传部门要加强对社区戒毒和社区康复工作的宣传，为社区戒毒和社区康复工作打下坚实的思想基础；财政部门要将社区戒毒和社区康复试点工作经费纳入财政预算，及时安排适当的经费；公安机关应按照规定，责令吸毒人员接受社区戒毒和解除强制隔离戒毒人员接受社区康复，督促社区戒毒和社区康复人员定期到指定的辖区接受检测等；司法部门要在法律层面上给予社区戒毒和社区康复工作办公支持，同时为接受社区戒毒和社区康复人员提供法律帮助，并协助做好法律知识宣传工作；卫生部门应将接受社区戒毒和社区康复人员出现急性戒断症或其他危及生命的，开通绿色通道进行救治，定期进行 HIV 检测，对 HIV 病人和携带者进行关爱治疗，接受愿意参加美沙酮维持治疗的社区戒毒和社区康复人员；民政部门应将接受社区戒毒和社区康复的生活困难且符合低保条件的纳入低保；劳动和社会保障部门应对接受社区戒毒和社区康复人员提供必要的职业培训和就业指导；工会、共青团、妇联应当发挥自身优势，积极参与社区戒毒和社区康复工作，开展多形式的禁毒、防毒和戒毒宣传工作。

3. 社会广泛参与

社区戒毒和社区康复工作只有全社会都行动起来，社区戒毒和社区康复工作才有扎实的群众基础，才能形成政府领导有力、有关部门各负其责、社会广泛参与的有效社区戒毒和社区康复工作机制。为此，要因地制宜采取有效措施，动员各种有利的社会资源，鼓励各种社会力量积极参与社区戒毒和社区康复工作，最大限度地调动广大群众的积极性。一方面，要切实做好宣传群众工作。通过广泛的宣传，使广大人民群众充分认识社区戒毒和社区康复工作的重要意义，不仅自觉抵御毒品的侵害，而且积极投身于社区戒毒和社区康复工作中。另一方面，要切实做好组织群众工作。目前，我国许多地方都有大批有组织的志愿人员积极参与社区戒毒和社区康复工作，各级政府应当组织相关职能部门根据工作需要对来自不同行业、不同经历的志愿者进行有针对性的培训。一般来说，社区戒毒和社区康复志愿者需要掌握毒品基本常识、社区戒毒和社区康复的法律法规和政策、社区戒毒和社区康复工作的基本常识以及志愿者工作守则等基本内容。同时，各级政府和禁毒委员会应当为社区戒毒和社区康复志愿者提供必要的工作条件，包括提供开展活动的场所和经费等基本保障，帮助他们协调和解决在工作中遇到的困难和问题，注意有计划地安排具有医务、法律、心理咨询、社会科学研究、新闻媒体、文化体育等方面专业优势的人员参与宜于发挥其特长的工作，并逐步组织和动员更多的公民自愿加入到社区戒毒和社区康复志愿者的队伍中。

总之，各级政府要在坚持党的指导思想的基础上，加强社区戒毒和社区康复工作的领导，更好地统筹各方面力量，组织好各部门和人员开展工作，做到齐抓共管、分工负责、共同参与，切实加强社区戒毒和社区康复工作队伍的建设，建立一支符合工作需要的，让党放心、让人民满意的工作队伍，确保社区戒毒和社区康复工作取得实效。

（二）以人为本、依法管理、科学戒毒、综合监护

坚持以人为本是科学发展观的核心，是中国共产党全心全意为人民服务的党的根本宗旨的体现，是维护社会稳定、构建和谐社会的着眼点和立足点；依法管理，是社区戒毒和社区康复工作坚持以人为本、关注民生、服务群众、践行科学发展观的客观需要；科学戒毒是社区戒毒和社区康复工作实现帮助吸毒人员成功戒除毒瘾的前提保障；综合监护有利于落实帮教措施，有利于减少社会矛盾。

1. 以人为本

《禁毒法》从吸毒人员自身需求及行为特点出发，一方面规定了吸毒成瘾者具有违法者、受害者和慢性脑病患者三方面的特征，与一般人群有明显的差异，因而明确规定了吸毒成瘾人员特定的权利与义务，既有获得国家帮助的权利，也有进行戒毒治疗的义务；另一方面规定了戒毒措施的根本目的在于使吸毒人员摆脱毒瘾，重新回归正常社会生活。社区戒毒和社区康复，赋予了吸毒成瘾人员基本的人身健康权利，更体现了以人为本的精神。因此，这就要求我们在实际的社区戒毒和社区康复工作中，始终把取得戒毒康复效果作为工作目标和工作重心，以社区戒毒和社区康复人员为本，使用各种有效的教育救治手段，促使社区戒毒和社区康复人员能够清晰认识吸毒的危害性，重新建立生活信心，戒毒后重新做人，成为一名合格的公民。

2. 依法管理

依法管理，就是在社区戒毒和社区康复工作中，要树立法制意识，规范社区戒毒和社区康复工作程序，建立健全各种规章制度。依法治国是我党领导人民治理国家的基本方略，依法行政、依法办事是新时期社会主义法制理念的基本要求。《禁毒法》出台，其根本目的就是依法禁毒，依法办事。社区戒毒和社区康复都是法律性

很强的工作，必须严格依法推行。因此，我们要根据有关的法律规定，结合实际情况，精心制定社区戒毒和社区康复的工作流程，建立社区戒毒工作适用范围、任务、职责、监督管理、考核奖惩等一系列制度，并严格执行；制定岗位职责，明确社区戒毒各相关部门和相关责任人的责任，把社区戒毒工作纳入目标责任制考核内容，建立健全各种规章制度，坚持做到依法办事。

3. 科学戒毒

科学戒毒，就是遵从吸毒成瘾的客观规律，采取有针对性的措施帮助吸毒人员戒除毒瘾。胡锦涛同志曾就深入开展禁毒人民战争作出重要批示，要求“下大力气，在宣传教育、依法严打、科学戒毒、强化管理、国际合作等方面取得明显成效，努力开创禁毒工作新局面。”2004 年 6 月，温家宝同志在视察湖北武汉强制戒毒所时强调，要以科学的态度对待吸毒人员，要以科学的方法进行治疗。吸毒成瘾是生物学、心理和社会因素相互作用的结果，脱毒治疗仅仅是对躯体戒毒症状的治疗，而脱毒后期的稽延期症状、躯体疾病和精神疾病、人格障碍、人际关系损害、家庭功能损害等不可能自动康复，身体不适、心理渴求、毒品环境和情绪状态等多种因素均可能随时导致复吸。完整的戒毒治疗应包括生理脱毒、心理康复、回归社会三个阶段，后两个阶段更为重要。因此，要改变那种吸毒人员就是“屡教不改”，严惩才是“硬道理”的传统观念，真正把他们当做特殊病人来看待，坚持生理脱毒、心理康复、回归社会“三位一体”，科学进行救治。

4. 综合监护

综合监护，是指依据社区戒毒和社区康复的相关法律、法规，综合运用管理、监督、帮教、医疗指导、技能培训、家属监护等多种手段，充分发挥各部门、单位、家庭、群众的作用，对社区戒毒和社区康复人员进行有效的监护管理，确保社区戒毒和社区康复人员在生理脱毒、心理康复、回归社会上取得成效。为此，各社区应根据本地社区戒毒和社区康复人员的多少成立若干个由社区戒毒和社区康复专职人员、社区民警、社区医生、社区工作者及禁毒志愿者、监护人或家属、所在单位代表等人员组成的监护小组；监护小组与社区戒毒和社区康复人员签订社区戒毒或社区康复协议，针对不同的社区戒毒和社区康复人员对象，制定不同的工作计划，有效开展工作，最终实现帮助社区戒毒和社区康复人员彻底康复，使其回归社会过上健康良好的生活的目的。

（三）以“帮助、教育、挽救”吸毒人员为宗旨

《禁毒法》第31条第1款规定：“国家采取各种措施帮助吸毒人员戒除毒瘾，教育和挽救吸毒人员。”这一规定，要求我们通过各种渠道，提供各项帮助，把吸毒人员从毒品世界中拉回来，过上正常人的生活，这是社区戒毒和社区康复的宗旨。

1. 帮助吸毒人员戒除毒瘾

社区戒毒和社区康复针对的是吸毒人员，而吸毒人员本身具有违法者、病人、受害者的多重属性。从法律的角度看，吸毒行为直接违反了治安管理处罚法，并且在客观上还诱发了许多违法犯罪行为，所以吸毒人员是违法者。从医学的角度看，吸毒成瘾的人，其大脑神经功能受到严重损伤，是一种顽固的反复发作的脑部疾病，因此，他们又是病人。从社会学的角度看，吸毒成瘾的人是受到毒品侵害的受害者。帮助吸毒人员戒除毒瘾的工作原则，体现出在科学发展观的指导下，坚持以戒毒为本，尊重人格，关心生活，诚心实意地解决他们在戒毒过程中遇到的困难和问题，帮助吸毒人员脱离毒品的侵害，重新恢复健康生活方式。

2. 教育吸毒人员

教育从一般意义上讲，是教育者按照一定的目的要求，对被教育者施以影响的一种有计划的活动。《禁毒法》把教育作为社区戒毒和社区康复的原则，是基于对吸毒人员特殊性的认识所作出的必然选择。对吸毒人员的教育是特殊教育，由于他们长时期吸毒而导致一些生理与心理方面的缺陷，影响到正常的思维与生活。因此，对吸毒人员的教育与常人教育相比，更具其特殊性。教育内容的选

择，一定要有的放矢地围绕戒毒施展教育，重点在于毒品知识教育、毒品危害教育、毒品预防教育，社会主义人生观教育、社会主义道德品质教育、社会主义荣辱观教育，心理卫生知识教育、文化基础知识培训与职业技能培训等。

3. 挽救吸毒人员

挽救，就是把吸毒人员从毒品危害与死亡的边缘拯救出来。社区戒毒和社区康复，为的是更好地治疗和教育吸毒人员，使其身心得到康复，成为守法公民和有一定文化与技能的劳动者，从而实现个人价值和尊严的复归。我国对吸毒人员的挽救，在法律上还体现出了平等性与保障性，《禁毒法》第52条规定："戒毒人员在入学、就业、享受社会保障等方面不受歧视。有关部门、组织和人员应当在入学、就业、享受社会保障等方面对戒毒人员给予必要的指导和帮助。"

三、社区戒毒和社区康复的目的与任务

（一）社区戒毒和社区康复的目的

社区戒毒和社区康复的目的即社区戒毒和社区康复追求的目标与结果。具体而言，社区戒毒和社区康复的目的，是指国家创新社区戒毒和社区康复这一非监禁性戒毒执行方式所希望达到的目标与结果。

从国外社区戒毒产生的原因与直接的动机与目的来看，社区戒毒的兴起，主要是为了克服监禁戒毒的弊病，解决监所人满为患、国家经济负担过重的问题。总结国外相应的社区戒毒和社区康复的规定与学者的学术著述，其社区戒毒和社区康复的目的主要是帮助吸毒人员更好地重返社会和更有效地运用资金、节省经费。但是，由于社区戒毒和社区康复不像监所戒毒采取与社会环境相隔离的方式，而是在开放的吸毒人员原居住社区进行，难免会对社区安全造成威胁，这也是社区戒毒和社区康复开始试点时，常有社区戒毒人员危害社区、实施违法犯罪行为发生的原因。因此，实施社区戒毒

和社区康复的一些西方国家在法律中特意加上了“保护社会安全”的目的或目标，并将其提升为社区戒毒和社区康复的指导思想或者原则性要求。

我国开展社区戒毒和社区康复工作的目的，在继续保持我国戒毒工作预防毒品这一总目的的前提下，也采纳了国外社区戒毒和社区康复中帮助吸毒人员更好地重返社会的追求和鼓励社会捐赠的做法。不同的是，一些西方国家推行社区戒毒和社区康复工作目的之一是解决国家经济负担过重的问题，而我国为保障禁毒工作经费，以法律形式明确规定县级以上各级人民政府要将禁毒经费列入本级财政预算。

从我国推行社区戒毒和社区康复的特殊目的而言，社区戒毒和社区康复就是为了克服强制戒毒、劳动教养戒毒的弊病，充分利用社区资源，矫正吸毒人员的思想与恶习，令其顺利地融入社会或健康地回归社会。从我国推行社区戒毒和社区康复的直接目的而言，社区戒毒和社区康复不仅是为了追求上述特殊的目的，而且是为了对吸毒人员的管理、监督、治疗，尤其是对过去强制戒毒、劳动教养戒毒模式存在的不足进行弥补和救助。从戒毒工作的共同目的而言，社区戒毒与强制戒毒一样，都是以“教育挽救”吸毒人员为宗旨，将吸毒人员教育成为遵纪守法的公民，维护社会的和谐稳定。无论是特殊目的、直接目的，还是共同目的，其归宿均是预防毒品。但是，社区戒毒和社区康复与强制戒毒还是稍有区别的。社区戒毒和社区康复侧重于将吸毒人员放在开放的社区，充分利用社会力量和社会资源对吸毒人员进行治疗和教育，以最大限度地消除吸毒人员再社会化的心理障碍和行为障碍，促其人性的复归。因此，作为复合性的戒毒执行方法的社区戒毒和社区康复，在治疗与教育的同时，更注重吸毒人员的再社会化进程。它既能有效地实现毒品的预防目的，又能充分体现戒毒执行中的人文精神。

（二）社区戒毒和社区康复的任务

社区戒毒和社区康复的任务，即开展社区戒毒和社区康复工作的机构和人员为实现社区戒毒和社区康复的目的所肩负的职责与要求。根据《禁毒法》所明确规定的内容，我国社区戒毒和社区康复的具体任务有以下三方面：

1. 对吸毒人员进行管理与监督

吸毒行为是违法行为，对违法行为进行管理是政府相关职能部门必须履行的职责。社区戒毒和社区康复是基于人道主义的考虑，将吸毒人员放在原居住社区进行戒毒、康复的一种方式。但他们的吸毒行为毕竟给社会造成了危害，甚至有的还可能进一步危害社会，属于社会治安管理过程中的监督、考察对象，因此，在社区戒毒和社区康复的过程中，必须在依法严格管理和监督的前提下进行。

《禁毒法》对相关的管理和监督作了明文规定。例如，《禁毒法》第 33 条规定："对吸毒成瘾人员，公安机关可以责令其接受社区戒毒，同时通知吸毒人员户籍所在地或者现居住地的城市街道办事处、乡镇人民政府。社区戒毒的期限为三年。戒毒人员应当在户籍所在地接受社区戒毒；在户籍所在地以外的现居住地有固定住所的，可以在现居住地接受社区戒毒。"第 34 条规定："城市街道办事处、乡镇人民政府负责社区戒毒工作。城市街道办事处、乡镇人民政府可以指定有关基层组织，根据戒毒人员本人和家庭情况，与戒毒人员签订社区戒毒协议，落实有针对性的社区戒毒措施。"第 35 条规定："接受社区戒毒的戒毒人员应当遵守法律、法规，自觉履行社区戒毒协议，并根据公安机关的要求，定期接受检测。对违反社区戒毒协议的戒毒人员，参与社区戒毒的工作人员应当进行批评、教育；对严重违反社区戒毒协议或者在社区戒毒期间又吸食、注射毒品的，应当及时向公安机关报告。"第 38 条规定："吸毒成瘾人员有下列情形之一的，由县级以上人民政府公安机关作出强制隔离戒毒的决定：（一）拒绝接受社区戒毒的；（二）在社区戒毒期间吸食、注射毒品的；（三）严重违反社区戒毒协议的；（四）经社区戒毒、强制隔离戒毒后再次吸食、注射毒品的。对于吸毒成瘾严重，通过社区戒毒难以戒除毒瘾的人员，公安机关可以直接作出强制隔离戒毒的决定。吸毒成瘾人员自愿接受强制隔离戒毒的，经公安机关同意，可以进入强制隔离戒毒场所戒毒。”第39条规定：“怀孕或者正在哺乳自己不满一周岁婴儿的妇女吸毒成瘾的，不适用强制隔离戒毒。不满十六周岁的未成年人吸毒成瘾的，可以不适用强制隔离戒毒。对依照前款规定不适用强制隔离戒毒的吸毒成瘾人员，依照本法规定进行社区戒毒，由负责社区戒毒工作的城市街道办事处、乡镇人民政府加强帮助、教育和监督，督促落实社区戒毒措施。”第48条规定：“对于被解除强制隔离戒毒的人员，强制隔离戒毒的决定机关可以责令其接受不超过三年的社区康复。”

2. 对吸毒人员进行治疗与教育

治疗，是指吸毒人员在社区戒毒的环境里，通过社区戒毒和社区康复使其在生理上摆脱对毒品的依赖，恢复生理健康。教育，是指针对吸毒人员因吸毒导致的心理缺陷，以及在文化素质、劳动技能方面的低下与不足，进行毒品知识教育、毒品危害教育、毒品预防教育，社会主义人生观教育、社会主义道德品质教育、社会主义荣辱观教育，心理卫生知识教育、文化基础知识培训与职业技能培训等，最终达到吸毒成瘾人员从生理、心理上彻底戒毒，掌握一定的文化知识与职业技能，能够自食其力，顺利回归社会的目的。例如，《禁毒法》第34条第2款规定：“城市街道办事处、乡镇人民政府，以及县级人民政府劳动行政部门对无职业且缺乏就业能力的戒毒人员，应当提供必要的职业技能培训、就业指导和就业援助。”

3. 为吸毒人员提供帮助与服务

帮助，是指针对社区戒毒和社区康复人员工作不好找、生活没着落、身体存在疾病、居住条件困难等问题，给予人道关照的活动。这是社区戒毒和社区康复人道化的具体要求与体现。服务，是指相关机构依法对社区戒毒和社区康复人员的接收、登记，解决生活救济、福利保障等方面的工作。

对社区戒毒和社区康复人员的管理与监督、治疗与教育是法律赋予社区戒毒和社区康复的机构及工作人员的神圣职责，同时也是一项重大的义务。社区戒毒和社区康复人员依法接受相关机构及工作人员的管理与监督、治疗与教育，既是法律所要求的义务，也是自身的一种权利。从这一层面而言，社区戒毒和社区康复工作本身也是一种服务。

第三章　社区戒毒和社区康复的组织机构建设

从管理学意义上说，所谓组织机构，是指把人力、物力和智力等按一定的形式和结构，为实现共同的目标、任务或利益有秩序、有成效地组合起来而开展活动的社会单位。组织机构在工作的实施过程中起决定性的作用，组织机构将工作的任务分配给具体的部门和人员，规定明确的职权界限和信息沟通路线，协调组织内部的各项决策和行动。一般来说，组织机构具有两大职能：一是能够提供明确的分工，将全部工作分解成便于管理的几个部分，再将它们分配给各有关部门和人员；二是能够发挥协调作用，通过正式的组织联系和信息沟通网络协调各部门和人员的行动。

社区戒毒和社区康复的组织机构，是指我国社区戒毒和社区康复的管理机构，包括政府职能部门、公安机关、司法机关、社会组织机构等。开展社区戒毒和社区康复，必须建立健全社区戒毒和社区康复的组织机构。建立健全社区戒毒和社区康复的组织机构是贯彻落实《禁毒法》的需要，是完成社区戒毒和社区康复工作任务、实现社区戒毒和社区康复目标的组织保证。

一、社区戒毒和社区康复组织机构建设的必要性和重要性

（一）建立健全社区戒毒和社区康复的组织机构是适应《禁毒法》的实施的需要

我国《禁毒法》明确规定了社区戒毒和社区康复工作，对初

次查获的吸毒成瘾人员取消了过去的强制戒毒和劳教戒毒措施，而是由公安机关首先作出社区戒毒决定等措施。这充分体现了《禁毒法》以人为本的戒毒理念，必将有力地推进我国禁吸戒毒工作的长远发展。但社区戒毒和社区康复工作是一项全新的工作，如何开展，谁来开展，如何整合社会资源、提高戒毒效果使之最大化，没有现成的经验可以借鉴，我们只能在工作实践中不断摸索和完善。虽然目前各地已建立起党委政府统一领导，街道办、乡镇人民政府具体负责，各职能部门齐抓共管的工作格局，同时还成立了各级社区戒毒和社区康复工作小组，但是组织机构还未得到很好的规范与完善，离《禁毒法》的立法目的仍有一定差距，这在很大程度上影响了社区戒毒和社区康复工作的成果，降低了工作的效率。因此，我们必须构建职业化、专业化的社区戒毒和社区康复组织机构。

（二）建立健全社区戒毒和社区康复的组织机构是体现社区戒毒专业化、社会化的需要

禁吸戒毒工作在2001年已被《国家禁毒委员会成员单位主要职责》明确为众多职能部门各负其责的共同工作，说明戒毒工作不再是公安、司法一两家的事，而是整个社会的事。鉴于这项工作是一项专业性很强的工作，因此各级禁毒委员会进行了细化的分工。各地依据《禁毒法》中“社区戒毒”内容，结合各地情况，制定下发进一步规范社区戒毒工作的文件，明确各职能部门对社区戒毒的责任，力求最大限度地对吸毒人员进行有效的管理，并设计出种类多样、具有成效的社区戒毒、社会帮教的形式。但是，长期以来，包括政府在内的其他职能部门、街道办及社区工作人员，仍然认为戒毒是公安机关、戒毒所、劳教场所的事，即使地方有规范性文件出台，也只是把社区戒毒作为一项兼职工作而不是专职工作来对待。成员单位之间缺乏互相监督、互相配合的组织体系，各自为战、相互推诿的现象仍然存在。从发展的眼光来看，应当通过建立健全社区戒毒和社区康复组织机构，推进社区戒毒的专业化、社会化水平，缓解吸毒人数的增长与戒毒场所不足的矛盾。

（三）建立健全社区戒毒和社区康复的组织机构是社区戒毒工作目标得以实现的组织保证

社区戒毒的工作目标是：在政府统一领导下，协调各方力量广泛参与，坚持人性化与法制化并举的社区戒毒、社区康复，实现以社区为基础、以家庭为依托、以扶贫帮困和心理矫治为主要内容的政府相关部门和人民群众共同参与管理的社区戒毒模式，从而降低复吸率，提高戒断率。

完整的组织机构能够使组织的人力资源得以有效配置，做到权责相当，避免出现互相扯皮或空岗现象的发生，使组织有效运作。没有完善机构的支撑，组织的人力资源将会平白的浪费，更可能由于空岗现象而出现工作缺失。社区戒毒和社区康复组织机构在党和政府统一领导下，是各方力量实现对吸毒人员有效管理的桥梁和纽带，是推动社区戒毒工作发展的重要组织保证。近年来，各级政府加强社区戒毒和社区康复组织机构建设，规范机构、健全组织、充分发挥职能作用，推动了社区戒毒和社区康复工作的顺利开展。但是，由于受经济条件的制约和工作上的差距，社区戒毒和社区康复组织建设还存在一些问题：一些地方对基层组织建设重视不够，贯彻国家、地方政府关于发展社区戒毒和社区康复工作的精神不够到位；各地社区戒毒和社区康复组织建设发展不平衡，基层力量相对比较薄弱；一些地方的组织机构不够规范，职能作用发挥不明显，等等。这些问题影响了《禁毒法》的贯彻实施，影响了社区戒毒工作全面深入的开展，致使社区戒毒目标在许多地方难以实现。因此，要健全、规范社区戒毒和社区康复组织，加强社区戒毒和社区康复工作者队伍建设，进一步提高社区戒毒和社区康复组织的服务能力和工作水平，为实现社区戒毒工作目标提供坚实的组织基础。

（四）建立健全社区戒毒和社区康复的组织机构是建设社会主义和谐社会的需要

党的十六届四中全会提出了构建社会主义和谐社会的思想，胡锦涛同志在谈到和谐社会时也指出，和谐社会是民主与法治的社会，是公平正义的社会，是诚信友爱的社会，是充满活力的社会，是安定有序的社会，是人和自然和谐相处的社会。吸毒不仅是社会的不和谐现象，也是和谐社会的破坏性因素，还是引发社会不和谐的重要因素。

社区戒毒和社区康复的组织机构具有扎根基层、熟悉情况、及时发现问题、接近群众及吸毒人员等特点，在掌握吸毒人员动向、监督吸毒人员行为与心理矫治、落实社会帮教措施等方面有着不可替代的优势，推进了戒毒社会化进程。因此，构建社会主义和谐社会，必须开展禁毒人民战争。社区戒毒和社区康复的组织机构在禁毒工作体系中占有重要的位置，其组织体系的完善及突出的社会化、群众性特点，符合发动新一轮禁毒人民战争的要求，对预防和减少吸毒具有重要作用。

二、社区戒毒和社区康复组织机构建设的主要任务（目标）和总体要求

（一）社区戒毒和社区康复组织机构建设的主要任务（目标）

1. 建立健全组织机构

健全并规范以市、县（区）社区戒毒工作指导委员会为主导、以乡镇和街道办社区戒毒和社区康复工作领导小组为骨干、以社区（村）戒毒和社区康复办公室或工作站为基础，并针对每名吸毒人员建立社区戒毒和社区康复工作小组的社区戒毒和社区康复组织网络，形成机构健全规范、队伍稳定实干、服务功能完善的社区戒毒和社区康复组织机构的“四级网络”。

2. 健全社区戒毒和社区康复的工作者队伍

要配齐、配强各级机构的负责人，要配备专职人员或者兼职人员，建立一支专兼结合的社区戒毒和社区康复的工作者队伍。

3. 提高社区戒毒和社区康复工作者队伍素质

要加强社区戒毒和社区康复工作者队伍的业务培训和职业道德教育，提高社区戒毒和社区康复工作者队伍的整体素质，更好地为

社区戒毒和社区康复人员服务。

4. 加快社区戒毒和社区康复的设施建设

通过社区戒毒和社区康复的设施建设，为社区戒毒和社区康复工作提供完善的各种设施条件。

（二）加强社区戒毒和社区康复组织机构建设的总体要求

1. 机构要健全，人员要落实

推进社区戒毒、社区康复工作，立足发展完善机制，加强组织机构建设。首先，各级党委政府要严格按照《禁毒法》的有关要求建立自上而下的禁毒工作组织，确保指导、监督工作的权威性、连续性和有效性。其次，街道办事处、乡镇人民政府要在禁毒工作专门组织的领导下成立“社区戒毒办公室”，并按辖区吸毒人员比例配备社区戒毒专职工作人员；各社区（村）要成立“社区戒毒工作组（站）”和帮教小组。另外，可以结合本地实际，建立一支或几支专业志愿者队伍，协助开展社区戒毒工作。

人员落实是推动社区戒毒、社区康复工作的关键。街道、乡（镇）要设专人分管禁毒工作，并按照一定比例配备专职工作人员；组建以单位负责人、社区民警、志愿者等为主要成员的“多位一体”的工作队伍；加强人员的素质教育、定期培训等，确保有人管事、有能力做事。当前社区戒毒、社区康复工作开展不力的原因之一，在于社区戒毒和社区康复组织机构虽然设立，但是其工作人员基本都是兼职的，肩负着包括社区戒毒和社区康复工作在内的、与社区工作相关的所有其他工作，难以集中精力投入到专业性强的社区戒毒工作中。因此，争取落实社区戒毒和社区康复组织机构和人员的编制，实行社区戒毒和社区康复工作专职制，是规范社区戒毒和社区康复组织机构设置和人员配备的有力措施。

2. 层次要分明

管理学中关于“组织层次”的定义，是指从组织最高一级管理组织到最低一级管理组织的各个组织层次。层次与管理宽度的关系是：在一定组织规模下，存在数量上的反比例关系和相互制约关系，而管理幅度起主导作用。组织结构大致分为扁平结构和直式结构。扁平结构是管理层次少而管理宽度大的结构；直式结构是管理层次多而管理宽度小的结构。一个组织中管理层次的多少，通常根据组织规模的大小、活动的点以及管理宽度而定。一般来说，大部分组织的管理层次往往分为以下三个层次：

（1）上层。其主要任务是从组织整体利益出发，对整个组织实行统一指挥和综合管理，并制定组织目标及实现目标的一些大政方针。

（2）中层。其主要任务是负责分目标的制定、拟定和选择计划的实施方案、步骤和程序，按部门分配资源，协调下级的活动，以及评价组织活动成果和制定纠正偏离目标的措施等。

（3）基层。其主要任务是按照制定的计划和程序，协调基层员工的各项工作，完成各项计划和任务。

增加层次和管理人员会使控制更加困难，与此同时，正是由于计划工作的复杂性和沟通的困难性，使得控制工作更加重要。

社区戒毒的组织，横向的构成是政府不同职能部门、各种社会力量、禁毒志愿者、社工等，纵向的构成是市、街道办、社区、居（村）委会等，同时具备组织结构扁平、直线的特点。就目前情况来看，设立一个独立部门完全负责此项工作，显然缺乏可操作性，毕竟这是一项系统工程。所以，要避免出现纵横交错、互相推诿的情况，社区戒毒的组织机构必须层次分明，着重强调横向的配合、纵向的检查监督。避免当信息按直线向下传达时便发生遗漏和曲解现象，避免层次从第一线基层向上级指挥人员的信息沟通复杂化。因此，自下而上的沟通与自上而下的沟通是同等重要的，有句话说得好，层次是信息的“过滤器”。以一个城市为例，层次最多可分为四级：市社区戒毒领导工作组、街道办社区戒毒工作办公室、社区戒毒工作站和居委会社区戒毒工作小组。

3. 职责要明确

明确职责分工，是搞好工作的前提。社区戒毒和社区康复涉及城市街道办事处、乡镇人民政府以及公安、司法、卫生、民政、劳动保障等部门。只有职责分工明确，才能落实工作任务，才能各司其职、各负其责。

（1）从参与社区戒毒和社区康复组织机构的层级来看，不同层级的组织机构有不同的职责。

市（县）社区戒毒和社区康复领导工作小组的职责是：

①组建社区戒毒和社区康复工作组织机构，制定社区戒毒和社区康复工作制度，根据自身实际情况聘用社区戒毒和社区康复专职工作人员，为社区戒毒和社区康复工作提供必要的财政保障。

②指派有关基层组织负责落实社区戒毒和社区康复措施。

③广泛开展宣传教育，筑牢社区戒毒和社区康复工作的群众基础。

④积极探索建立集生理脱毒、身心康复和重返社会于一体的戒毒工作模式。

⑤鼓励社会力量以各种形式参与社区戒毒和社区康复工作。

乡镇、街道社区戒毒和社区康复工作领导小组的职责是：

①负责乡镇、街道辖区内的社区戒毒和社区康复工作，落实社区戒毒和社区康复工作经费，协调各类相关单位开展禁毒宣传教育、社区戒毒和社区康复等工作。

②制定社区戒毒和社区康复工作计划，指导成立社区戒毒和社区康复工作小组，落实社区戒毒和社区康复措施。

③按照法律法规要求的比例配备戒毒专职工作人员（社工），建立考核机制，加强对工作人员的教育和管理。

④指导和支持禁毒志愿者组织开展禁毒志愿活动。

⑤对社区戒毒人员相关情况进行审核、审批后报有关部门。

⑥完成上级交办的其他有关工作。

社区的社区戒毒和社区康复办公室的职责是：

①与社区戒毒和社区康复人员签订《社区戒毒和社区康复协议》，督促其履行协议。

②针对社区戒毒和社区康复人员实际情况制定并落实戒毒计划。

③对社区戒毒和社区康复人员进行法制、禁毒宣传教育，并开展心理辅导，帮助社区戒毒和社区康复人员戒除对毒品的心理依赖，提高识毒、拒毒、抗毒能力。

④定期或不定期通知社区戒毒和社区康复人员到指定的地点参加检测。

⑤协助有关部门，对社区戒毒和社区康复人员开展就学援助、职业技能培训和就业指导。

⑥为社区戒毒和社区康复人员提供戒毒治疗服务机构的信息。

⑦发现社区戒毒和社区康复人员出现急性戒断症状危及生命的，可以协助其本人或者亲属将其送往卫生部门指定的医疗机构接受救治。

⑧对社区戒毒和社区康复人员请假离开戒毒地点进行审批，对社区戒毒和社区康复人员需要变更戒毒地点的，审核后及时提交社区戒毒现执行地公安机关和乡镇、街道社区戒毒工作机构审批。

⑨对违反社区戒毒和社区康复协议的社区戒毒人员进行批评、教育和书面告诫；对严重违反社区戒毒和社区康复协议或者在社区戒毒期间又有吸毒行为的，及时向公安机关和乡镇、街道社区戒毒工作机构报告。

⑩对社区戒毒和社区康复人员的戒毒情况进行定期评估，按照评估结果及时变更戒毒等级管理；对社区戒毒和社区康复人员接受社区戒毒和社区康复满三年，经综合评估后，认为已经戒除毒瘾，报请乡镇、街道社区戒毒工作机构提出意见，经社区戒毒和社区康复执行地公安机关批准，予以解除。

居（村）委会戒毒工作小组的职责是：

①准确掌握社区戒毒人员情况，与社区戒毒人员签订戒毒协议，制定帮教服务和戒毒计划，并督促其履行协议规定的责任和义务。

②按社区戒毒协议规定和要求，每月与戒毒人员谈话不少于一次，及时了解社区戒毒人员思想动态和戒毒状况，定期尿检，不定期抽检，定期分析评价戒毒人员的戒毒实效，做好记录。

③关心戒毒人员生活、工作、学习，主动解决其实际问题和生活困难。

④社区戒毒人员违反社区戒毒协议时，应当对其进行批评教育，并发出告诫书；戒毒人员严重违反社区戒毒协议或者在社区戒毒期间又有吸毒行为的，应当向公安机关报告。

⑤发展禁毒志愿者队伍，积极动员治安信息员加入禁毒志愿者队伍，充分发挥群众的监督作用。

（2）从参与社区戒毒和社区康复的各相关部门看，不同的部门承担不同的职责。

①公安部门：对吸毒人员进行检测和登记，实施动态管理；责令吸毒成瘾人员接受社区戒毒和决定强制隔离戒毒，责令解除强制隔离戒毒人员接受社区康复；参与社区戒毒和社区康复人员的日常管理；配合卫生行政部门开展戒毒药物维持治疗工作。

②司法部门：对社区戒毒和社区康复人员开展法制宣传教育、提供司法援助，并配合公安机关开展吸毒人员登记。

③卫生部门：负责指导医疗机构和社区服务机构参与社区戒毒和社区康复工作；会同公安机关开展戒毒药物维持治疗工作；组织开展戒毒科研工作和吸毒检测工作；为社区戒毒和社区康复人员提供戒毒医疗服务和心理干预辅导并建立康复档案。

④民政部门：指导基层组织将社区戒毒和社区康复纳入社区建设和社区管理，促进和指导社会工作者参与社区戒毒和社区康复工作，将符合社会救助条件的戒毒人员纳入救助范围。

⑤发改部门：会同公安、司法等部门规划建设戒毒医疗机构。

⑥财政部门：按属地管理的原则，负责保障开展社区戒毒和社区康复工作的经费。

⑦劳动保障部门：对社区戒毒和社区康复人员提供必要的职业

技能培训和就业服务。

⑧教育部门：对社区戒毒和社区康复人员的文化教育给予支持。

⑨工会、共青团、妇联部门：发挥自身优势，积极参与社区戒毒和社区康复工作。

4. 责、权、利要一致

按照行政权力、行政责任和行政职位紧密联系、平衡一致和适当分工制衡的原则，在政府层级之间下放权力，在政府部门之间分工合作，形成环环相扣的工作程序。合理配置权力，使分解后的权力相互配合，而不是相互交叉；相互制约，而不是相互争利。既防止因权力过于集中在某一个部门又不受制衡而产生腐败，又防止某个部门推诿、不作为导致整个组织结构运转迟滞。

社区戒毒工作除了包括禁毒预防教育和戒毒防复吸帮教和治疗康复等内容外，同时还需要担负起毒情监控的任务。也就是说，社区禁毒工作者需要成为公安系统和吸毒成瘾人员之间的信息沟通的桥梁。如果我们的社区戒毒和社区康复工作流程不够科学系统，评估尺度不够客观具体，工作人员综合素质不够高，就很容易失去成瘾人群对社区戒毒和社区康复工作的信任，加重成瘾人群对公安机关的心理阻抗，从而很难开展长远的工作。因此，社区戒毒和社区康复组织所有构成成分都应以明确的形式，如规范性文件、会议纪要等，确定各自的责、权、利，而对于具体某一个成分而言，三者是一致的关系，即始终围绕着戒毒成效这个根本目的开展工作。各职能部门、单位及社区工作人员职权的明确的难度并不大，且很多地方已经以规范性文件作出了明确分工，但工作成效优劣的责任的追究或者享有的权利并未明确，应进一步理顺管理体系，减少职权交叉重叠，奖优罚劣，如实行“一把手”责任制，落实责任追究制，将社区戒毒工作纳入绩效考核机制，提高资源综合利用率。

5. 经费要保障

《禁毒法》第6条规定：“县级以上各级人民政府应当将禁毒

工作纳入国民经济和社会发展规划，并将禁毒经费列入本级财政预算。”在条文中，虽然规定了“将禁毒经费列入本级财政预算”，但是应占比例没有明确，而且社区戒毒在“禁毒经费”中又能摊到多少也没有明确。各级财政在预算时，随意性较大，甚至没有社区戒毒的预算，使得该项经费难以落实，极大地制约了社区戒毒和社区康复工作的顺利开展。各地在实施社区戒毒和社区康复工作过程中，应在政府层面，按照《禁毒法》的规定，根据各地毒情，进一步确定社区戒毒经费的比例、数额。还要多渠道筹措资金，取得社会各界的大力支持，从禁毒公益事业所筹措的资金中划出一定份额用于社区戒毒工作。

6. 基础设施要完备

社区戒毒和社区康复工作是一项长期性的工作，设置专门的工作场所是做好社区戒毒和社区康复工作的基础。目前，许多社区都没有专门的社区戒毒和社区康复场所，社区戒毒和社区康复的实施仍然依靠原有的社区办公场地、设施来开展。社区戒毒工作具有其本身的特殊性，如与社区戒毒人员谈心、进行心理咨询等，对会见环境有特定要求，不能简单地理解为“一间房、一张桌”就是办公场所，缺乏专门办公设施，给开展工作带来一定的困难。社区戒毒和社区康复包含了戒毒治疗环节，现有设施明显无法满足戒毒治疗的条件，而纯粹依赖社区医疗场所或专业医疗机构来解决社区戒毒治疗条件的缺乏，既不符合社区戒毒工作要求，又不利于社区戒毒治疗的有效开展。因此，要因地制宜，利用社区和社区卫生服务站场地开展工作，在有条件的社区，要逐步建立专门的工作场所，完善社区戒毒基础设施，为社区戒毒和社区康复工作提供良好的工作环境。

7. 制度要健全

要建立健全社区戒毒和社区康复的制度，用制度规范社区戒毒和社区康复组织机构的运作。一是岗位责任和工作制度。明确工作人员的责任和社区戒毒工作程序。二是例会、学习制度。每1～2

个月至少召开一次例会，社区戒毒工作领导小组召集各社区戒毒和社区康复工作小组组长会议，听取相关工作情况，及时给予业务指导和帮助，总结交流社区戒毒工作的经验和体会，学习领会社区戒毒工作的新规定、新精神。三是统计、登记制度。应对吸毒人员的有关情况逐项登记，建立统一台账，及时填写制式统一的统计报表，每季度汇总后报当地公安、司法行政机关和上级社区戒毒工作组织。四是吸毒人员排查制度。社区戒毒组织每月一次对本区内吸毒人员进行排查，并将排查情况以书面形式报当地公安、司法行政机关和上级社区戒毒工作组织。五是考核制度。对社区戒毒专干进行考核，将其工作纳入正规化的管理，进一步完善社区戒毒工作效果评估体系，促使其加大对辖区吸毒人员的管理力度，积极投入到社区戒毒工作，以点带面整体推进禁毒工作，依法做好社区戒毒工作，加强对吸毒人员的查处登记和社会帮教工作。

三、目前社区戒毒和社区康复组织机构建设的总体情况及存在的问题

（一）目前社区戒毒和社区康复组织机构建设的总体情况

1. 各级地方政府出台了规范性文件，明确了社区戒毒和社区康复组织机构成员单位及其职责

各地结合《禁毒法》的贯彻实施，把社区戒毒和社区康复工作作为禁毒工作的重要内容，列入重要议事日程，进一步加强对社区戒毒和社区康复工作的组织领导。公安、司法、民政、财政、教育、卫生、工商等有关部门要在党委、政府的统一领导和禁毒委员会的组织协调指导下，成立社区戒毒和社区康复工作领导小组，落实具体工作措施，依法履行法定职责，同时发挥工会、共青团、妇联自身优势，纳入社区戒毒和社区康复组织机构。切实将社区戒毒和社区康复工作纳入社会治安综合治理和平安创建，加强工作绩效评估，建立健全奖惩机制，形成政府统一领导、有关部门各负其责、社会广泛参与的戒毒（康复）工作机制，不断推进禁毒工作

向纵深发展。

2. 各级禁毒委员会仍处于禁毒工作的绝对主导地位，“大包大揽”局面并未得到扭转

尽管实践证明，禁毒委员会的主导地位有其形成的必要性，但是，这也导致了其他职能部门出现认识误区。一直以来，禁毒委员会的办事机构——禁毒办设在公安机关，给全社区造成了一个误解，认为禁毒工作就是公安机关的事，因此卫生、民政、劳动等相关职能部门明显缺乏应有的准备，工作进展缓慢，甚至认为是在帮公安机关工作。此外，街道、乡镇要去协调卫生、劳动等相关部门难度非常大，目前这项工作基本上就是街道、乡镇和公安在抓。

（二）目前社区戒毒和社区康复组织机构建设存在的问题

1. 有机构，但人员偏少

很多地方都建立了社区戒毒和社区康复工作小组等组织机构，但组织的成员多是“一人多能”，有的还是社会综合治理办公室的原班人马，并未达到“按照 20∶1 的比例配备禁毒专（兼）职社工负责社区戒毒和社区康复人员的日常监督、管理和帮扶工作，吸毒人员不满 20 名的镇、街道至少配备 1 名社区专（兼）职工作人员”的标准。

2. 有分工，但协作不够

社区戒毒和社区康复工作是一项集综合心理生理康复、社会功能恢复、防范复吸等功能为一体的系统工程，需要在党委、政府和禁毒委的统一领导下，有效整合宣传、公安、卫生、司法、民政、劳动和社会保障、教育、工会、共青团、妇联、文明办、综治办等各方面资源，统筹各地、协调各方、优势互补、形成合力，积极帮助基层细化社区戒毒和社区康复工作任务，落实各项工作措施。由于一些部门对社区戒毒和社区康复工作的认识不到位，工作实践中难以真正形成政府统一领导，禁毒委组织、协调、指导，各相关部门履行法定职责，全社会广泛参与的戒毒工作机制，社区戒毒和社区康复工作在某种程度上出现了公安或镇、街道“单打独斗”的

现象。加之，社区戒毒康复场所机构不健全，许多社区普遍存在一处场所多种功能，一个机构多份职责，缺乏明确的责权利和可有效利用的资源。目前，大多数的社区还是依赖街道办事处、司法所、居委会和派出所等社区现有的正式组织开展工作，加之各类戒毒机构隶属于不同的主管部门，各部门之间缺乏有效的协调机制，在工作中各自为政、各行其是，使有限的戒毒资源未能得到充分利用。

3. 有人员，但素质不高

有的社区工作人员缺乏专业意识与专业知识，工作理念落后，工作随意性大，导致难以提供专业化服务。由于社区戒毒缺乏具有相关专业知识的专业人员，使社区戒毒工作在一定程度上也受到限制。建立健全社区戒毒和社区康复的组织机构，意味着未来要走专业化、社会化道路。例如，戒毒人员心理治疗，很多人都认为就是做思想工作，实际上二者是有差别的，心理治疗要保持特定的原则，而思想工作重在说服教育。加之社区工作人员身份难以落实，待遇保障较低，难以安心工作，流动性很大。社区工作人员队伍的不稳定和素质不高问题必将制约着社区戒毒和社区康复工作的最大效果，不利于社区戒毒和社区康复工作经常性地开展，不利于长效机制的形成。

4. 经费不足，设施差

《禁毒法》第 6 条规定："县级以上各级人民政府应当将禁毒工作纳入国民经济和社会发展规划，并将禁毒经费列入本级财政预算。"但社区戒毒经费保障没有具体规定。社区戒毒和社区康复工作经费保障不到位是基层反映较为强烈的焦点问题之一。开展社区戒毒和社区康复工作需要配备专职的工作人员，工资福利待遇、吸毒人员尿检费用、禁毒宣传费用、活动费用等，所有这一切都需要经费来支持保障，但上述费用在镇、街道、村、社区都未得到保障落实。现有的社区，有的不具备真正意义上的社会化大社区的管理模式，可资有效利用的资源也相对匮乏，给开展社区戒毒和社区康复的工作带来极大被动。有的社区未设专门的社区戒毒和社区康复工作办公场地，社区戒毒和社区康复工作场所机构也不健全，存在“一所多用”、一个机构多个职责、一队人马多块牌子、责权利不明晰的现象。《禁毒法》也鼓励社会上的医疗戒毒机构参与社区戒毒和社区康复。医疗戒毒机构在生理脱毒、心理矫治方面的专业性，可以弥补社区戒毒和社区康复的先天不足，实际情况是，不少医疗戒毒机构采用药物脱毒、物理脱毒等治疗的收费过高，营利目的性过强，戒毒人员都因涉毒而家境贫困，治疗费用对他们来说也是很大的负担。

四、加强社区戒毒和社区康复的组织机构建设

（一）遵循正确的原则加强社区戒毒和社区康复组织机构的建设

社区戒毒和社区康复的组织机构建设，必须遵循正确的原则。

1. 以人为本、科学管理的原则

以人为本，其最基本的内涵就是以实现人的全面发展为目标，从人民群众的根本利益出发谋发展、促发展，不断满足人民群众日益增长的物质文化需要，切实保障人民群众的经济、政治、文化权益，让发展的成果惠及全体人民。《禁毒法》在“戒毒措施”一章开宗明义地规定，国家采取各种措施帮助吸毒人员戒除毒瘾，教育和挽救吸毒人员。这些各种措施需要各个相关部门、社会力量及个人共同致力。具体到社区戒毒组织机构建立来说，就是在全社会普及戒毒工作社会化、吸毒非犯罪化、“以人为本”戒吸帮教等原则和理念，突出社区戒毒组织机构的所有构成部分对社区戒毒人员的服务功能，使得各级领导、各职能部门和人民群众重视、理解社会工作介入社区戒毒和社区康复的必要性，进而达成共识，通过包括社会工作者在内的政府与非政府力量合力来遏制因吸毒而衍生的违法犯罪和社会问题。

所谓科学管理，按照“管理之父”泰勒的理解，其核心要义是管理者和被管理者双方建立密切合作关系。他认为效率的实现是

以人们的基本态度和思维方式为基础的，只有管理者和被管理者双方从心理上产生了密切合作的认同，科学的管理制度才能发挥作用。社区戒毒和社区康复组织机构的建立，不是简单的拼凑，而是要求组织机构各部分遵从吸毒成瘾的客观规律，采取有针对性的措施帮助吸毒人员戒除毒瘾；把握复吸的客观因素，运用各自职能权责改善吸毒人员的客观环境，提高戒断率；通过组织机构的各构成部门不断摸索、磨合和调整，实现合作、协调、沟通，形成规范的运转机制。

第一，要树立以人为本理念，做到管理与服务相结合，在管理中体现服务，在服务中强化管理，通过改善对社区戒毒和社区康复人员的服务，推动社区戒毒管理创新。

第二，要树立科学管理理念，实现管理科学高效常态化，建立依法管理、常态管理、有序管理的长效管理机制。

第三，要坚持以人为本、服务为先，科学管理、统筹组织，把社区戒毒和社区康复管理和服务有机结合起来，继承和发扬群众工作的优良传统，及时解决吸毒人员及其家属关心的实际问题和困难，打牢社区戒毒和社区康复管理创新的群众基础。

2. 专业化管理的原则

社区戒毒和社区康复既是一项执法工作，又是一项社会工作；既带有一定程度的强制性，如尿检，又表现出群众化、社会化的特点；既可以有各种群众喜闻乐见的宣传教育形式，又具备严格组织的生理脱毒、心理矫治、回归社会的专业化特点。应该说，社区戒毒和社区康复是禁毒执法工作的延伸，从一定意义上来说，它比强制隔离戒毒、劳教场所戒毒的管理任务更重。场所戒毒是在一个完全封闭的环境对吸毒人员进行治疗和管理，而社区戒毒和社区康复是在一个开放的社区中，一方面需要对吸毒人员进行监督和管理，另一方面需要利用社会资源对他们进行矫治、教育和服务，使他们更好地回归社会。鉴于这项工作的艰巨性和复杂性，各国都设有专门的机构来进行管理，我国也必须遵循这一规律，设置专门的社区戒毒和社区康复组织机构。

3. 分工协作、相互配合、相互制约的原则

戒毒工作是一项系统的社会工程，要使吸毒人员动态管控工作切实发挥效用、戒毒措施得以实际执行，必须将戒毒工作置于社会治安防控体系建设中去推进，从而建立起国家机关之间的互相联系、互相配合、多部门联动、高效运转的协作机制。概括起来说，一是明确各自职责，避免从部门利益和本位主义出发，出现多重执法或执法空白的现象；二是高度重视各环节的工作衔接，做到人员组织、工作职能和制度上对接，确保动态环境下对吸毒人员的发现、管控、收戒、帮教等措施落到实处；三是规范工作流程，使作出决定、文书送达、人员接收、执行措施、期满解除等程序顺畅通达。

社区戒毒、强制隔离戒毒、社区康复形成一个紧密衔接的完整过程，有利于戒毒人员最终戒断毒瘾，回归社会。禁毒部门、派出所、戒毒所、劳教部门要认真做好强戒、解教人员的衔接管理工作，做到底数清楚，文件材料等信息资料转递及时，确保帮教工作的及时、全面，杜绝漏列问题的发生。各有关部门、单位、社区居民委员会等组织应互相配合，共同做好帮教工作。

强调社区戒毒和社区康复组织机构的这一设置原则，符合我国“分工负责、相互配合、相互制约”的法制原则。

4. 精简高效的原则

党的十六大报告中指出：“按照公正司法和严格执法的要求，完善司法机关的机构设置、职权划分和管理制度，进一步健全权责明确、互相配合、互相制约、高效运行的司法体制。”必须看到，我国正处于并将长期处于社会主义初级阶段，现在达到的小康还是低水平的、不全面的、发展很不平衡的小康，人民日益增长的物质文化需要同落后的社会生产力之间的矛盾仍然是我国社会的主要矛盾。因此，在改革和机构设置时，应该充分考虑到我国的国情，坚持精简高效的原则。社区戒毒和社区康复组织机构的设置不能过多、过细或重叠。

（二）按标准规范社区戒毒和社区康复组织机构的建设

1. 建立四级机构

在市（县）成立社区戒毒工作指导委员会，在乡镇和街道办建立社区戒毒和社区康复工作领导小组，在社区建立社区戒毒和社区康复办公室和在居（村）委会建立社区戒毒和社区康复工作站，针对每名吸毒人员建立社区戒毒和社区康复工作小组。

下一级机构对上一级直接负责，完成上一级下达的工作任务，及时反映、汇报情况；上级机构对下一级进行部署、指导、检查、考评等环节的工作。同级间的构成，应当互相配合、互相监督。

各区（市、县）社区戒毒和社区康复工作指导委员会，在工作上受同级禁毒委员会的领导，是本辖区社区戒毒和社区康复工作的领导部门。指导委员会下设办公室于各区（市、县）禁毒办，负责具体工作的组织、协调、督查。

街道办事处、乡镇人民政府社区戒毒和社区康复工作领导小组，受同级禁毒委员会的领导，负责统领本辖区社区戒毒和社区康复工作的开展。领导小组下设办公室于各乡镇（街道）禁毒办，并明确一名专职联络员负责具体工作的组织、协调、督查。在开展具体工作时，可指定有关基层组织（如社区、村等）来落实社区戒毒和社区康复措施。

社区的社区戒毒和社区康复办公室（无吸毒人员的暂不成立），负责组织本辖区社区戒毒和社区康复工作的实施。办公室下辖若干居（村）委会戒毒（康复）工作小组，工作小组由社区戒毒和社区康复专职人员、社区医生、社区民警、社会工作者、禁毒志愿者和戒毒人员的监护人或家庭成员及其所在单位的代表共同组成，是社区戒毒和社区康复工作的具体执行单位。

2. 社区戒毒和社区康复各个层级组织机构建设的标准

（1）市（县）社区戒毒和社区康复领导工作小组的建设标准：有社区戒毒和社区康复领导小组的负责人和成员单位的具体成员；有办公场所；有健全的工作制度；有正常有序的工作指导。

（2）乡镇、街道社区戒毒和社区康复工作领导小组的建设标准：有社区戒毒和社区康复的专职委员；有办公和服务场所；有健全的工作制度；有稳定的工作经费；有完善的社区戒毒和社区康复人员档案；有全面活跃的工作。

（3）社区的社区戒毒和社区康复办公室的建设标准：有专职或兼职委员；有办公（可与村委或社区居委合署办公）、戒毒和康复场所（也可依托其他医疗场所）；有工作档案；有工作制度；有社区戒毒和社区康复人员基本状况数据表。

（4）居（村）委会戒毒工作小组的建设标准：有专职或兼职委员；有办公（可与村委或社区居委合署办公）、戒毒和康复场所（也可依托其他医疗场所）；有工作档案；有工作制度；有社区戒毒和社区康复人员基本状况数据表。

居（村）委会戒毒工作小组由戒毒人员的家庭成员或者监护人、社区民警、社区医务人员、戒毒社会工作者、所在单位代表等组成，可吸纳禁毒志愿者参加。

（三）推动禁毒志愿者队伍不断发展壮大

禁毒工作迫切需要大批禁毒志愿者的积极参与。各级禁毒部门应充分认清发展禁毒志愿者队伍的重大意义，认真贯彻国家禁毒委员会的相关部署，结合禁毒工作的实际需要，会同工会、妇联、共青团组织，运用志愿者行动的基本规则和运作方式进行，积极而稳妥地发展禁毒志愿者队伍，力争首先在毒品问题严重的重点地区发展一批禁毒志愿者，并发挥其积极作用。

对禁毒志愿者要根据工作需要及其自身条件，进行有针对性的培训。禁毒志愿者必须掌握毒品常识、我国禁毒的法律法规和政策、禁毒戒毒工作的常识以及禁毒志愿者工作守则等基本内容。要不断完善禁毒志愿者队伍的管理制度、工作机制和行为规范。在已经建立禁毒志愿者队伍的地方，禁毒部门要会同群众团体组织认真总结以往开展工作的经验，切实加强内部规章制度的建设，完善管理机制，形成工作规范和行为规范，从而不断地增强禁毒志愿者队伍的战斗力和凝聚力。

（四）规范建立禁毒社工队伍

禁毒工作和动员海洛因成瘾者参加药物治疗工作是一项艰巨的任务，必须贴近社区、贴近家庭、贴近吸毒人员。禁毒社工的素质决定工作的成效，在组建禁毒社工队伍的过程中，必须严格把好“三关”：一是严格把好“政治关”；二是严格把好“工作能力关”；三是严格把好“培训关”。为了使禁毒社工队伍建设制度化、规范化、正常化、高效化运作，一是健全各项制度，即制定《禁毒社工行为准则》、《禁毒社工管理考核办法》，《禁毒社工奖惩细则》、《禁毒社工督察条例》、《禁毒社工台账要求》、《禁毒社工技能培训方案》等一系列工作制度，以制度保证工作的开展；二是严格考评考核。在禁毒社工开始运作时，就分解工作任务和目标，签订目标责任书；在实施过程中，加强对他们的考核。

（五）鼓励和扶持民间组织参与社区戒毒工作

戴托普模式由社区服务站、居住社区、重返社区、善后照顾、项目办公室和康复基地组成，在对社区成员进行 2 ~ 3 周的生理脱瘾后，再进行最长可达 15 年的行为矫正、心理治疗等康复治疗。从戴托普系统发展、衍生出来帮助吸毒者的机构很多，如彩虹社区、70 公社等。目前，全国有不少地方将戴托普模式加以发展，使之本土化，应用于吸毒者的戒断和治疗康复。现在戴托普面临民间戒毒社区的普遍困境：戒毒做得较成功，其经验和技术得到认同，但缺乏来自政府的长期稳定支持和保障。

任何组织，不管以何种形式出现，都必须在法律法规的前提下有序、合法地开展工作，而目前部分民间组织处于一种边缘地带，由此带来很多问题，主要问题就是这些组织的法律地位有待明确，现行法律法规对于这块内容有待完善和调整，应尽快出台相关政策，以便让更多的民间组织开展社区戒毒或其他公益事业活动。

第四章　社区戒毒和社区康复的队伍建设

开展社区戒毒和社区康复工作，离不开一定的组织机构，也离不开一定数量和较高素质的队伍。加强社区戒毒和社区康复的队伍建设是社区戒毒和社区康复工作的重要内容，是开展社区戒毒和社区康复工作、保证社区戒毒和社区康复工作取得实效的人力保障。

一、社区戒毒和社区康复队伍建设的必要性和重要性

社区戒毒和社区康复队伍建设一定程度上决定了社区戒毒和社区康复工作进展的情况，包括保障社区戒毒和社区康复工作正常运转，社区戒毒和社区康复工作质量的提高，社区戒毒和社区康复工作自身的发展等方面。

（一）社区戒毒和社区康复队伍建设有利于保障社区戒毒和社区康复工作正常运转

当前，社区戒毒和社区康复工作不仅要建立和完善组织机构，而且必须要充实机构的人员，尤其必须加强工作队伍的建设——教育和管理。如果缺乏对社区戒毒和社区康复队伍的管理，那么，由此建立起来的社区戒毒和社区康复组织机构将无法按照预期目标进行，上级制定的工作方案将无法被有效地落实，工作人员也缺乏工作积极性，参与社区戒毒和社区康复的人员将无法得到具有科学性、人文性关怀的帮助等。而且，并不是每一个人都能胜任社区戒毒和社区康复工作，也不是每一个人都能在社区戒毒和社区康复工

作岗位上发挥出自己应有的水平，如果缺乏必要的教育、管理，即使有着高水平的社区戒毒和社区康复工作者，也不能发挥出他们已有的水平，达到预期的工作效果。因此，需要进行社区戒毒和社区康复工作者队伍建设。

（二）社区戒毒和社区康复队伍建设有利于提高社区戒毒和社区康复工作的质量

《禁毒法》第 34 条第 1 款规定，城市街道办事处、乡镇人民政府负责社区戒毒工作。城市街道办事处、乡镇人民政府可以指定有关基层组织，根据戒毒人员本人和家庭情况，与戒毒人员签订社区戒毒协议，落实有针对性的社区戒毒措施。因此，需要一定的社区戒毒和社区康复工作者来落实相应的社区戒毒和社区康复措施。

戒毒工作是一项专业性、连续性很强的工作，如果从事社区戒毒和社区康复的工作人员不熟悉相应的业务，对戒毒人员不了解，工作不安心，流动性太大势必会影响社区戒毒和社区康复工作的质量。对戒毒人员进行社区戒毒和社区康复的目标是让他们戒除毒瘾，身体和心理恢复健康，最终能重新回归社会。这些目标的实现离不开社区戒毒和社区康复工作者的工作能力；离不开工作人员及时了解戒毒人员的家庭情况、生活状况、身体情况、心理状况、戒毒的情况、健康状况、培训就业情况等有关戒毒人员的相关情况；离不开工作人员对戒毒人员的人文关怀及专业性地帮助；离不开工作人员及时发现戒毒人员存在的问题，并能制定出切实有效的措施而后加以解决；离不开工作人员对戒毒人员帮教措施的实施情况等。然而，参与社区戒毒和社区康复的吸毒人员具有吸毒成瘾、有戒毒意愿的特点。吸毒人员由于吸毒成瘾，容易造成他们比较封闭及敏感，从而导致戒毒工作人员较难走近他们。[①] 这就要求从事社区戒毒和社区康复的工作者具备一定的素质，如耐心，细心；具备

① 戴富强、郭维丽、文建：《社区戒毒若干问题刍议》，载《云南警官学院学报》2009 年第 6 期，第 33 ~ 36 页。

一定的心理学知识，熟悉与人沟通的方式方法等。因此，建立一支能胜任戒毒工作的工作队伍，将有助于吸毒人员戒除毒瘾，提高社区戒毒和社区康复工作的质量。

（三）社区戒毒和社区康复队伍建设有利于社区戒毒和社区康复工作自身的发展

自《禁毒法》出台以来，各地便开始实行社区戒毒和社区康复这项新的戒毒措施，并在摸索的过程中不断提高。社区戒毒和社区康复相比强制戒毒而言，更加凸显人性化的特点，并能贯彻落实科学发展观中以人为本的核心精神。

社区戒毒和社区康复工作的发展离不开工作责任心强、工作经验丰富、熟悉多种工作方法的工作人员；离不开稳定的工作团队；离不开能懂得根据时代的发展需求更新自我的工作人员等。而这样一些高素质工作人员的实现需要进行队伍建设才能达到。

进行社区戒毒和社区康复队伍建设，通过制定一系列的工作制度和工作流程，明确社区戒毒和社区康复工作者的工作职责，从而稳定社区戒毒和社区康复工作团队，减少因为工作人员流动性大所带来的不利于与戒毒人员建立信任关系从而影响社区戒毒和社区康复效果的问题；避免出现因为社区戒毒和社区康复工作人员的工作能力不够导致他们缺乏对戒毒人员相关情况的深入了解而不能进行针对性的帮教工作；避免因为相关知识的缺乏导致工作方法简单而不能达到预期的工作效果；避免因为社区戒毒和社区康复工作人员工作的疏忽导致戒毒人员戒毒失败，导致社区戒毒和社区康复工作人员不能更好地履行社区戒毒和社区康复的外部监督职责等问题。

（四）社区戒毒和社区康复队伍建设有利于建设一支高素质的工作队伍

目前我国对从事社区戒毒和社区康复工作人员的工作标准没有明确详细的法律规范，而且从国内各地进行社区戒毒和社区康复工作的情况可以看出，相当一部分地区从事社区戒毒和社区康复工作的专职人员较少，兼职人员较多，工作队伍不稳定，流动性大，并且人员素质不高，缺乏社区戒毒和社区康复工作所需要具备的专业技能等，这些方面严重影响社区戒毒和社区康复工作的效率和质量。

社区戒毒和社区康复是吸毒人员在有戒毒意愿而无法依靠自身戒毒的时候，除了参加戒毒所之外的新选择。[①] 社区戒毒和社区康复工作涉及心理学、医学、法学、社会学等各方面的专业知识，对社区戒毒和社区康复工作人员的素质要求较高，因此，除需科学设岗，根据一定岗位需要合理配备相应的工作人员外，还需通过建立一定的工作制度来明确工作人员的岗位职责；通过制定工作要求来规范社区戒毒和社区康复工作者的工作行为（如通过考核评定工作者的工作称职情况）；通过培训来提高他们的工作能力；通过一定的方法来激励他们的工作积极性，从而提高社区戒毒和社区康复工作人员的业务素质，如与戒毒人员签订的社区戒毒和社区康复协议，协议中相应责任的履行就得靠社区戒毒和社区康复人员和工作人员一起来进行。因此，进行社区戒毒和社区康复队伍建设必然会相应地提高社区戒毒工作人员的业务素质，促使他们能较好地履行自身的职责，提高自身的能力，如此便有利于建设一支高素质的工作队伍。

（五）社区戒毒和社区康复队伍建设有利于促进社会主义和谐社会的建设

胡锦涛同志指出，实现社会和谐，建设美好社会，始终是人类孜孜以求的一个社会理想。当前影响社会和谐稳定的因素有很多，其中毒品犯罪就是其中一项。根据国家禁毒委员会办公室发布的数据，截至2009年年底，全国现有登记在册吸毒人员1335920人，比2008年年底增加209158人，其中男性占84.6%，女性占15.4%。可见吸毒人员的数量之大。吸毒，对于吸毒者本人而言，

---

① 戴富强、郭维丽、文建：《社区戒毒若干问题刍议》，载《云南警官学院学报》2009年第6期，第33~36页。

不仅影响身体健康，而且影响心理健康；对于吸毒者家庭而言，不仅给家庭带来悲剧，而且往往是倾家荡产，妻离子散，家破人亡；对于社会而言，由于吸毒会带来犯罪率的增加，从而影响到社会的安定。因此，一旦吸毒，不管是对吸毒者本人还是吸毒者所在的家庭以及社会都会带来严重的危害后果。但对吸毒者而言，他们有“重生”的权利，我们每个人都应尽自己的一份力量予以帮助。社区戒毒和社区康复作为一项新的戒毒措施出台并予以实施有其必要性，作为社区戒毒和社区康复的工作者对戒毒人员参与社区戒毒和社区康复的成败起到很大的作用。

通过进行社区戒毒和社区康复工作者队伍建设，提高了工作人员的业务素质，进而提高戒毒工作效率和质量，不仅给戒毒人员重新走向工作岗位、回归社会带来一定的帮助，而且降低了复吸率，减少了吸毒人员，从而促进了社会和谐稳定；同时，由于社区戒毒和社区康复工作的需要，所以配备了一定数额的专职人员，通过设立一定的工作岗位，解决了目前的就业紧张问题，在一定程度上缓解了当今时代的就业压力，促进了社会和谐稳定。

二、社区戒毒和社区康复队伍的成员构成

为了保证社区戒毒和社区康复工作的质量，满足社区戒毒和社区康复工作的要求，并结合我国的国情，我国社区戒毒和社区康复工作队伍可由专职人员、社会志愿者、公民三部分人员构成。

（一）专职人员

社区戒毒和社区康复工作的专职人员顾名思义就是有一定的专门从事社区戒毒和社区康复工作，有一定的岗位编制，有稳定的经济收入，有强烈的工作责任心和一定的耐心，有一定的组织管理能力，具有医学、心理学、管理学、法律等知识背景的人。

对参加社区戒毒和社区康复的人员来说，他们要面临因为戒毒而带来的痛苦，除了忍受剧烈的毒瘾刺激外，还要承受周围人的异样眼光，面临因为吸毒而导致的就业和生活困难、家庭关系破裂、

心理问题、各种行为问题等。他们急需一些人给予他们支持和帮助。这项责任就落在社区戒毒和社区康复工作者身上。因此，无论社区戒毒和社区康复工作者从事的是戒毒康复帮教工作，还是戒毒管理、监督等工作，从其工作的对象、工作的性质及需要上都可以看出，从事社区戒毒和社区康复工作的专职人员需要具备一定的专业背景。从事社区戒毒和社区康复工作的专职人员是社区戒毒和社区康复工作队伍中必不可少、极其重要的一部分。设立专职人员能保证一定工作岗位有一定的人员操作，能保障社区戒毒和社区康复工作正常运行，避免出现因为人员流动性大而对社区戒毒和社区康复工作所造成的不良影响。

从国内开展的社区戒毒和社区康复工作情况来看，目前从事社区戒毒和社区康复的专职人员主要负责对社区戒毒和社区康复人员进行一定的管理、监督以及帮教工作。具体表现为以下几方面：

第一，由一定数量的专职人员组成社区戒毒和社区康复工作小组，与社区戒毒和社区康复人员签订社区戒毒和社区康复协议书。工作职责主要有：签订协议书前履行向戒毒人员的告知义务，提醒戒毒人员了解自己在实行社区戒毒和社区康复期间所享有的权利和应当履行的义务；为了给社区戒毒和社区康复人员提供方便，提供其含有本社区民警、医生、居委会的联系方式等各种有利于帮助戒毒人员的信息卡片。

第二，负责管理社区戒毒和社区康复人员。具体措施包括：针对每位社区戒毒和社区康复人员的情况，制定切实可行、个性化、分级分阶段的社区戒毒和社区康复方案，并根据戒毒人员的戒毒效果和需要适时调整戒毒和康复方案。对社区戒毒和社区康复人员进行每周不少于一次的访谈（对于刚刚参加社区戒毒和社区康复的人员，前几周访谈的次数应多些），以便于及时了解社区戒毒和社区康复人员的戒毒及康复情况，工作、生活、身心健康等方面的状况，并如实填写《社区戒毒和社区康复人员访谈记录表》。负责对社区戒毒人员开展定期不定时的尿样检测。负责批准参与社区戒毒和社区康复人员的请假及监督他们是否认真完成戒毒和康复协议里规定的内容。遇到戒毒人员出现戒毒中止的情况，按照有关要求，中止社区戒毒程序。社区戒毒人员完成协议规定的戒毒期限，经综合评估后，认为已经戒除毒瘾的，报请原作出责令社区戒毒决定机关批准解除社区戒毒，等等。

第三，组织策划对社区戒毒和社区康复工作人员开展各种培训和教育，如协助有关部门，对社区戒毒和社区康复人员开展专业技能培训和就业指导；对戒毒人员实施教育，给予指导和帮助。例如，对参与社区戒毒和社区康复的戒毒人员进行有关的法制、禁毒宣传等方面的教育。

第四，及时向上级有关部门汇报，并完成上级下达的其他工作任务等内容。一方面，负责向社区戒毒和社区康复工作领导小组汇报相关工作情况；另一方面，当发现社区戒毒和社区康复人员有违反协议规定，或在社区戒毒和社区康复期间又有吸毒行为、拒绝接受检测，或者出现其他异常情况（如出现死亡等情况）时，及时向社区戒毒和社区康复工作领导小组和公安机关报告。

第五，协助其他部门、机构的工作。例如，社区戒毒和社区康复工作人员要协助社区卫生医疗服务机构对社区戒毒和社区康复人员进行身体健康体检，并建立个人健康档案；会同公安机关对社区戒毒和社区康复人员进行监督考察。当开展常规检测或者抽检时，社区戒毒和社区康复专职人员应当监督社区戒毒和社区康复人员留取检测样本。

在配备专职人员数目方面，不同地方以及不同学者提出了不同的看法。例如，江苏省无锡市是每20名当地吸毒人员配备1名社区戒毒和社区康复专职工作人员。① 河北省在2009年开始推进社区戒毒和社区康复，并要求各地按照每20名吸毒人员配备1名社

① 许翠华、胡钧：《江苏省无锡市社区戒毒模式解读》，载《江苏警官学院学报》2009年第6期，第120~124页。

区戒毒专职人员的比例，配齐专职人员。[1] 学者王海珺建议，社区戒毒建立在明确以城市街道办事处、乡镇人民政府为社区戒毒的执行主体的同时，应当确定负责社区戒毒的工作部门，并按照每20名左右社区戒毒人员配备1名社区戒毒专职人员的比例配备社区戒毒专职人员，制定社区戒毒工作计划，指导成立社区戒毒工作小组，与戒毒人员签订社区戒毒协议，落实社区戒毒措施。社区戒毒人员不足20名的街道、乡镇应配备至少1名社区戒毒专职人员。在无毒县或无毒社区可以配备一些兼职社区戒毒工作人员。社区戒毒专兼职人员由城市街道办事处、乡镇人民政府工作人员、社会工作者或者禁毒志愿者担任。[2] 鲁仲平等学者提出，社区戒毒（康复）指导委员会成员单位应当建立社区戒毒（康复）领导小组，吸毒人员应每4名配置1名社区专职人员，社区戒毒（康复）监护小组由社区戒毒和社区康复专职人员、社区医生、社会工作者、禁毒志愿者和戒毒人员的监护人和家庭成员及其所在单位的代表共同组成。[3] 刘丽敏等学者认为，依据目前社区工作管理状况，社区在接收戒毒人员后，需要立即组织开展帮教工作，按照戒毒人员与帮教人员不低于1∶4的比例，监护社区戒毒人员。[4]

我国各地的经济社会发展和毒情不一样，对于社区戒毒和社区康复专职人员的配备很难做到统一要求，因此各地可以根据实际工作情况配备一定数量的社区戒毒和社区康复专职人员。

（二）社会志愿者

由于社区戒毒和社区康复工作时间较长，对相应工作人员的素

---

① 周远：《我省推进社区戒毒每20名吸毒者配备1名社区戒毒专职人员》，载《河北日报》2009年4月10日。

② 王海珺：《〈禁毒法〉实施以来戒毒工作遇到的主要问题及对策研究》，载《云南警官学院学报》2010年第1期，第46～50页。

③ 鲁仲平、刘丽敏、姜绍伟：《社区戒毒及社区康复的规范化管理》，载《中国药物滥用防治杂志》2010年第1期，第106～107页。

④ 刘丽敏、鲁仲平、陈晓雪：《社区戒毒及社区康复的工作范围探讨》，载《中国药物滥用防治杂志》2010年第1期，第38～40页。

质要求较高，单靠专职人员的力量是不可能完成的，加上编制、人员管理及相应待遇经费等方面的限制，所以社区戒毒和社区康复队伍不能仅拥有专职人员，还需要增加戒毒帮教工作的力量，扩大相关工作人员的数量，需要社会志愿者的参与、帮助和支持。

社会志愿者在社区戒毒和社区康复工作中起着举足轻重的作用。目前，社会志愿者主要由社区卫生医疗服务的医生、社区民警、劳动保障部门的工作人员、心理咨询师、社会法律工作者等社会工作者组成。当然，一些有志于促进社会和谐稳定、减少吸毒人员数量、降低复吸率的民众作为志愿者加入社区戒毒和社区康复工作队伍，是社区戒毒和社区康复队伍不断充实与壮大的有效途径。

社区戒毒和社区康复工作志愿者，应具备一定的爱心、强烈的责任感、树立为他人服务的决心、不怕苦的毅力和坚持不懈的恒心、不厌其烦的耐心等品质。社会志愿者主要是协助专职人员做好相应的社区戒毒和社区康复工作，包括与戒毒人员谈心，了解其生理、心理对毒品的依赖情况，通过与戒毒人员家人的沟通，了解戒毒人员的生活工作情况；提供心理咨询等心理辅导，帮助社区戒毒和社区康复人员戒除对毒品的心理依赖；通过对吸毒人员提供禁毒法律咨询，帮助其了解毒品犯罪的法律法规，从而拒绝毒品；当吸毒人员有一定的戒毒要求时，应帮助向有关部门申请进行相应方式的戒毒，如有要求强制隔离戒毒的，社会志愿者可以帮助其向公安机关申请进行强制隔离戒毒；帮助家庭贫困的戒毒人员向有关部门申请奖励、救助和补助；针对年龄较小的戒毒人员，帮助他们向有关教育单位就学接受相应教育，对于年龄较大没有从事一定工作的戒毒人员，帮助他们安排参加劳动部门的职业技能培训和指导；对于拥有一定就业能力的戒毒人员，帮助其向劳动部门申请就业援助、提供就业信息等方式帮助其尽早就业；面向社会开展禁毒宣传教育，让公民了解毒品的危害，提高其识毒、拒毒、抗毒的能力；为了营造良好的戒毒帮教氛围，还可以组织吸毒人员参加公益活动等。

（三）公民

社会是个大系统，我们人人都离不开这个大系统。实施社区戒毒和社区康复，意味着戒毒人员将生活于社区这个系统中。因此，公民也是协助社区戒毒和社区康复工作的一部分。公民对待戒毒人员的态度，在一定程度上也影响着戒毒人员的戒毒水平，影响着戒毒工作的质量。公民也应当为戒毒人员戒除毒品奉献自己的一份力量。

吸毒人员是违法者同时也是受害者，对他们而言，戒除毒瘾需要很大的勇气和毅力，正所谓吸毒容易、戒毒难。戒毒是个漫长的过程，在这个过程中，每个环节的完成与否都影响着最终戒毒的成败。对于努力想戒除毒瘾的吸毒者而言，他们极其需要周围人尤其是家人的支持与帮助，否则，他们只能将自己限制于自我狭小的范围内而自我封闭，或者继续与有着共同吸毒经历的人员相处与交往，长此以往，会提高复吸的可能性，他们的身心健康将会受到更大的危害。

虽然社区戒毒和社区康复措施是一种在开放的环境中进行的戒毒，戒毒效果很大程度上取决于社会的帮教和戒毒人员自身戒毒的决心和自觉性，但是，吸毒行为严重破坏了戒毒者个人的非正式支持系统，而正式的社会支持系统还有待完善，这使戒毒人员可以利用的社会资源少之又少。另外，戒毒人员普遍缺乏有效利用资源的能力，他们往往和家庭、邻里、社区的关系紧张，在与外界的沟通和信息的获得方面都存在一定的障碍，戒毒人群的特殊性和复杂性增加了社区戒毒和社区康复工作的难度。① 因此，我们每一个人都应当为营造一种良好的戒毒氛围而努力，做到不排斥戒毒人员，主动帮助戒毒人员，积极配合相关人员的工作等。

---

① 骆晓玲、高晓东：《制约社区戒毒（康复）工作发展的主要因素与对策分析》，载《云南警官学院学报》2010 年第 3 期，第 82 ~ 88 页。

三、社区戒毒和社区康复队伍存在的问题

针对进行社区戒毒和社区康复的人员的特点，以及社区戒毒和社区康复工作的需要，有必要探讨目前社区戒毒和社区康复队伍存在的问题，以便提出具有针对性和可操作性的解决措施。

（一）社区戒毒和社区康复工作人员的工作意识有待提高

一些基层党政领导和部分禁毒工作者以及群众的理念仍然比较陈旧，认为不劳教、不强戒就不足以惩戒吸毒人员，难以消除社会隐患。[①] 持如此观念的社区戒毒和社区康复工作者，是不能做好社区戒毒和社区康复工作的。如此的排斥心理，不单不能对社区戒毒和社区康复工作起到帮助作用，反而影响社区戒毒和社区康复工作的质量，甚至对社会带来消极影响。还有的社区戒毒和社区康复工作者只是将社区戒毒和社区康复工作作为自己工作的一部分，仅仅是为了工作而工作，对社区戒毒和社区康复工作缺乏深刻的认识；缺乏对戒毒人员的人文关怀，不能设身处地帮助、指导他们；缺乏专业意识，工作理念落后。还有的社区戒毒和社区康复工作者认为从事这项工作只是暂时的，因而也不会从长远目标来思考自己在哪些方面应当有所提高，更不会思考如何在提高社区戒毒和社区康复工作的质量方面发挥出自己的作用。

社区戒毒和社区康复作为一项新的戒毒措施，有它产生及存在的必要性。社区戒毒和社区康复工作者首先要对参与社区戒毒和社区康复的戒毒人员树立正确的认识。“意识反作用于物质。”只有树立了正确的观念，才能身体力行做好工作。

（二）社区戒毒和社区康复工作人员的配备有待完善

从目前国内开展社区禁毒的情况来看，从事社区戒毒和社区康复的工作人员素质参差不齐。在社区戒毒和社区康复工作人员的配

---

① 骆晓玲、高晓东：《制约社区戒毒（康复）工作发展的主要因素与对策分析》，载《云南警官学院学报》2010 年第 3 期，第 82 ~88 页。

备上，仍存在许多问题。

有的地方已经意识到需要配备社区戒毒和社区康复工作的专职人员，但是，在专职人员的能力方面，却不予以严格要求。例如，有不少地区的戒毒社工采取自愿报名的原则招录，条件设定较低，有不少应聘社工是下岗工人。当然，这些人员可以专职从事戒毒帮教工作，但是，下岗工人文化素质相对较低，经过简单培训，其掌握的戒毒工作理论仍难以满足帮教需求。①

有的地方甚至还没有意识到需要建立社区戒毒和社区康复工作的专职人员。例如，根据相关资料，很多负责社区戒毒管理的人员都是由街道工作人员兼任，还有的是从街道群防队借调的，最好的也就是各公安局派来的专业禁毒志愿者。对于禁毒的专业知识，很多人其实并不太懂。在进行社区戒毒前，社区工作人员只是进行了集中的短期培训，要达到精通，完全不可能；与戒毒人员谈谈心、聊聊天，提供一些生活上的帮助还可以，但要在专业上提供援助却很困难。② 社区戒毒和社区康复工作缺乏专职人员而仅有兼任工作者，将不能保障社区戒毒和社区康复工作的质量。兼任意味着从事社区戒毒和社区康复工作人员的工作重心并不在社区戒毒和社区康复这份工作上，这些兼任工作者有的时候会敷衍了事，不能全身心做好社区戒毒和社区康复工作，因而也就不能保证社区戒毒和社区康复工作的质量。

还有的地方的社区戒毒和社区康复工作人员大多是各相关单位临时抽调或者临时招聘的。③ 如此的人员配备将不利于社区戒毒和社区康复工作队伍的人员保障。一方面，临时抽调和临时招聘的人

---

① 张晓春：《细化社区戒毒和社区康复有关工作的思考》，载《广西警官高等专科学校学报》2010 年第 4 期，第 46 ~ 48 页。

② 陈凤艳：《论当前禁毒斗争中的社区戒毒》，载《云南警官学院学报》2010 年第 3 期，第 95 ~ 99 页。

③ 陈帅锋：《对浙江湖州社区戒毒（康复）工作的调研和思考》，载《云南警官学院学报》2010 年第 6 期，第 43 ~ 47 页。

员并不是真心愿意从事社区戒毒和社区康复工作，对社区戒毒和社区康复工作缺乏兴趣，因而在从事社区帮教工作方面会有抵触情绪；另一方面，临时抽调和临时招聘的人员对社区戒毒和社区康复工作缺乏了解，对社区戒毒和社区康复工作的相关业务不熟悉，因而不能提供专业性的服务和帮助，而且极易产生社区戒毒和康复工作人员流动性大的问题。这些问题的存在将严重影响社区戒毒和社区康复工作的顺利开展。

（三）对社区戒毒和社区康复工作人员的管理有待规范

社区戒毒和社区康复工作人员是进行社区戒毒和社区康复工作的直接实施者、戒毒人员的指导者和管理者、其他相关机构的工作协助者。社区戒毒和社区康复工作离不开一定的工作人员。然而，尽管《禁毒法》提出了社区戒毒这项戒毒措施，但没有详细规定从事社区戒毒和社区康复工作的人员条件、管理制度等一系列的内容，导致目前的社区戒毒和社区康复工作在不断摸索中前行。由于缺乏一定的管理制度来规范工作人员的行为，导致社区戒毒和社区康复工作者在执行戒毒帮教的过程中存在不规范的问题。例如，在接收符合社区戒毒条件的戒毒人员时，社区戒毒工作人员需要与戒毒人员签订社区戒毒协议。有的工作人员因为没有对戒毒人员形成正确的认识，不能设身处地为戒毒人员着想，仅仅双方签字完毕了事，不能真正达到社区戒毒所要求的效果。作为社区戒毒工作人员，应当熟悉戒毒协议里的内容，熟悉参与社区戒毒需要经历的过程及阶段。因此，一名优秀的社区戒毒工作者，在与戒毒人员签订戒毒协议前会详细告知戒毒人员签订协议的目的，协议中涵盖的内容，戒毒人员在进行社区戒毒过程中会面临的问题和可以采取的解决方法及途径等知识，以便让戒毒人员了解自身参与戒毒的权利和义务，方便今后彼此协作，从而有利于戒毒人员戒除毒瘾。为了更好地管理戒毒人员，需要对社区戒毒人员建立档案，以便了解戒毒人员的相关情况。但是，怎么建立戒毒人员的档案，需要建立什么样的内容，目前没有明确的条文进行规范，因而给戒毒工作者带来一定的难题，导致工作水平不一。加上目前在规范戒毒工作人员方面没有一定的法律条款予以说明，戒毒人员的能力水平不均，有的戒毒工作人员甚至不能达到戒毒工作需要的能力要求，因而在对戒毒人员的管理上存在问题，影响社区戒毒和社区康复人员的戒毒效果。

因为缺乏对社区戒毒和社区康复工作人员的管理，所以导致工作人员缺乏岗位所需的专业知识，缺乏相关的工作经验，对社区戒毒和社区康复工作认识不足，工作方法简单，工作做得不到位，甚至还出现不注意保护戒毒人员隐私和自尊等不当行为。这些问题除了起不到良好的帮教效果外，还极易导致戒毒人员最终排斥社区戒毒和社区康复，甚至会远离自己生活的社区，导致戒毒和康复失败。

（四）社区戒毒和社区康复工作人员的能力水平参差不齐

社区戒毒和社区康复工作不只是对戒毒人员进行尿样检测这么简单，它涉及医学、社会学、心理学、管理学等多学科的知识。社区戒毒和社区康复工作的正常开展也不是一两位工作人员就能够胜任的，它需要具有不同专业背景的人齐心协力、共同努力才能做好。

从广西乃至全国的禁毒社工的情况来看，条件比较好的地方，禁毒社工大多也只是听过一些禁毒知识讲座而已，专门针对社工进行的职业技能培训还没有全面展开。[①] 由此可以看出，由于社区戒毒和社区康复工作人员缺乏相应的职业技能培训，缺乏一定的招录标准，从而导致工作人员的能力水平参差不齐。缺乏社区戒毒和社区康复工作的相关知识，不能对戒毒人员提供专业上的援助；有的工作人员不只是能力不够，素质也不高，不能真诚地对待戒毒人员，工作呆板，不能满足社区戒毒和社区康复工作的需求。

---

① 张晓春：《细化社区戒毒和社区康复有关工作的思考》，载《广西警官高等专科学校学报》2010 年第 4 期，第 46～48 页。

（五）社区戒毒和社区康复工作人员的考核监督机制不完善

由于社区戒毒和社区康复工作是一项新兴事业，没有现成的经验可以借鉴，很多工作尚在摸索、尝试中进行，缺乏系统的工作理念，尚未形成一套成熟的管理制度和管理模式。① 社区戒毒和社区康复工作人员作为社区戒毒和社区康复人员的管理者，本身也需要一套考核监督机制才能促使社区戒毒和社区康复工作得到更好更快的发展。目前对社区戒毒和社区康复工作人员工作的质量缺乏一定的考核标准，缺乏考核机构和组织，缺乏考核的程序及考核的依据等内容。同时，还缺乏一定的监督机制。这些机制的缺乏将起不到提高社区戒毒和社区康复工作人员工作积极性的效果，也将影响社区戒毒和社区康复工作队伍的质量。

四、加强我国社区戒毒和社区康复队伍建设的思考

从社区戒毒和社区康复工作的工作性质、工作目标、工作需要等方面可以看出，社区戒毒和社区康复工作需要一支业务能力高、工作责任心强、高素质的工作队伍。鉴于目前社区戒毒和社区康复工作中队伍建设的现状和不足，社区戒毒和社区康复队伍建设可以从以下几个方面加强：

（一）严格准入标准

鉴于我国一些地区存在的只有兼职工作者、临时抽调或者临时招聘社区戒毒和社区康复工作人员的问题，要求将招聘社区戒毒和社区康复工作者提上议事日程，实行严格的招聘淘汰制，从源头上提高社区戒毒和社区康复队伍的质量。因为社区戒毒和社区康复工作是一项专业性较强的工作，所以，首先要求按需设岗、按岗聘任，依据相应职位的要求进行相应专业人员的聘任。对招聘人员的学历应有较高的要求，最好是本科及以上的学历。其次实行考核

① 骆晓玲、高晓东：《制约社区戒毒（康复）工作发展的主要因素与对策分析》，载《云南警官学院学报》2010年第3期，第82~88页。

制。对拟招录的人员进行一定程度的资格考试，以确保其能力达到岗位所需的水平。根据实际情况也可以采取先通过基本的测试，对达到基本要求的人员暂时聘任，再将工作与一系列强化培训相结合进行，然后再由其参加资格考试，通过后予以继续留任。

对于社区戒毒和社区康复志愿者的选用，也需要建立一定的准入标准。社区戒毒和社区康复志愿者是社区戒毒和社区康复工作队伍的重要组成部分之一。志愿者有主观帮助意愿，有志于为社区戒毒和社区康复工作奉献自己的一份力量，因此会不计报酬心甘情愿地从事一些社区戒毒和社区康复帮教工作。社区戒毒和社区康复的志愿者可以是大学生、教师、居委会工作者、离退休人员、医生、律师等社会力量。尽管像这样有着不同角色背景的人员充当志愿者，在一定程度上能帮助社区戒毒和社区康复工作，但是不同人有着不同的人格特点、做事风格，并且志愿者存在缺乏社区戒毒和社区康复工作经验、工作时间不确定、工作质量没有保证等不足之处，因此，也需要对社区戒毒和社区康复志愿者建立一定的准入标准，从而保障社区戒毒和社区康复志愿者队伍的质量。例如，需要志愿者向社区戒毒和社区康复机构呈递申请书，并附本人相关证件的复印件，包括身份证、学历证书、学位证书、职业资格证书等和工作履历表等。经相关机构审核商讨决定同意录用后才能进行社区戒毒和社区康复帮教工作。有过相关志愿经历者可优先考虑。

（二）明确社区戒毒和社区康复工作人员的岗位设置和岗位职责

有一定岗位需求才有必要招录一定的工作人员。因此，需要明确社区戒毒和社区康复工作人员的岗位配备，并制定一定的岗位职责，使工作人员明确其工作对象、工作任务和工作方式方法等，以便认真、合理地工作。

各社区可以依据本地方的实际情况，设立不同岗位，并针对不同岗位确定专职人员的数量。最好从上到下设立社区戒毒和社区康复工作领导小组，社区戒毒和社区康复工作小组。社区戒毒和社区康复工作领导小组可由城市戒毒办事处、乡镇人民政府有关人员担任，负责领导社区戒毒和社区康复工作，针对上级的工作要求布置工作；针对掌握的社区戒毒和社区康复工作情况给予业务指导和帮助；处理紧急事件等。社区戒毒和社区康复工作小组负责落实社区戒毒和社区康复领导小组提供的工作方案，对社区戒毒和社区康复人员实施管理、教育，及时汇报社区戒毒和社区康复人员的情况等。

（三）建立和完善社区戒毒和社区康复工作人员的工作制度

任何一项工作都需要一定的制度予以规范。正所谓“无规矩不成方圆”。社区戒毒和社区康复工作人员也需要一定的工作制度对他们的工作予以规范。

1. 例会制度（定期报告制度）

针对社区戒毒和社区康复工作的特殊性，社区戒毒和社区康复工作领导小组及工作小组需要定期召开会议，总结近段时间的工作进展情况、取得的成绩和工作中存在的不足；分享取得成绩的经验，分析问题的原因，并提出下阶段可行性的解决意见及办法；布置下阶段的工作。在例会上，各社区工作小组要汇报本社区戒毒和社区康复工作情况并提出如何做好工作的建议；工作领导小组要把握全局，了解各社区戒毒和社区康复工作小组的工作任务完成情况及社区戒毒和社区康复工作人员的情况，及时表扬优秀的同志，肯定他们的工作，并研究制定下阶段的工作规划和实施方案等。

2. 请示报告制度

基于社区戒毒和社区康复工作的特殊性，应建立请示报告制度社区戒毒和社区康复工作的工作对象是有意愿戒除毒瘾的人员。这些人员在戒毒的过程中难免会因为承受不了毒瘾的刺激而复吸或者出现伤害性的行为，导致自伤或者他伤。像这类紧急事件必须要及时报告上级，请求上级的处理决定。对于工作中出现的重大问题及发生的紧急重要事件应该及时逐级上报。

3. 建档统计制度

建档的目的一方面是方便工作人员了解社区戒毒和社区康复人员的情况，另一方面是保证材料的真实性和准确性。对于每一位参与社区戒毒和社区康复的人员，社区戒毒和社区康复工作人员都要认真逐人建立档案，包括戒毒人员的人口学资料、吸毒史、工作情况、家庭成员情况等内容。

4. 监督检查制度

社区戒毒和社区康复工作领导小组及工作小组成员都应当自觉接受上级社区戒毒和社区康复组织的监督和检查，并在工作上予以配合；自觉接受人民的监督，建立群众意见箱，征求群众关于社区戒毒和社区康复工作的意见和建议。

5. 联席会议制度

社区戒毒和社区康复工作领导小组及工作小组应当会同本社区的民警、社区卫生工作站、人力资源和社会保障部门的工作人员等每季度召开一次会议，探讨社区工作的问题，制订计划，落实措施。

6. 考核奖惩制度

设立考核奖惩制度的目的是激励社区戒毒和社区康复工作人员，从而保障社区戒毒和社区康复工作的质量。考核奖惩制度包括考核评估制度、奖励惩罚措施、责任追究制等内容。可依据本地方的实际情况，制定符合当地的考核办法、奖励措施和惩罚措施。

以上制度主要是针对社区戒毒和社区康复专职人员而设立的。对于社区戒毒和社区康复志愿者，应当建立志愿者章程，规范其工作。社区戒毒和社区康复志愿者也适用例会制度、请示报告制度等，包括适当召开会议，介绍情况并寻求解决意见；遇有问题和情况及时向社区戒毒和社区康复工作小组汇报等。当群众对志愿者从事帮教工作有不良反应的，经过有关部门调查后可以撤销志愿者的相应服务工作等。

（四）严格社区戒毒和社区康复工作人员的纪律要求

社区戒毒和社区康复是《禁毒法》确定的一种法律措施或手段，从某种意义上说，社区戒毒和社区康复工作是一项执法活动，它涉及一些禁毒、戒毒的具体措施的实施和手段的使用，涉及社区戒毒和社区康复人员的各种利益。为了保证禁毒、戒毒的具体措施的正确实施和手段的合法使用，维护社区戒毒和社区康复人员的利益，需要制定社区戒毒和社区康复工作纪律条令，要求社区戒毒和社区康复工作人员严格遵守，包括禁止泄露社区戒毒和社区康复工作中的秘密、禁止非法搜查社区戒毒和社区康复人员的身体、禁止侮辱社区戒毒和社区康复人员等纪律要求。

（五）加强社区戒毒和社区康复工作人员的教育培训

教育培训是培养社区戒毒和社区康复工作人员的业务水平和能力、提高社区戒毒和社区康复队伍整体素质的重要措施和途径。要深入推进社区戒毒和社区康复工作，必须加强社区戒毒和社区康复工作人员的教育培训。对社区戒毒和社区康复工作人员的教育培训主要包括岗前培训和在职培训。岗前培训主要是让社区戒毒和社区康复工作人员了解社区戒毒和社区康复工作的主要内容、注意事项，培养自己所在岗位所需要的能力以及与工作联系紧密的工作方法等内容。而在职培训进行的是知识更新的培训，如学习新的工作方法，学习社区戒毒和社区康复所需的国内外先进仪器设备的使用等。社区戒毒和社区康复工作人员还可以通过在职培训了解我国其他地区的先进做法，了解当前我国社区戒毒和社区康复工作中存在的不足，思考如何改进，学习改进的方法和措施等。通过这样的教育培训，提高社区戒毒和社区康复工作人员的业务水平和能力，提高社区戒毒和社区康复队伍的整体素质，从而为社区戒毒和社区康复工作的发展提供强大的人力支撑。

第五章　社区戒毒和社区康复的适用对象

社区戒毒和社区康复是《禁毒法》规定的法律措施和手段，有特定的适用对象。只有准确确定其适用对象，才能真正保障公民的合法权益不受侵犯。要开展社区戒毒和社区康复工作，必须首先明确具体的工作对象，这是开展社区戒毒和社区康复工作的前提和基础。只有明确了具体的工作对象，才能有针对性地落实工作措施。

一、明确社区戒毒和社区康复适用对象的重要性

开展社区戒毒和社区康复工作，主要是通过社会整体之力逐渐建立戒毒治疗、康复指导、救助服务功能兼备的社区戒毒工作体系，最大限度地减小毒品危害，推进社区戒毒工作的健康发展，努力实现吸毒人员戒除毒瘾、身心康复、回归社会的目的。要完成这个目标，首先要明确社区戒毒和社区康复工作的适用对象，这无论对于社会还是社区戒毒和社区康复工作对象自己，都具有极其重要的意义。

（一）有利于区分吸毒人员，采取针对性戒毒措施

吸毒人员情况各不相同。第一种情形：吸毒人员戒毒意愿强烈，毒品依赖性不强，戒毒环境较好，可以通过自愿戒毒戒除、戒断成功的例子也不鲜见。第二种情形：吸毒人员具备戒毒意愿，但依赖性较强，需要一定的外部环境支持才能控制不再吸毒。第三种

情形：吸毒人员属于无法自我控制，必须予以隔离戒除。旧的戒毒体系对于后两者不加区分地一律实行强制戒毒，采取的具体戒毒措施也没有针对性和差异性。由于人身自由受到限制，失去了就业机会并且远离家人、社会，吸毒人员对于强制戒毒方式具有一定的抵触心理。抵触心理削弱了强制戒毒的治疗作用，使其变质为惩罚手段，进而形成恶性循环，负面影响较大。而新的戒毒体系中增加的社区戒毒则将第二种情形区别出来并采取针对性的戒毒措施，为服务对象营造类似“家”的环境，突出了对吸毒人员的关爱，部分解决了服务对象“回归社会”的问题，使戒毒工作更加人性化，可以有效降低甚至打消吸毒人员的抵触心理，能够提高第二种情形的戒毒效果。

（二）有利于维持社会稳定，促进社会和谐

如果社区戒毒和社区康复措施适当，吸毒人员遵守社区戒毒协议，则能产生以下积极效果。对吸毒人员本人而言，能够生活在其习惯的环境中，能够参加劳动并获得报酬、有一定的正常社交活动、与家人和朋友保持正常的接触和交流，对社会的归属感和认可度较强。对吸毒人员家属而言，其家庭能够保持完整，家庭成员能够安心生活、学习和工作；子女能够享受父母的关怀和照顾，在一定程度上减少了问题青少年的产生。对社会成员而言，能够近距离观察吸毒人群，对吸毒人群有了客观的认识，不至于一律否定，减少了吸毒人群与正常人的冲突。

（三）有利于整合社会资源，缓解政府压力

以往采用单一的强制戒毒，政府投资巨大，戒毒效果很不理想。而社区戒毒可以整合吸毒人员家属、禁毒志愿者、社区甚至其他社会组织的资源，在一定程度上缓解了政府的压力。①

---

① 戴富强、郭维丽、文建：《社区戒毒若干问题刍议》，载《云南警官学院学报》2009年第6期。

二、社区戒毒和社区康复适用对象的确定

当前，世界各国对吸毒者身份的认定和法律适用都有所不同。吸毒者的定位有两种：一是有罪化，二是无罪化。也就是说，有些国家对吸毒者进行处罚，甚至是刑罚，如日本《反兴奋剂管制法》就有吸毒罪；而有些国家对单纯吸毒者不进行处罚，将吸食、注射毒品者视为病人，如英国、荷兰等。① 在我国，吸毒者具有违法者和病人、受害者三重属性。② 以此为立足点，我国从以人为本的理念出发，以立法的形式规定，国家采取各种措施帮助吸毒人员戒除毒瘾，教育和挽救吸毒人员。吸毒成瘾人员应当进行戒毒治疗，符合条件的，公安机关可以责令其接受社区戒毒。

（一）社区戒毒适用对象的确定

根据《禁毒法》第 38 条、第 39 条的规定，对下列吸毒成瘾人员，公安机关可责令其接受社区戒毒：

1. 因吸毒被公安机关初次查获，本人有戒除毒瘾愿望，能主动配合治疗，且有固定住所，具备帮教条件的

“初次查获”一般是指吸食、注射鸦片、杜冷丁或海洛因等传统毒品被初次查获。

2. 怀孕或者正在哺乳自己不满 1 周岁婴儿的妇女

《禁毒法》第 39 条第 1 款规定：“怀孕或者正在哺乳自己不满一周岁婴儿的妇女吸毒成瘾的，不适用强制隔离戒毒……”而应当依照法律规定进行社区戒毒，由负责社区戒毒工作的城市街道办事处、乡镇人民政府加强帮助、教育和监督，督促落实社区戒毒措施。怀孕不能仅凭吸毒成瘾人员的陈述，必须有医院的孕检证明材

---

① 徐媛媛、庄华、张鹏：《中外社区戒毒和社区康复比较研究》，载《云南警官学院学报》2010 年第 1 期。

② 全国人大常委会法制工作委员会刑法室编：《中华人民共和国禁毒法释义及实用指南》，中国民主法制出版社 2008 年版，第 62 页。

料或通过目测明显能够作出判断。

3. 已满16周岁不满18周岁，初次查获吸毒未经过强制性戒除毒瘾的

“未经过强制性戒除毒瘾”一般是指吸食、注射“摇头丸”、冰毒或氯胺酮等新型毒品未经过强制性戒除毒瘾。

4. 不满16周岁或70周岁以上，具备家庭监护条件的

“家庭监护条件”是指吸毒成瘾人员的父母、配偶、成年子女等家属中，对其具有监护义务，且有能力履行和承担监护责任的情形。“家庭监护条件”应当根据吸毒成瘾人员笔录中陈述的同住人员等情况去调查取证，可以有家属的证言等证据来证明，如只有吸毒成瘾人员的陈述，没有其他证据证明的，不能认定其符合社区戒毒的条件。根据吸毒成瘾人员提供的家属情况及联系方法，公安机关无法查明或无法联系的，认定吸毒成瘾人员不符合具备“家庭监护条件”的条件。

5. 因患有严重疾病或者残疾，生活不能自理的

尽管《禁毒法》没有将严重疾病或生活不能自理的吸毒成瘾人员拒于强制隔离戒毒所大门之外，但从利于疾病治疗、控制、管理、卫生等角度出发，对有严重疾病或生活不能自理的吸毒成瘾人员大多是进行社区戒毒。

6. 其他不适宜强制隔离戒毒的

这主要是指分局作出强制隔离戒毒决定后，将吸毒成瘾人员送交市强制戒毒所时或吸毒成瘾人员在强制隔离戒毒期间，市强制戒毒所认为吸毒成瘾人员因患有严重疾病或者残疾，且生活不能自理，难以在强戒所中接受戒毒治疗的情形。

此外，综合各地的实践经验，下列两类人员也可责令其接受社区戒毒：

第一，具有固定住所，有稳定职业、生活来源或在校学生，具备帮教条件的。“稳定生活来源”，是指吸毒成瘾人员具有长期合法的、能够保障其本人基本生活的收入来源或者经济基础。“稳定

生活来源证明材料”主要包括：吸毒成瘾人员本人或者其家属有效的劳动合同、工资收入、完税凭证等合法收入来源的相关证明材料。“固定住所”，是指在本市具有的稳定居住房屋或者场所，主要包括：以吸毒成瘾人员本人或者其家属名字登记的产权房、公有住房或廉租住房等。“固定住所”、“稳定生活来源”应当根据吸毒成瘾人员笔录中陈述的现住址、现居住房屋性质、工作情况及收入等情况去调查取证。上述材料可以有房屋产权证、房屋租赁证明、劳动合同、工资收入证明、工资完税凭证等证据来证明，如只有吸毒成瘾人员的陈述，没有其他证据证明的，不能认定其符合社区戒毒的条件。根据吸毒成瘾人员提供的房屋、收入，公安机关无法查明或无法联系的，认定吸毒成瘾人员不符合具备“固定住所”、“稳定生活来源”等条件。对不符合责令社区戒毒条件的，一般应作出强制隔离戒毒决定。

第二，戒毒人员具有下列情形之一，公安机关或者司法行政部门可以建议其到戒毒康复场所执行社区戒毒：

一是无家可归或没有固定住所的；

二是无生活来源的；

三是无业可就或者缺乏就业条件需要进行再就业培训的；

四是不具备社区戒毒或者社区康复条件的；

五是因患病需要继续康复治疗的；

六是其他需要安置在戒毒康复场所的。

（二）社区康复适用对象的确定

（1）根据《禁毒法》的规定，对于下列人员，强制隔离戒毒的决定机关可以责令其接受社区康复：

①被解除强制隔离戒毒的人员。

②以往因吸毒被治安处罚不满 3 年、判处 3 年以下有期徒刑或拘役刑满释放不满 3 年、假释期间（实际执行有期徒刑 3 年以下）的吸毒人员，由镇（区、街道）社区戒毒办公室制作《关于直接转入社区戒毒/社区康复的情况说明》，直接转入社区康复。

（2）以下三种情形可以作出责令社区康复的决定：

①自 2008 年 6 月 1 日起，原强制戒毒、劳动教养戒毒，或者强制隔离戒毒的决定期限执行完毕（届满或提前解除），在办理出所手续时，由执行场所代为出具责令社区康复决定书，并宣布责令社区康复的决定。

②自 2008 年 6 月 1 日起，吸毒成瘾人员因其他犯罪行为被依法收监执行刑罚的，在刑释后，由户籍地县级以上公安机关作出责令社区康复的决定。

③对 2008 年 6 月 1 日前接受社会帮教未满 3 年的吸毒人员，全部转入社区康复。

（3）戒毒人员具有下列情形之一，公安机关或者司法行政部门可以建议其到戒毒康复场所执行社区康复：

①无家可归或没有固定住所的；

②无生活来源的；

③无业可就或者缺乏就业条件需要进行再就业培训的；

④不具备社区戒毒或者社区康复条件的；

⑤因患病需要继续康复治疗的；

⑥其他需要安置在戒毒康复场所的。

被纳入社区康复的人员，如有以下几种情况，吸毒人员动态管控网上无法维护的，可分类单独造册并逐级上报：2008 年 6 月 1 日前纳入社区帮教人员，因尿检次数达不到要求，无法由帮教转康复的；刑释或解教的吸毒人员网上未被录入过的；原未见面（含原下落不明），没有录入上网的吸毒人员，出现在社会面上并被责令社区康复的；2008 年 6 月 1 日前出强制戒毒或劳教戒毒场所责令社区康复的。

三、目前在社区戒毒和社区康复适用对象的确定中存在的问题和困难

虽然《禁毒法》对社区戒毒和社区康复的适用对象作了规定，

而且《禁毒法》与《吸毒成瘾认定办法》（公安部令第115号）中对于公安机关承担吸毒成瘾认定工作的人民警察，以及公安机关委托进行吸毒成瘾认定的戒毒医疗机构，从身份和程序上也都作了严格的规定。应该说，对于吸毒成瘾人员的认定，是极其谨慎的。然而，一些含糊的用语却使实际操作起来存在一定的困难。

（一）《禁毒法》规定上存在漏洞

《禁毒法》第36条确立的自愿医疗戒毒是对戒毒形式的重要补充，但关于自愿医疗戒毒与社区戒毒、强制隔离戒毒的衔接规定，却没有提及。社区戒毒与自愿戒毒、强制隔离戒毒措施衔接上存在漏洞。这一疏漏，极有可能使自愿医疗戒毒成为吸毒者逃避带有强制性戒毒措施的“避风港”。另外，《禁毒法》第38条第2款规定：“对于吸毒成瘾严重，通过社区戒毒难以戒除毒瘾的人员，公安机关可以直接作出强制隔离戒毒的决定。”也就是说，法律没有要求对第一次发现吸毒成瘾的人员就一定先要其社区戒毒，然后才强制隔离戒毒，而是倾向于对第一次发现吸毒成瘾的人员，先使用社区戒毒这一方式，但对于成瘾严重的吸毒人员，必须完全切断其与毒品接触的非法渠道，否则通过社区戒毒很难取得预期的戒毒效果，即可不经过社区戒毒而直接作出强制隔离戒毒的决定。[①]

（二）社区戒毒的适用条件不明确

根据《禁毒法》第39条的规定，怀孕的妇女或者正在哺乳自己不满1周岁婴儿的妇女以及不满16周岁的未成年人，吸毒成瘾的，虽然不适用强制隔离戒毒，但应当依法接受社区戒毒，即由公安机关责令其接受社区戒毒，与城市街道办事处、乡镇人民政府指定的有关基层组织签订期限为3年的社区戒毒协议，作为社区戒毒的特殊对象，落实有针对性的戒毒措施。试问，这部分吸毒人员如果成瘾较重，在社区戒毒期间又吸毒，有什么教育处罚措施呢？同

① 全国人大常委会法制工作委员会刑法室编：《中华人民共和国禁毒法释义及实用指南》，中国民主法制出版社2008年版。

样，对于有严重疾病也无法收治进强制隔离戒毒场所的吸毒人员采取什么戒毒措施呢？显然也只能社区戒毒，再有吸毒行为时也无法进行教育惩治。这部分特殊人群利用法律对他们的“保护”，进行吸毒等违法行为，社会负面影响很大。那么，基于提高戒毒实效的目的对于这两种特殊情形的吸毒人员是否无法实现？社区戒毒在这两种特殊情形方面的条款规定，出于人道主义的考虑和立法惯例要求，雷同于以往《强制戒毒办法》中有关限期戒毒的规定，但也留下了法律缝隙。①

（三）社区戒毒的法律程序规定欠缺

《禁毒法》第40条第1款规定，公安机关对吸毒成瘾人员决定予以强制隔离戒毒的，应当制作强制隔离戒毒决定书，在执行强制隔离戒毒前送达被决定人，并在送达后24小时以内通知被决定人的家属、所在单位和户籍所在地公安派出所；被决定人不讲真实姓名、住址，身份不明的，公安机关应当自查清其身份后通知。但对于社区戒毒对象，就只是“责令”而已，社区戒毒的决定与解除没有一个很明确的法律程序，戒毒效果在很大程度上取决于社会的帮教和戒毒人员自身戒毒的决心和自觉性。关于社区戒毒人员的权利和义务，《禁毒法》第35条第1款规定：“接受社区戒毒的戒毒人员应当遵守法律、法规，自觉履行社区戒毒协议，并根据公安机关的要求，定期接受检测。对违反社区戒毒协议的戒毒人员，参与社区戒毒的工作人员应当进行批评、教育；对严重违反社区戒毒协议或者在社区戒毒期间又吸食、注射毒品的，应当及时向公安机关报告。”但是，实践中戒毒人员违反协议的情况千差万别。例如，《禁毒法》第49条规定：“县级以上地方各级人民政府根据戒毒工作的需要，可以开办戒毒康复场所……戒毒康复场所组织戒毒人员参加生产劳动的，应当参照国家劳动用工制度的规定支付劳动

① 骆晓玲、高晓东：《制约社区戒毒和社区康复工作发展的主要因素与对策分析》，载《云南警官学院学报》2010年第3期。

报酬。”但是在有些地方，尤其是有些经济欠发达的西北地区，戒毒康复人员在当地或到戒毒康复场所打工很难挣到维持基本生存的费用，但社区戒毒康复协议规定他们不准外出，否则就按违反协议处理，实施强制隔离戒毒，由社区戒毒和社区康复对象转变成了强制隔离戒毒对象。

（四）《禁毒法》后续相关的政策法规滞后

自《禁毒法》颁布并实施以来，对于如何执行等有关的戒毒条例却迟迟没有出台，相关的戒毒政策、制度、措施也就难以制定。虽然结合《禁毒法》和实际情况，各地（省、市）自行确定了临时性的执行方案，确定了社区戒毒的适用范围、决定执行和脱毒治疗的期限计算，但在执行过程中，对吸毒成瘾标准、疾病的严重程度、家庭监护条件标准等，理解上的不相同导致采取决定的戒毒措施也不一样。由此给许多地区在确定社区戒毒和社区康复工作适用对象上带来了政策不明朗、标准不统一、制度难健全、运行欠规范等负面影响。

四、进一步做好社区戒毒和社区康复适用对象确定工作的基本思路

（一）严格把握社区戒毒和社区康复的适用条件

为了保证责令社区禁毒在执行过程中有效地实现戒毒康复功能，加强对社区戒毒对象的教育、挽救以及权利保障，必须严格把握社区戒毒和社区康复的适用条件，以准确确定社区戒毒和社区康复工作的适用对象。

根据有关规定，社区戒毒和社区康复的适用条件主要包括以下几个：

1. 吸毒成瘾

吸毒成瘾是确定社区戒毒工作对象的前提。《禁毒法》第 33 条第 1 款规定，对吸毒成瘾人员，公安机关可以责令其接受社区戒毒，同时通知吸毒人员户籍所在地或者现居住地的城市街道办事

处、乡镇人民政府。社区戒毒的期限为3年。由此可以看出，社区戒毒的适用对象首先应该是吸毒成瘾人员。

《吸毒成瘾认定办法》第3规定："本办法所称吸毒成瘾，是指吸毒人员因反复使用毒品而导致的慢性复发性脑病，表现为不顾不良后果、强迫性寻求及使用毒品的行为，同时伴有不同程度的个人健康及社会功能损害。"

公安机关在执法活动中发现吸毒人员，应当进行吸毒成瘾认定；因技术原因认定有困难的，可以委托有资质的戒毒医疗机构进行认定。承担吸毒成瘾认定工作的戒毒医疗机构，由省级卫生行政部门会同同级公安机关指定。

《吸毒成瘾认定办法》第3条第1款规定："本办法所称吸毒成瘾认定，是指公安机关或者其委托的戒毒医疗机构通过对吸毒人员进行人体生物样本检测、收集其吸毒证据或者根据生理、心理、精神的症状、体征等情况，判断其是否成瘾以及是否成瘾严重的工作。"

公安机关认定吸毒成瘾，应当由两名以上人民警察进行，并在作出人体生物样本检测结论的24小时内提出认定意见，由认定人员签名，经所在单位负责人审核，加盖所在单位印章。有关证据材料，应当作为认定意见的组成部分。

《吸毒成瘾认定办法》中明确，吸毒人员同时具备以下情形的，公安机关认定其吸毒成瘾：一是经人体生物样本检测证明其体内含有毒品成分；二是有证据证明其有使用毒品行为；三是有戒断症状或者有证据证明吸毒史，包括曾经因使用毒品被公安机关查处或者曾经进行自愿戒毒等情形。

2. 主观戒毒意愿

《禁毒法》第34条第1款规定，城市街道办事处、乡镇人民政府负责社区戒毒工作。城市街道办事处、乡镇人民政府可以指定有关基层组织，根据戒毒人员本人和家庭情况，与戒毒人员签订社区戒毒协议，落实有针对性的社区戒毒措施。第35条第1款规定，接受社区戒毒的戒毒人员应当遵守法律、法规，自觉履行社区戒毒协议，并根据公安机关的要求，定期接受检测。

由此不难看出，相对于其他强制戒毒手段，社区戒毒不限制人身自由，吸毒人员处在有毒源诱惑的环境，如果不具备戒毒的主观意愿，自觉履行戒毒协议将很难实现、社区戒毒的各项措施也将很难落实。

3. 客观环境条件允许

《禁毒法》第33条第2款规定，戒毒人员应当在户籍所在地接受社区戒毒；在户籍所在地以外的现居住地有固定住所的，可以在现居住地接受社区戒毒。

这就要求接受社区戒毒的吸毒人员要有以下的客观环境：一是在户籍所在地或者现居住地有固定的住所；二是所在社区具备相关条件，包括有社区戒毒的相关工作人员、工作场所、工作制度、和工作经费等。

（二）严格执行社区戒毒的适用程序

根据《禁毒法》以及有关规定，决定和执行社区戒毒和社区康复，必须严格按照程序进行。

1. 决定执行

社区戒毒由公安派出所或同级公安禁毒部门提请，县级人民政府公安机关在3日内审查决定。决定社区戒毒的，县级人民政府公安机关出具《责令社区戒毒决定书》，送达社区戒毒者本人，同时在3日内通知社区戒毒执行地所有城市街道办事处、乡镇人民政府和社区戒毒者家属，承办单位并负责移交被责令社区戒毒人员。社区戒毒人员变更社区戒毒地点的，由原作出决定的公安机关在7个工作日内移送或移交给接受地公安机关，由接受地公安机关按照社区戒毒程序通知社区戒毒工作部门。社区戒毒工作部门与被责令社区戒毒人员签订社区戒毒协议，明确告知其义务、权利和法律责任，并落实有关社区戒毒措施。

2. 决定解除

被责令社区戒毒人员执行期限届满前15日，执行地公安派出所和城市街道办事处、乡镇人民政府应当根据社区戒毒工作小组对其戒毒康复、实际表现、社会功能恢复等综合评估情况，提出决定解除建议，经执行地的人民检察院和区县禁毒办审批后，予以批准解除。

3. 决定中止

被责令社区戒毒人员在社区戒毒期间，因其他违法犯罪行为，被依法予以处罚或者追究刑事责任的，其责令社区戒毒决定自行中止。根据《禁毒法》第33条的规定，社区戒毒的期限为3年，自被责令社区戒毒人员与执行地街道办事处、乡镇人民政府禁毒工作小组签订社区戒毒协议之日起计算。①

（三）尽快出台统一的“戒毒条例”

规范、细化、完善戒毒流程，保证戒毒工作的连续性，使强制隔离戒毒与社区戒毒的有效对接成为可能。制定和出台一部法律的同时，与互相配套的政策条例等也必然应当随之出台，以便于正确解读和有效执行，打破各地（省、市）自行确定临时性的执行方案各自为政的现状。一部国家统一制定、出台的戒毒条例，可以让各级政府和相关部门及早对原有的制度规范逐一进行清理，对照禁毒法和戒毒条例制定贯彻执行的相关政策法规，确保戒毒康复有关制度措施的顺利衔接和及时有效的运行。

（四）加强管控，防止符合社区戒毒和社区康复条件的吸毒人员漏管失控

要解决这一难题，必须强化各职能部门的基础性工作，完善相互之间的配合与团结协作。一是公安机关组织人员对辖区内吸毒人员的情况进行摸底排查，并及时与戒毒场所联系，掌握即将出场出

① 姚建龙：《禁毒法与我国戒毒体系之重构》，载《中国人民公安大学学报》（社会科学版）2008年第2期。

所吸毒人员，并及时下达责令社区戒毒和社区康复决定书，并将辖区内适用社区戒毒和社区康复的吸毒人员底数情况，及时向社区进行转介，防止出现脱节。二是对参加社区戒毒和社区康复的吸毒人员的身份情况、健康状况、固定住所、家庭情况、技能情况、经济状况和现实表现等进行严格调查、核实，对符合条件的，下达《责令社区戒毒通知书》，配合社区制定并落实戒毒（康复）措施，对不符合条件的吸毒人员，及时采取有针对性的管控措施。三是从各个渠道加大对社区群众关于《禁毒法》等法律、法规的宣传力度，组织动员群众参加社区戒毒工作。四是对辖区内的吸毒人员实行严密管控、动态管控，随时随地掌握行踪，防止漏管失控。加强流动人口管理，全力查找下落不明吸毒人员。五是按规定对社区戒毒和社区康复人员严格实行“6、4、2”尿检，即第一年至少每两月一次，第二年至少每季度一次，第三年至少每半年一次，对重点人员经常尿检，对可疑人员进行尿检，及时发现戒毒（康复）人员偷（复）吸，及时发现和控制新增吸毒人员、流窜吸毒人员。六是对社区戒毒和社区康复人员落实帮扶措施，实行真情关爱，尽力帮助他们解决生活中遇到的困难和问题。七是及时发现拒绝接受、严重违反社区戒毒协议和在社区戒毒期间吸食、注射毒品等符合强制隔离戒毒的吸毒人员，收集证据，依法将其送强制隔离戒毒。①

① 王国庆：《以人为本科学戒毒综合矫治为民服务浅议社区戒毒、社区康复的科学性和对策》，载《云南警官学院学报》2008 年第 6 期。

第六章　社区戒毒和社区康复的决定与执行

社区戒毒和社区康复作为法定的戒毒措施，它的决定以及执行都有严格的程序要求。公安机关在具体适用时必须严格遵守《禁毒法》和其他法律、法规、政策规定的关于社区戒毒和社区康复决定和执行的相关程序，减少随意性，确保社区戒毒和社区康复决定与执行的规范性和准确性。

一、社区戒毒和社区康复的决定

（一）社区戒毒和社区康复的决定主体

1. 社区戒毒的决定主体

根据《禁毒法》第33条第1款的规定，对吸毒成瘾人员，公安机关可以责令其接受为期3年的社区戒毒，同时通知吸毒人员户籍所在地或者现居住地的城市街道办事处、乡镇人民政府。可见，《禁毒法》只是规定社区戒毒由公安机关决定，具体是指哪一级公安机关并没有加以明确。结合法律规定以及现行公安机关的体制、层级职权划分等因素确定，社区戒毒的决定主体应该是县级或者设区的市级人民政府公安机关。

2. 社区康复的决定主体

《禁毒法》第48条第1款规定，对于被解除强制隔离戒毒的人员，强制隔离戒毒的决定机关可以责令其接受不超过3年的社区康复。而根据《禁毒法》第38条的规定，强制隔离戒毒的决定机关是县级以上人民政府公安机关。因此，社区康复的决定主体也就是县级以上人民政府公安机关。

（二）社区戒毒和社区康复的决定依据

社区戒毒的决定依据主要有两个：一是《禁毒法》第 33 条第 1 款，即“吸毒成瘾人员，公安机关可以责令其接受社区戒毒，同时通知吸毒人员户籍所在地或者现居住地的城市街道办事处、乡镇人民政府。社区戒毒的期限为三年”。二是《吸毒成瘾认定办法》（公安部令第 115 号，2010 年 11 月 19 日公安部部长办公会议通过，并经卫生部同意，2011 年 1 月 30 日发布，自 2011 年 4 月 1 日起施行）。

社区康复的决定依据是《禁毒法》第 48 条第 1 款，即“对于被解除强制隔离戒毒的人员，强制隔离戒毒的决定机关可以责令其接受不超过三年的社区康复”。

（三）社区戒毒和社区康复的决定条件

决定社区戒毒的前提条件是吸毒成瘾，即吸毒人员因反复使用毒品而导致的慢性复发性脑病，表现为不顾不良后果、强迫性寻求及使用毒品的行为，同时伴有不同程度的个人健康及社会功能损害。公安机关在决定社区戒毒之前，应当由两名以上人民警察对吸毒人员进行吸毒成瘾认定。

公安机关在认定吸毒成瘾时，必须把握好条件和标准，应当进行尿样检测，收集、固定吸毒行为的其他证据（如违法犯罪嫌疑人的陈述和申辩、物证、检查笔录等证据）。如果尿检为阳性，但其本人否认吸毒且无证据证明其吸毒的，或有证据证明其吸毒，但尿检结果为阴性的，应当作复核检测。以下三种情况可以认定为吸毒成瘾：一是对有证据证明吸食、注射鸦片、杜冷丁或海洛因等传统毒品，且查获时经二级甲等以上医疗机构检验部门尿检为阳性的；二是对一年以内被查获两次以上，或者三年以内累计被查获三次以上吸食、注射摇头丸、冰毒或氯胺酮等新型毒品的人员，且经二级甲等以上医疗机构检验部门尿检为阳性的；三是尿检为阳性，但其本人否认吸毒且无证据证明其吸毒，或有证据证明其吸毒，但尿检结果为阴性，经作复核检测后检测结果为阳性的。①

因技术原因认定有困难的，公安机关可以委托有资质的戒毒医疗机构进行吸毒成瘾的认定。承担吸毒成瘾认定工作的戒毒医疗机构，由省级卫生行政部门会同同级公安机关指定。戒毒医疗机构认定吸毒成瘾，应当由两名承担吸毒成瘾认定工作的、具备认定资格的医师进行。戒毒医疗机构及其医务人员应当依照诊疗规范、常规和有关规定，结合吸毒人员的病史、精神症状检查、体格检查和人体生物样本检测结果等，对吸毒人员进行吸毒成瘾认定。②

（四）社区戒毒和社区康复的决定程序

1. 社区戒毒和社区康复的决定

根据《禁毒法》第 33 条的规定，对吸毒成瘾人员，公安机关可以责令其接受为期 3 年的社区戒毒，同时通知吸毒人员户籍所在地或者现居住地的城市街道办事处、乡镇人民政府。

对查获的吸毒成瘾人员，县级或者设区的市级人民政府公安机关可以责令其接受社区戒毒。对被责令接受社区戒毒的吸毒成瘾人员，经县、市公安局决定，制作并出具《责令社区戒毒决定书》和《社区戒毒通知书》。《责令社区戒毒决定书》一式三份，戒毒人员、戒毒所在地镇（区、街道）政府（管委会、办事处）、公安机关办案单位各留存一份；《社区戒毒通知书》一式三份，戒毒所在地镇（区、街道）政府（管委会、办事处）、戒毒人员家属、公安机关办案单位各留存一份。公安机关应将这两份法律文书送达本人，并在 3 日内通知社区戒毒执行地所在乡镇、街道戒毒工作机构、社区戒毒人员家属及户籍地或者现居住地公安派出所。

对符合参加戒毒药物维持治疗条件的社区戒毒人员，由本人申

---

① 《上海市公安局宝山分局贯彻执行〈中华人民共和国禁毒法〉有关戒毒措施的实施细则（试行）》。

② 《吸毒成瘾认定办法》（公安部令第 115 号）。

请并经决定社区戒毒的公安机关同意，可以参加戒毒药物维持治疗。

对被依法逮捕、被收监执行刑罚以及被依法采取强制性教育措施的吸毒人员，公安机关、司法行政部门应当给予必要的戒毒治疗。解除或释放时执行场所应当对其进行诊断评估，对于需要继续采取戒毒措施的，由执行场所在3个工作日内移交至户籍地或居住地的县级以上公安机关。接收上述人员的县级以上公安机关应当在24小时内根据其实际情况作出责令社区戒毒决定，并通知其户籍地或居住地公安派出所和乡镇、街道戒毒工作机构。出所人员应7日内到社区戒毒执行地乡镇、街道戒毒工作机构报到。

根据《禁毒法》第48条的规定，对于被解除强制隔离戒毒的人员，强制隔离戒毒的决定机关可以对其决定不超过3年的社区康复。

2. 社区戒毒和社区康复地点变更的决定

根据《禁毒法》第33条第2款的规定，戒毒人员应当在户籍所在地接受社区戒毒和社区康复；在户籍所在地以外的现居住地有固定住所的，可以在现居住地接受社区戒毒和社区康复。社区康复可以在戒毒康复场所执行，参照社区戒毒的规定执行。

戒毒人员在社区戒毒和社区康复期间一般不得迁移户口。社区戒毒和社区康复人员的户籍所在地或者现居住地变更，社区戒毒和社区康复执行地应当相应变更。社区戒毒、康复人员申请变更戒毒地点的，应由社区戒毒和社区康复工作组填写《变更社区戒毒和社区康复地点审批表》报至镇（区、街道）社区戒毒和社区康复办公室，并在收到申请后5个工作日内将相关材料报县、市公安局禁毒部门审核。县、市公安局应在5个工作日内作出决定，审批同意的，原负责社区戒毒和社区康复工作的乡（镇）人民政府、城市街道办事处或者其指定的村民委员会、居民委员会，应当制作《社区戒毒和社区康复人员变更戒毒（康复）地点通知书》，将该社区戒毒和社区康复人员有关材料转送至接收地县级公安机关和本地镇（区、街道）社区戒毒和社区康复办公室，并应当将有关材料报原社区戒毒和社区康复执行地以及变更后的社区戒毒和社区康复执行地公安机关备案。不予批准的要向戒毒人员书面说明原因。

社区戒毒和社区康复人员转入变更后的社区戒毒和社区康复执行地，当地乡（镇）人民政府、城市街道办事处或者其指定的村民委员会、居民委员会，应当根据社区戒毒和社区康复人员吸毒、戒毒情况，结合本地区戒毒工作实际，与该社区戒毒和社区康复人员签订新的社区戒毒和社区康复协议，继续进行社区戒毒和社区康复。

社区戒毒和社区康复执行地变更的，社区戒毒和社区康复人员应当及时前往变更后的社区戒毒和社区康复执行地报到，社区戒毒和社区康复时间自报到之日起连续计算。

3. 社区戒毒转为强制隔离戒毒的决定

吸毒成瘾人员有以下情形之一的，由县、市公安局作出强制隔离戒毒的决定：

（1）拒绝接受社区戒毒的。“拒绝接受社区戒毒”，是指被责令社区戒毒人员未在规定时间到社区戒毒执行地城市街道办事处、乡镇人民政府报到，或者报到后未自行到戒毒医疗机构戒除毒瘾、拒绝签订社区戒毒协议的情形。拒绝接受社区戒毒的，该责令社区戒毒决定应当自行终止，由县级以上公安机关依法予以强制隔离戒毒。

（2）在社区戒毒期间吸食、注射毒品的。由于我国的社区戒毒工作还不够完善，难免有监督不到位的地方，如果工作中发现并证实有社区戒毒人员在戒毒期间还在吸食、注射毒品的，即可将其转为强制隔离戒毒。

（3）严重违反社区戒毒协议的。“严重违反社区戒毒协议”，是指被责令社区戒毒人员在社区戒毒期间，违反社区戒毒协议有关规定要求，且情节严重的情形，主要包括：拒不报告戒毒情况，经社区戒毒执行地公安机关两次书面告诫，拒不改正的；干扰、逃避或者拒绝接受检测3次以上的；擅自离开社区戒毒执行地3次以上，或者擅自离开社区戒毒执行地累计超过30日的等。[①]

值得注意的是，对拒绝接受社区戒毒的和严重违反社区戒毒协议的，除了吸毒成瘾人员本人的陈述外，必须有未按期报告戒毒情况告诫书、定期检测或不定期抽检的记录、社区民警或社区戒毒工作小组成员的证言等证据佐证，才能作出认定。

4. 解除社区戒毒和社区康复的决定

（1）期满解除。社区戒毒和社区康复自期满之日起解除。社区戒毒和社区康复执行地乡（镇）人民政府、城市街道办事处应当将社区戒毒和社区康复协议、社区戒毒和社区康复过程中的有关材料报社区戒毒和社区康复执行地公安机关和决定社区戒毒和社区康复的公安机关备案，由社区戒毒和社区康复执行地公安机关出具解除社区戒毒和社区康复通知书送达社区戒毒和社区康复人员本人及其家属，并通知社区戒毒和社区康复执行地乡（镇）人民政府、城市街道办事处。

社区戒毒和社区康复人员被依法收监执行刑罚、采取强制性教育措施的，社区戒毒和社区康复终止，由监管场所给予必要的戒毒治疗，刑罚执行完毕时或者解除强制性教育措施时应当对其进行诊断评估，对需要采取戒毒措施的，依照相关的规定重新采取相应的戒毒措施。

被责令社区戒毒和社区康复人员在社区戒毒和社区康复期间，因其他违法犯罪行为，被依法拘留、逮捕的，其责令社区戒毒和社区康复决定应当自行中止，由羁押场所给予必要的戒毒治疗，释放后继续接受社区戒毒和社区康复。

社区戒毒和社区康复人员戒毒期满，在3年戒毒期间无严重违反社区戒毒和社区康复协议的，由社区戒毒和社区康复人员于戒毒

---

① 《上海市公安局宝山分局贯彻执行〈中华人民共和国禁毒法〉有关戒毒措施的实施细则（试行）》。

期满前7日提出申请，监护小组上报，戒毒人员社区戒毒和社区康复工作办公室审核，由镇（区、街道）社区戒毒和社区康复办公室将《申请解除社区戒毒/康复意见书》报执行地县、市公安局批准，予以解除，开具《解除社区戒毒/康复通知书》，并在戒毒期满前送达戒毒人员、镇（区、街道）社区戒毒和社区康复办公室以及原作出社区戒毒和社区康复决定公安机关。解除社区戒毒后，根据情况转为社区康复戒毒。社区康复人员的康复期限已满，经连续检测和社区康复机构组织评估，确认未复吸毒品的，由原社区康复决定机关批准，予以解除，并开具《解除社区康复通知书》，不再纳入监管对象。①

（2）死亡解除。社区戒毒和社区康复人员在社区戒毒和社区康复期间发生死亡的，自死亡之日起，社区戒毒和社区康复解除，并上报县、市级禁毒办公室，由县、市级禁毒办公室上报注销。

（3）自行中止。被责令社区戒毒和社区康复人员在社区戒毒和社区康复期间，因其他违法犯罪行为，被依法予以处罚或者追究刑事责任的，其社区戒毒和社区康复决定自行中止。被责令社区戒毒和社区康复人员在规定时间未到执行地城市街道办事处、乡镇人民政府的社区禁毒工作部门报到并签订社区戒毒和社区康复协议的，或者在社区戒毒和社区康复期间具有严重违反社区戒毒和社区康复协议情形之一的，其责令社区戒毒和社区康复决定自行终止，由县级以上公安机关依法予以强制隔离戒毒。

被责令社区戒毒和社区康复人员执行期限届满前15日，执行地公安派出所和城市街道办事处、乡镇人民政府应当根据社区戒毒和社区康复工作小组对其戒毒康复、实际表现、社会功能恢复等综合评估情况，分别提出解除和认定戒断毒瘾3年以上的建议，经执行地县级以上公安机关和区（县）禁毒办公室分别审批后，予以批准解除和作出认定。原责令社区戒毒和社区康复的决定机关与执

① 《南宁市青秀区社区戒毒和社区康复工作实施细则（试行）》。

行机关不一致的，执行地公安机关在作出批准解除责令社区戒毒和社区康复决定后的3日内，应当通知原决定公安机关。被批准解除责令社区戒毒决定和认定戒断毒瘾3年以上的，应当不再作为现有吸毒人员进行统计。①

二、社区戒毒和社区康复的执行

（一）社区戒毒和社区康复的执行主体

《禁毒法》第34条第1款规定："城市街道办事处、乡镇人民政府负责社区戒毒工作。城市街道办事处、乡镇人民政府可以指定有关基层组织，根据戒毒人员本人和家庭情况，与戒毒人员签订社区戒毒协议，落实有针对性的社区戒毒措施……"可见，我国社区戒毒的执行主体为戒毒人员户籍所在地或者现居住地的城乡街道办事处、乡镇人民政府。其职责包括组建社区戒毒和社区康复工作组织机构，制定社区戒毒和社区康复工作制度，根据自身实际情况聘用社区戒毒和社区康复专职工作人员，为社区戒毒和社区康复工作提供必要的财政保障；指派有关基层组织负责落实社区戒毒和社区康复措施；广泛开展宣传教育，筑牢社区戒毒和社区康复工作的群众基础；积极探索建立集生理脱毒、身心康复和重返社会于一体的戒毒工作模式；鼓励社会力量以各种形式参与社区戒毒和社区康复工作。

法律规定社区戒毒和社区康复的执行主体为城市街道办事处、乡镇人民政府，而实际执行主体则为街道办事处、乡镇人民政府指定的基层组织，主要是指居委会、村委会和社区组织。由此可见，要搞好社区戒毒和社区康复必须有健全的社区组织，才能够切实承担对社区戒毒和社区康复人员的监管工作。我们必须清醒地看到，目前在我国很多地方，社区组织还不够完善，基层政权组织和居委

---

① 上海市闸北区人民检察院：《责令接受社区戒毒应细化有关规定》，载《检察日报》2010年1月18日。

会、村委会的社会控制力非常薄弱，社区难以承担社区戒毒和社区康复的执行职责，大部分社区戒毒和社区康复人员处于无人监管的放任状态。因此，乡（镇）人民政府、城市街道办事处应当确定负责社区戒毒和社区康复的工作机构，根据工作需要配备社区戒毒和社区康复专职工作人员，制订社区戒毒和社区康复工作计划，督促、指导各相关人员按照社区戒毒和社区康复协议落实社区戒毒和社区康复措施。社区戒毒和社区康复应当由社区戒毒和社区康复人员的监护人或者其他家庭成员、社区民警、社区医务人员、戒毒社会工作者以及禁毒志愿者等组成社区戒毒和社区康复工作小组负责实施。负责女性社区戒毒和社区康复人员的社区戒毒和社区康复工作小组至少应当有1名女性工作人员。戒毒人员的监护人和家庭成员以外的亲属以及其就学、就业、就医的单位，应当帮助戒毒人员戒毒，配合社区戒毒和社区康复执行地乡（镇）人民政府、城市街道办事处和社区戒毒和社区康复工作小组开展社区戒毒和社区康复工作。

《禁毒法》第34条第1款规定，公安机关和司法行政、卫生行政、民政等部门应当对社区戒毒和社区康复工作提供指导和协助。社区戒毒和社区康复执行地公安机关和司法行政、卫生、民政、人力资源社会保障等部门应当在禁毒委员会的组织、协调、指导下，履行法定职责，对社区戒毒和社区康复工作给予指导和协助，共同做好戒毒工作：

公安机关负责对吸毒人员进行检测和登记、网上动态管控数据维护，实行动态管理；责令吸毒成瘾人员接受社区戒毒；参与社区戒毒人员的日常管理；配合卫生行政部门开展戒毒药物维持治疗工作。

司法部门负责对社区戒毒人员开展法制宣传教育，向社区戒毒人员提供司法援助；做好刑释解教吸毒人员的接茬转介工作，确保符合社区康复条件的人员及时纳入社区康复，防止失管失控；配合公安机关开展吸毒人员的登记工作。

卫生部门负责组织社区医生参加社区戒毒和社区康复监护小组；安排社区医生及时为社区戒毒和社区康复人员进行身体健康检查，建立档卡和有关台账，掌握健康状况、患病情况；对患病的社区戒毒人员进行力所能及的治疗，对患有严重疾病或传染性疾病的吸毒人员，及时报告上级卫生部门，采取应对措施；大力宣传、动员和组织社区戒毒人员进行社区药物维持治疗，以及到有资质的医疗机构进行戒毒治疗，并将情况及时向公安等部门通报；对社区戒毒人员进行有针对性的生理、心理治疗和身体康复训练；配合公安机关对社区戒毒和社区康复人员进行尿检，鉴定其毒瘾脱瘾程度，开展阿片类物质成瘾者社区药物维持治疗工作。

民政部门负责指导基层组织将社区戒毒和社区康复纳入社区建设和社区管理，促进和指导社会工作者参与社区戒毒和社区康复工作，将符合社会救助条件的戒毒人员纳入救助范围，努力减少社会面对吸毒人员的歧视。

人事和社会保障部门负责对符合公益性岗位补贴的社区戒毒和社区康复专职人员纳入公益性岗位管理，提供公益性岗位补贴资金；组织有培训需求的社区戒毒和社区康复人员进行必要的劳动技能培训，使之具有一定的劳动技能；在同等条件下优先推荐社区戒毒和社区康复人员就业；将符合社会保障条件的社区戒毒和社区康复人员纳入社会保障范畴。

教育部门应当做好学校禁毒预防教育工作，提高学生识毒、防毒和拒毒的意识和能力，教育社区戒毒和社区康复人员的学生子女积极配合社区戒毒监护小组的工作，帮助其家长脱毒（康复）；确保社区戒毒和社区康复人员的学生子女不受歧视，并对其入学接受教育提供便利。

工会、共产主义青年团、妇女联合会应当发挥自身优势，利用各自渠道和优势积极组织开展社区戒毒和社区康复工作，做好宣传教育活动；组织禁毒自愿者参与社区戒毒和社区康复工作，承担监护职责，积极参与社区戒毒和社区康复工作。

（二）社区戒毒和社区康复的执行程序

执行社区戒毒和社区康复主要包含报到登记、签订社区戒毒和社区康复协议、落实社区戒毒和社区康复管理措施、建立台账和定期评估等程序。

1. 报到登记

被责令社区戒毒人员解除行政拘留出所后，社区戒毒执行地派出所民警应将其带回，在24小时内通知街（镇）禁毒专职干部，将人员和有关材料移交给社区戒毒工作人员，并让接收人签收《社区戒毒和社区康复人员材料移交回执单》。

戒毒人员应在接到公安机关《责令社区戒毒和社区康复决定书》后，7天内到执行地乡镇、街道戒毒工作机构报到，在工作人员指导下填写《社区戒毒和社区康复人员信息登记表》，确定戒毒地点，并通知相应社区戒毒和社区康复工作组前来交接，落实相关的社区戒毒和社区康复措施。无正当理由逾期不报到的，视为拒绝接受社区戒毒和社区康复，逾期不接受社区戒毒和社区康复的人员名单应输入《全国吸毒人员信息缉控库》。被查获的可以决定强制隔离戒毒。

社区戒毒和社区康复工作办公室凭公安机关《责令社区戒毒/康复决定书》及《社区戒毒/康复人员登记表》，接收社区戒毒和社区康复人员，由社区戒毒和社区康复工作办公室戒毒专管员或社工登记造册，移交给吸毒人员的实际居住地所在居（村）委会，由居（村）委会宣读《社区戒毒/康复宣告书》，发放《社区戒毒/康复须知》等有关资料。

2. 签订社区戒毒和社区康复协议

社区戒毒和社区康复人员到执行地乡镇、街道戒毒工作机构报到后，工作人员应当根据社区戒毒和社区康复人员本人和家庭情况，及时与其签订社区戒毒和社区康复协议，办理社区戒毒和社区康复人员担保人手续，由社区戒毒和社区康复工作小组督促落实有针对性的社区戒毒和社区康复措施。对自行到社区戒毒和社区康复工作站接受社区戒毒和社区康复治疗的吸毒人员，社区戒毒和社区康复工作办公室可以直接与社区戒毒和社区康复人员签订社区戒毒和社区康复协议，办理社区戒毒和社区康复人员登记手续及担保人手续。社区戒毒和社区康复协议除了明确社区戒毒和社区康复期限外，还应当包括社区戒毒和社区康复的具体措施、社区戒毒和社区康复人员应当遵守的规定以及社区戒毒和社区康复人员违反社区戒毒和社区康复协议依法应当承担的法律后果等内容。负责社区戒毒和社区康复工作的机构和社区戒毒和社区康复工作小组的负责人、联系社区戒毒和社区康复人员的工作人员以及社区戒毒和社区康复人员，应当在社区戒毒和社区康复协议上签字。

因社区戒毒和社区康复多是分散在各个社区里执行，社区戒毒和社区康复人员行动相对自由，为加强监督和管理，社区戒毒和社区康复应当实行担保人制度。社区戒毒和社区康复人员要在其亲友中选择最有影响作用的人做其担保人，为其在社区戒毒和社区康复期间配合社区戒毒和社区康复提供保证，并与社区戒毒和社区康复机构签订书面的《保证书》，担保人发现被担保人在担保期间违反《社区戒毒和社区康复协议》且又吸食毒品的，应及时报告社区戒毒和社区康复工作组负责人。

3. 落实社区戒毒和社区康复管理措施

乡镇人民政府、城区街道办应当成立社区（村）戒毒工作小组，由戒毒人员的家庭成员或者监护人、社区民警、社区医务人员、戒毒社会工作者、所在单位代表等组成，可吸纳禁毒志愿者参加。社区戒毒和社区康复工作小组，应当认真履行职责，对社区戒毒和社区康复人员进行管理和帮助。如有针对性地落实帮教措施，建立社区戒毒和社区康复档案；督促社区戒毒和社区康复人员按照规定时间进行定期检测；对社区戒毒和社区康复人员进行戒毒知识辅导和法律援助；对缺乏就学、就业能力的社区戒毒和社区康复人员进行援助；对违反社区戒毒和社区康复协议的社区戒毒和社区康复人员进行告诫；发现社区戒毒和社区康复人员出现急性戒断症状危及生命的，可以协助其本人或者家属将其送往卫生部门指定的医疗机构接受救治。

4. 建立台账

对社区戒毒和社区康复人员要建立一人一台账。具体内容包括：《责令社区戒毒/康复决定书》、《责令社区戒毒/康复决定书（存根）》、《社区戒毒/康复人员登记表》、《社区戒毒/康复人员戒毒情况登记表》、《社区戒毒/康复人员担保书》、《社区戒毒/康复人员保证书》、《社区戒毒/康复人员戒毒工作计划》、《社区戒毒/康复工作小组名单》、《社区戒毒/康复协议书》、《社区戒毒/康复人员尿样检测合同》、《社区戒毒/康复人员戒毒/康复治疗记录》、《社区戒毒/康复人员尿样检测记录》、《社区戒毒/康复人员教育谈话记录》、《社区戒毒/康复人员的家访记录》、《社区戒毒/康复人员外出请假登记表》、《社区戒毒/康复告诫书》、《社区戒毒/康复人员思想汇报》、《社区戒毒/康复季度评估表》、《社区戒毒/康复年度评估表》等。[1]

5. 定期评估

乡镇人民政府、城区街道办应当成立社区戒毒和社区康复评估工作领导小组，小组成员主要包括街道办领导、社区戒毒和社区康复办公室专职工作人员、派出所主管治安的副所长、社区民警及各社区综治专干。社区戒毒和社区康复评估工作领导小组可下设办公室在综治办，负责组织开展解除社区戒毒和社区康复评估和解除工作，对已到期的人员进行清理、评估，对其开展帮教以来的尿检、思想和生活状态等方面的表现作出客观、公正、科学的综合评价，确定人员名单，认定脱瘾和恢复情况，提出解除社区戒毒和社区康复决定。

根据有关规定，对社区戒毒和社区康复人员的戒毒情况，应当依据社区戒毒和社区康复人员历次检测结果和是否违反《社区戒

① 《南宁市青秀区社区戒毒和社区康复工作实施细则（试行）》。

毒和社区康复协议》等现实表现情况，每季度进行一次评估，评估意见写入《社区戒毒和社区康复人员戒毒评估表》，最后汇总填写《社区戒毒和社区康复年度评估表》。社区戒毒和社区康复期满，依据历次评估结果，提出解除社区戒毒和社区康复具体意见，报所属的街道办事处或乡镇人民政府。

社区戒毒和社区康复人员戒毒（康复）期满时，评估小组应当填写《解除社区戒毒和社区康复评估报告》，内容应当包括：①

（1）执行社区戒毒和社区康复的起止时间，监护小组工作或服务次数；

（2）社区戒毒和社区康复人员的主要问题；

（3）社区戒毒和社区康复工作小组的主要工作；

（4）社区戒毒和社区康复人员的现状评估，包括其本人陈述、主要关系人陈述、监护小组陈述；

（5）进一步巩固社区戒毒和社区康复效果的建议；

（6）社区戒毒和社区康复工作专门机构督导意见；

（7）城市街道办事处、乡镇人民政府、社区戒毒和社区康复领导小组，或社区戒毒和社区康复领导小组专业服务组织审核意见；

（8）县级人民政府禁毒委员会或社区戒毒和社区康复工作指导委员会评估意见。

（三）社区戒毒和社区康复的执行要求

1. 明确职责，落实对社区戒毒和社区康复人员的管理

《禁毒法》第35条规定："接受社区戒毒的戒毒人员应当遵守法律、法规，自觉履行社区戒毒协议，并根据公安机关的要求，定期接受检测。对违反社区戒毒协议的戒毒人员，参与社区戒毒的工作人员应当进行批评、教育；对严重违反社区戒毒协议或者在社区戒毒期间又吸食、注射毒品的，应当及时向公安机关报告。"

---

① 贵阳市禁毒委《关于全面开展社区戒毒和社区康复工作实施方案（试行）》。

（1）督促社区戒毒和社区康复人员遵守戒毒规定。戒毒人员有入学、就业、享受社会保障等方面不受歧视。戒毒人员有检举、揭发违法犯罪行为或者有其他立功表现的，应当给予奖励。根据有关法律、法规的规定，社区戒毒和社区康复人员应当遵守以下规定，履行义务：

①接到《责令社区戒毒和社区康复通知书》后的7日内到社区戒毒和社区康复所在地乡镇人民政府、城区街道办报到。

②自觉履行社区戒毒和社区康复协议。社区戒毒和社区康复人员违反戒毒协议的，由公安机关书面告诫。告诫书交由戒毒人员当场签收，如戒毒人员不在，交由其同住的成年家属签收，本人或家属拒绝签收的，公安机关应在告诫书上注明拒收原因和日期，由送达人、见证人签名，并将告诫书留在受送达人住所。

社区戒毒和社区康复人员违反《社区戒毒和社区康复协议》的，由社区戒毒和社区康复工作小组对其进行批评、教育；严重违反《社区戒毒和社区康复协议》或者在社区戒毒和社区康复期间又吸毒的，社区戒毒和社区康复工作小组要及时向社区戒毒和社区康复管理领导小组汇报，由社区戒毒和社区康复管理领导小组向县、市公安局写出书面报告，由县、市公安局作出强制隔离戒毒决定（不需要撤销社区戒毒和社区康复决定）。

③定期向社区戒毒和社区康复工作小组报告戒毒情况。社区戒毒和社区康复人员应每月向社区戒毒和社区康复工作小组报告戒毒情况，社区戒毒和社区康复工作小组应有书面记录。对拒绝接受社区戒毒和社区康复、中止戒毒或者严重违反戒毒协议的戒毒人员，其家属和所在单位应当及时向公安机关报告。

④根据公安机关的要求，定期接受检测。对接受社区戒毒和社区康复人员的尿样检测由社区民警负责，第一年的前半年可以每半个月检测1次，后半年可以每月检测1次，第二年可以每2个月检测一次，第三年可以每3个月检测一次。

⑤未经批准不得离开社区戒毒和社区康复地点。未向社区戒毒

和社区康复工作小组成员报告不得离开社区戒毒和社区康复执行地所在县（市、区）24 小时以上。需暂时离开社区戒毒和社区康复地点 24 小时以上的，应提前一天向社区戒毒和社区康复工作小组请假，返回后及时销假并接受尿检；变更社区戒毒和社区康复地点的，应提前 15 天向社区戒毒和社区康复工作机构书面申请，在审批同意前，不得擅自离开。

（2）惩戒严重违反社区戒毒和社区康复协议的行为。在社区戒毒和社区康复期间，对违反社区戒毒和社区康复协议的戒毒人员，工作人员应当及时对其进行批评、教育，酌情在社区、村庄政务公开栏内公告，必要时可向镇（区、街道）社区戒毒和社区康复办公室提出意见，并开具《违反社区戒毒/康复协议告诫书》，落实相应的处罚措施；对拒绝接受社区戒毒和社区康复、严重违反社区戒毒和社区康复协议或者在社区戒毒和社区康复期间又吸食、注射毒品的，社区戒毒和社区康复专职工作人员、社区戒毒和社区康复工作小组以及其他参与社区戒毒和社区康复工作的人员应当及时向乡镇（区、街道）社区戒毒和社区康复办公室报告，并填写《暂停社区戒毒/康复说明书》，由社区戒毒和社区康复办公室审核后报所在县、市公安局禁毒部门，予以强制隔离戒毒。对戒毒人员的各类处罚情况要记入《违反社区戒毒/康复协议处罚登记表》。

收到公安机关《责令社区戒毒/康复决定书》后，无正当理由一个月内不到镇（区、街道）社区戒毒和社区康复办公室报到的，视为“拒绝接受社区戒毒和社区康复”。

社区戒毒人员有下列情形之一的，视为《禁毒法》规定的“严重违反社区戒毒协议的行为”：

①不按规定报告戒毒情况 3 次以上。拒不报告戒毒情况或配合戒毒工作，经公安机关两次以上书面告诫，拒不改正的。

②无正当理由逃避或者拒绝接受检测 3 次以上。社区戒毒人员在戒毒期间被公安机关查获复吸或者定期尿检呈阳性而无合理解释的。

③违反“未向社区戒毒工作小组成员报告不得离开社区戒毒执行地所在县（市、区）二十四小时以上”的规定3次以上，或者未向社区戒毒工作小组成员报告离开社区戒毒执行地所在县（市、区）累计超过15日，即未经批准擅自离开社区戒毒地点3次以上，或者擅自离开社区戒毒地点累计超过15天的。

（3）追究社区戒毒和社区康复工作人员的失职责任。县、市（城区）人民政府应当对社区戒毒和社区康复工作进行检查和监督。在社区戒毒和社区康复工作中，如发现未与戒毒人员签订社区戒毒和社区康复协议，不落实社区戒毒和社区康复措施、建立帮教档案，导致多人继续吸食、注射毒品的；对戒毒人员严重违反协议而不履行报告和教育义务，或者发现戒毒人员在社区戒毒和社区康复期间吸食毒品而不向公安机关报告，导致严重后果的；有其他不履行监督职责，造成严重后果的，由县、市（城区）人民政府对直接负责的主管人员和责任人员，依法给予行政处分。

各乡镇人民政府、城市街道办事处以及县、市劳动保障部门对无职业且缺乏就业能力的戒毒人员，没有提供必要的职业技能培训、就业指导和就业援助，由县、市（城区）人民政府对其直接负责的主管人员和其他直接责任人员，依法给予行政处分。

2. 加强监管，规范对社区戒毒和社区康复人员的检测和治疗

对社区戒毒人员的检测，第一年每月检测1次，第二年每2个月检测1次，第三年每3个月检测1次。对社区康复人员的检测，三年内不少于12次。第一年每2个月检测1次，第二年每3个月检测1次，第三年每6个月检测1次。

检测必须由县、市公安局缉毒部门或公安机关委托授权检测机构执行。检测时，首先由社区戒毒和社区康复执行部门出具《检测通知书》，戒毒人员持《检测通知书》24小时内到县、市公安局缉毒部门接受检测。缉毒部门采集检测样本（尿液、血液、唾液、毛发等物质）时应当由两名以上工作人员在场；对女性被检测人员的样本采集，应当由女性工作人员进行。应当在工作人员的

当场监督下，分别提取被检测人员的样本。检测结果，应当制作书面检测报告，由检测人、被检测人签名，加盖检测机构的公章。检测报告由戒毒人员带回，并交社区戒毒和社区康复执行部门存档。

戒毒人员应当根据公安机关的要求，定期接受检测，拒不接受检测的，可以强制检测。检测结论应当告知当事人。被检测人对检测结果提出异议的，应当当场提出，公安机关应当复检。对正在进行药物维持治疗的戒毒人员，要督促其按时到指定医院实行美沙酮维持治疗。

无正当理由，戒毒人员未在规定或承诺的时间内接受检测的，视为逃避检测。对逃避检测行为必须有文字材料记录在案，如无法联系上戒毒人员或戒毒人员拒接电话的，应有电话联系记录或其他工作记录。对拒绝接受检测行为必须有两名以上检测人员出具的说明，且有见证人在场并签字。

3. 定期家访，重视对社区戒毒和社区康复人员的思想帮扶

社区戒毒和社区康复工作人员、居（村）委会干部每月至少要对社区戒毒和社区康复人员进行一次家访，了解戒毒人员在戒毒治疗、身体康复等方面的情况，密切掌握其行踪；辖区民警每月找社区戒毒和社区康复人员进行一次谈话教育，关心戒毒人员生活、工作、学习，主动解决其实际问题和生活困难；社区戒毒和社区康复办公室每季度组织一次监管小组成员听取戒毒人员思想汇报，了解戒毒人员的思想、家庭以及戒毒情况。进行亲近扶持，诚心帮护，有针对性地开展帮教监护工作，经常提醒戒毒人员履行社区戒毒和社区康复协议，帮助吸毒人员树立戒毒信心和决心。①

4. 注重实效，多渠道对社区戒毒和社区康复人员进行生活帮扶

《禁毒法》第34条第2款规定，城市街道办事处、乡镇人民政府，以及县级人民政府劳动保障部门对无职业且缺乏就业能力的

① 《南宁市青秀区社区戒毒和社区康复工作实施细则（试行)》。

戒毒人员，应当提供必要的职业技能培训、就业指导和就业援助。由社区戒毒和社区康复工作人员牵头，每半年对戒毒人员组织一次禁毒法律法规知识培训或学习，定期进行职业技能培训和就业指导，提供必要的就业援助，鼓励其自谋职业。在政策许可的情况下，协调有关部门切实解决社区戒毒和社区康复人员的生活、就业、居住、就医等困难和问题。加强对社区戒毒和社区康复人员的亲近扶持，提高戒毒人员参加学习、劳动、培训和服从社区监管的自觉性。对生活困难且符合低保条件的社区戒毒和社区康复人员，积极协调有关部门将其纳入低保。

5. 堵塞漏洞，严格请销假审批制度

社区戒毒和社区康复人员在戒毒期间外出、求医等实行请、销假审批制度。吸毒人员必须填写请假单，报社区戒毒和社区康复工作办公室批准后方可外出，回到居住地一天内必须销假。

（四）社区戒毒和社区康复的执行期限

《禁毒法》第 33 条规定："对吸毒成瘾人员，公安机关可以责令其接受社区戒毒，同时通知吸毒人员户籍所在地或者现居住地的城市街道办事处、乡镇人民政府。社区戒毒的期限为三年。"第 48 条规定："对于被解除强制隔离戒毒的人员，强制隔离戒毒的决定机关可以责令其接受不超过三年的社区康复。"

1. 社区戒毒的期限为 3 年

执行日期自被责令社区戒毒人员到执行地城市街道办事处、乡镇人民政府的社区禁毒工作部门报到并与社区戒毒工作小组签订社区戒毒协议之日起计算。被责令社区戒毒人员擅自离开社区戒毒执行地的，离开时间不计入其实际执行期限，并按擅自离开执行地的时间有一日顺延一日。社区戒毒人员变更戒毒地点，符合社区戒毒协议各项规定的，社区戒毒时间合并连续计算。

2. 社区康复的期限不超过 3 年

被解除强制戒毒、劳动教养戒毒，或者强制隔离戒毒的人员，责令其社区康复的期限为 3 年。被刑释的人员，如其收监执行刑罚时间不满 1 年的，责令社区康复的期限为 3 年；如其收监执行刑罚时间已满 1 年以上不满 3 年的，责令社区康复的期限至少为 2 年；如其收监执行刑罚时间已满 3 年不满 4 年的，责令社区康复的期限至少为 1 年；如其收监执行刑罚时间已满 4 年以上的，不再责令社区康复。执行日期自被责令社区康复人员到执行地城市街道办事处、乡镇人民政府的社区禁毒工作部门报到并与社区康复小组签订社区康复协议之日起计算。被责令社区康复人员擅自离开社区康复执行地的，离开时间不计入其实际执行期限，并按离开执行地的时间有一日顺延一日。①

（五）社区戒毒和社区康复的执行场所

社区戒毒和社区康复原则上在户籍所在地执行，在户籍所在地以外的现居住地有固定住所，且连续居住 6 个月以上的，也可在现居住地接受社区戒毒和社区康复。对于社区戒毒和社区康复执行地点户籍地派出所与居住地派出所有分歧的，由双方的共同上级确定。社区康复执行地由吸毒人员户籍所在地落实，如遇人户分离情况，须与吸毒人员现居住地派出所取得联系后落实康复执行地；不能落实现居住地的，送康复场所执行康复。

社区戒毒和社区康复的执行地点应当根据下列条件，由作出决定的公安机关与相关部门共同确定：一是社区戒毒和社区康复人员有固定的住所；二是具备社区戒毒和社区康复人员就医、就学、就业的条件；三是便于社区戒毒和社区康复人员保持与其家庭的联系；四是便于对社区戒毒和社区康复人员的监护。②

吸毒成瘾人员可以自行到社区戒毒和社区康复站进行社区康复。戒毒人员具有下列情形之一的，公安机关或司法行政部门可以建议其本人提出申请，并协助其到戒毒康复场所进行社区戒毒和社区康复：

① 贵阳市禁毒委《关于全面开展社区戒毒和社区康复工作实施方案（试行）》。
② 贵阳市禁毒委《关于全面开展社区戒毒和社区康复工作实施方案（试行）》。

(1) 无家可归或没有固定住所的；

(2) 无生活来源的；

(3) 无业可就或者缺乏就业条件需要进行再就业培训的；

(4) 不具备设立社区戒毒或者社区康复监护小组条件的；

(5) 因患病需要继续康复治疗的；

(6) 其他需要安置在戒毒康复场所的。

(六) 社区戒毒和社区康复的执行费用

社区戒毒和社区康复治疗的费用按照政府价格主管部门制定的收费标准执行。戒毒和康复人员在社区接受戒毒和康复治疗期间所需费用由本人承担，如社区戒毒和社区康复人员家庭确实无法承担治疗费用，经戒毒和康复人员本人提出申请，社区戒毒和社区康复领导小组审批，可以免除部分或全部费用。

我国的社区戒毒和社区康复工作才刚刚起步，项目的前期建设需要投入大量的财力、物力，日后的正常运转也需要有长期的资金做保障。因此，经费问题是社区戒毒和社区康复工作面临的一个重要难题。社区戒毒和社区康复工作所需经费主要包括场所建设经费、宣传经费、办公经费、专职社区戒毒和社区康复工作人员工资及兼职社区戒毒和社区康复工作人员补贴、兼职社区医务工作人员补助、美沙酮药物维持治疗费用、社区戒毒和社区康复人员尿检费用、社区戒毒和社区康复工作者帮教技能培训费用等。根据法律、法规的规定，我国的社区戒毒和社区康复工作主要由社区完成。社区是乡（镇）街道所辖的群众性自治组织，他们绝大部分都没有收益，仅有的办公经费都难以保障原有的工作开展。我国现有的社保、医保跟不上，戒毒人员就业、生活保障、药物维持治疗的费用等，不是公安机关一家能解决的。因此，社区戒毒和社区康复工作的主要经费来源需要各级财政的大力支持。

多头并进，拓宽渠道，大力筹集社区戒毒和社区康复经费：一是各地政府要将社区戒毒和社区康复经费列入当地财政预算，设立专项经费，实行专款专用，建立健全戒毒经费保障和监督机制，完善基础设施建设。对于一些特别贫困的地区，国家财政应当给予适当的经费补贴。二是建立社区戒毒和社区康复基金会，广泛募集社会资金，鼓励社会团体、企业、民间组织、商人、爱心人士等投入资金，借助社会力量解决部分戒毒经费。三是协调相关企业设立专门的安置就业点，组织生理脱毒后的戒毒人员参与生产劳动，开发多种项目的生产经营活动。通过生产自救所得收入可用于补贴一些戒毒经费，保障社区戒毒和社区康复工作的顺利进行。

第七章　社区戒毒和社区康复的基本措施

社区戒毒和社区康复的最终目的是使吸毒人员完成生理脱毒、心理康复、回归社会。作为一种新的戒毒模式，它必须以相应的具体内容为载体，以一定的措施来保障。没有相应的具体内容为载体，它就是一个空壳；没有一定的措施做保障，它就无法开展，其目的就难以实现。根据《禁毒法》等法律、法规的规定以及国内外戒毒经验，社区戒毒和社区康复的基本措施包括治疗、教育、服务、管理和保护等方面。

一、对社区戒毒和社区康复人员的治疗

对吸毒人员进行治疗包括生理脱瘾和心理矫正两个方面，这是社区戒毒和社区康复的重要内容和具体措施。由于吸食毒品在使人产生强烈的药物依赖性的同时，也产生很强的精神依赖性。因此，戒毒治疗既要戒除吸毒人员对毒品的生理依赖，恢复肌体健康，也要戒除其对毒品的心理依赖，恢复心理健康。① 生理脱瘾是社区戒毒和社区康复治疗的第一个阶段，也是戒毒工作的基础，生理依赖性不消除，其他的戒毒手段就难以实施。心理矫正是生理脱瘾的延续。研究表明，由于受到毒品的侵蚀，多数吸毒者情绪容易激动，

① 谭建华、刘建昌、朱其良：《毒品问题的预防与控制教程》，广西民族出版社2006年版，第146页。

行为轻率，自我控制能力差，甚至出现人格异常、情感障碍、思维障碍等变态心理。因此，在生理脱瘾后，如不及时进行正确的心理矫正，帮助他们改掉吸毒的陋习，他们就很容易重新吸毒。对社区戒毒和社区康复人员进行必要的心理矫正，能够转变他们的不良心理、行为及态度，帮助他们完成心理上的康复，使他们能够适应并融入正常的社会生活中。

（一）对社区戒毒和社区康复人员进行治疗的落实情况

我国十分重视对社区戒毒和社区康复人员的治疗工作，从中央到地方都投入了很多经费和人力，改善对社区戒毒和社区康复人员的治疗条件，基本保障了治疗工作的实施。在国家层面上，我国制定了《戒毒医疗服务管理暂行办法》、《滥用阿片类物质成瘾者社区药物维持治疗工作方案》等规章制度，为社区戒毒和社区康复人员的治疗提出了指导性的意见，并为各个美沙酮替代点免费提供戒毒所使用的药品，[①] 解决了社区戒毒和社区康复治疗主要的费用支出。在地方层面上，一方面由各地政府根据本地区的实际情况以及社区戒毒和社区康复人员的染毒程度、经历和特点等具体情况，制定出个性化、分等级、分阶段的治疗方案；另一方面在城区或吸毒人员相对集中的乡镇依托疾控中心或当地医院设置美沙酮维持治疗门诊点，为社区戒毒和社区康复人员提供方便，使参加美沙酮维持疗法的吸毒人员数量进一步扩大。[②] 同时，在各级医疗机构的医疗点内设立戒毒门诊科目，解决主动到社区戒毒的吸毒人员的生理脱瘾问题。

（二）对社区戒毒和社区康复人员进行治疗存在的主要问题

1. 治疗的流程不规范

由于与强制戒毒集中的管理和严密的流程不同，社区戒毒和社

① 张晓春：《细化社区戒毒和社区康复有关工作的思考》，载《广西警官高等专科学校学报》2010 年第 4 期。

② 谢环洲：《社区戒毒的“三架马车”》，载《人民公安报》2008 年 6 月 23 日。

区康复人员分散在社会上，对他们的治疗程序、治疗时间等弹性较大，因此也造成了很多地方的治疗流程不够规范。按照卫生部门的相关规定，使用美沙酮进行脱毒治疗应在管理严格的封闭环境中进行。这有利于对社区戒毒和社区康复人员的监督，防止药品的流失和保障社区戒毒和社区康复人员的安全。但在社区戒毒和社区康复中并没有按照这个要求执行，很多地方只管药品的发放，社区戒毒和社区康复人员可以在医院服食或者拿回家服食，这就很难对于社区戒毒和社区康复人员是否服食以及服食后有无不良反应进行监控。

2. 治疗费用难以解决

虽然社区戒毒和社区康复人员不用承担戒毒治疗所需的美沙酮药品的费用，但药品的配置、管理的人工费等治疗费用由谁来承担则由各地按实际情况确定。虽然目前我国各地对于禁毒的投入逐年增加，但大部分经费还在于解决禁毒队伍建设的问题，对于治疗方面费用的承担各地做法不一，甚至同一个城市都有不用的做法。以广西柳州市为例，各个城区、县对于治疗费用的承担上有着很大的差异。其中，鹿寨县社区戒毒和社区康复人员可以免费进行治疗；鱼峰区则由社区戒毒和社区康复人员自费治疗，区人民政府发放一定的补贴；而柳南区则由社区戒毒和社区康复人员承担所需的所有治疗费用。虽然目前美沙酮替代治疗的费用仅 10 元/次，但对于经济困难的社区戒毒和社区康复人员来说还存在一定的难度，相当多的吸毒人员由于经济困难问题而难以长期维持治疗。

3. 治疗保障不到位

（1）治疗社区戒毒和社区康复人员的医疗配套措施不足。通过对广西柳州市所属几个社区的社区戒毒和社区康复场所情况调查显示，大多场所除了一台电视与一台影碟机外，几乎没有其他设备，也没有专门的医疗室和医务人员。其原因是各街道办事处的经费由各个城区政府统一核拨，禁毒经费是含在综治经费之中，没有按照禁毒专项经费核拨，所以各个街道办事处用于禁毒的经费十分有限，对于要求条件较高的医疗室和较为昂贵的医疗设备就无从谈起了。

（2）社区戒毒和社区康复工作人员中缺乏治疗所需的专业人才。当前各社区从事戒毒治疗工作的主要有两部分：一部分是社区戒毒和社区康复兼职人员。主要包括街道办事处、社区居委会的禁毒专干、派出所社区民警和禁毒自愿者；另一部分是专职的禁毒专干。前者由于是兼职的，他们还承担者大量的其他工作，投入社区戒毒和社区康复治疗工作的精力有限。后者虽然主要承担社区戒毒和社区康复工作，但由于招聘渠道、工资待遇等方面的问题，目前队伍整体素质并不高，更别说治疗所需要的专家和心理医生了。禁毒专干对于吸毒人员的生理脱瘾和心理矫治的治疗相关知识掌握不多、不全，很难承担起这种专业性很强的工作。

4. 对两个阶段的治疗效果要求不均衡

由于生理脱瘾的时间短、标准比较明确，而心理矫治的时间相对较长，对于心理达到什么样的状态可以解除社区戒毒和社区康复并没有一个明确的规定。这种对治疗效果要求的不均衡从我国最严厉的戒毒措施强制戒毒的相关规定中可见一斑。《强制戒毒所管理办法》第43条规定："对强制戒毒期满后，经体检已生理脱毒的戒毒人员，由强制戒毒所所长批准后办理出所手续，发给《解除强制戒毒证明书》，通知其家属或者所在单位领回。"实践表明，吸毒人员对毒品心理上的依赖较之生理上的依赖更难以消除。通过生理脱瘾治疗一般在3～6个月内就可以解决生理依赖性问题，而心理矫治则一般需要3～5年才能解决心理依赖性问题。而目前重生理脱瘾轻心理矫治的状况就势必会导致戒毒过程的不完整，这种非完整性的戒毒过程就容易导致复吸率的升高。

（三）生理脱瘾治疗的实施

戒毒是一个复杂的过程，要根据吸毒人员毒瘾的大小、中毒的深浅以及个人体质之间的差异，采用不同的治疗方法。

1. 戒毒医疗服务的机构认定

根据2010年1月5日出台的《戒毒医疗服务管理暂行办法》的规定，戒毒医疗机构必须是经省级人民政府卫生行政部门批准，从事对吸毒人员采取相应的医疗、护理、康复等医学措施，帮助其减轻毒品依赖、促进身心康复等戒毒医疗服务的戒毒医院或设有戒毒治疗科的其他医疗机构。维持治疗机构必须是非营利性医疗机构。

2. 生理脱瘾治疗的方法

生理脱瘾治疗，是在隔绝毒品的条件下，通过非药物或者药物的手段，消除或减轻社区戒毒和社区康复人员急性戒断症状，恢复自然生理状态的治疗过程。在实施生理脱瘾治疗的过程中，要对社区戒毒和社区康复人员进行必要的调查，根据社区戒毒和社区康复人员所吸食的毒品种类、数量、时间及其性别、年龄以及自身状况等不同的实际情况，采用不同的生理脱瘾治疗方法。目前，广西社区戒毒和社区康复主要采用自然脱瘾法和药物脱瘾法两种治疗方法。

（1）自然脱瘾法。自然脱瘾法，主要是针对吸毒时间不长、用量不大、毒瘾不严重和意志坚强的社区戒毒和社区康复人员，通过强制中断社区戒毒和社区康复人员的毒品供给，使其戒断症状自然消退而达到脱瘾的目的。采用这种方法一般经过7～15天就能达到基本脱瘾。由于这种方法不用任何药物，病人会出现明显的戒断症状，全身起鸡皮疙瘩、打寒战，比较痛苦，对于体质不强、毒瘾严重的戒毒者要慎用，防止发生自残、自杀等危及生命的行为。

（2）药物脱瘾法。药物脱瘾法，是指在符合条件的医疗机构中，给社区戒毒和社区康复人员服食戒断药物，以替代、递减的方法，尽可能缓解和控制戒断症状，减轻他们对毒品的依赖，逐渐达到脱毒的目的。由于天然类如鸦片、吗啡、海洛因等阿片类药物依赖是我国乃至全世界药物依赖的主要问题，因此，我国的社区戒毒和社区康复工作中对社区戒毒和社区康复人员的药物脱瘾治疗主要是针对滥用阿片类物质成瘾者的美沙酮替代递减治疗方法。美沙酮是合成麻醉性镇痛药，具有吗啡样药理作用。由于美沙酮本身也能产生依赖性，因此应在严格管理的戒毒医疗机构中进行。美沙酮替代递减法适用于海洛因、吗啡、杜冷丁二氢埃托啡等社区戒毒和社区康复片类药物的戒毒治疗。使用美沙酮的成瘾者，会推迟戒断症状的出现高峰，但持续时间却长达 2～3 周，实质是使病人的痛苦减轻，但用时更持久。美沙酮的耐受和成瘾发生较慢，戒断症状较轻，但会使一些吸毒者发生强迫性嗜用，以代替海洛因。因此，凡是不必使用美沙酮替代递减的，应使用其他方法。美沙酮替代治疗的原则是逐日递减、先快后慢、只减不加、停药坚决。同时，注意对服药者进行必要的随访，在用药中和停药后对症处理各种症状。

（四）心理矫正治疗的实施

心理行为治疗主要针对患者的心理依赖及其他心理行为问题。吸毒人员中常见有忧郁性神经症、焦虑症等精神症，另外还有自我评价低、羞耻感和负疚感、恐惧与寂寞、孤立等负面的精神状态。根据“内因是变化的根据，外因是变化的条件”这一理论依据，要充分运用心理行为治疗技术，积极开展各种有针对性的心理矫正治疗，与吸毒类服刑人员多进行会谈、沟通，对其心理问题给予解答、指导，矫正其人格，改变其情绪反应及其反社会行为方式，培养其遵守社会规范的习惯。

1. 心理矫正的方法

（1）疏导疗法。疏导疗法主要是凭借言语交流进行。根据社区戒毒和社区康复人员的不同特点、不同病情，采取说明、启发、劝导、鼓励等方法，帮助他们自我领悟、增强戒毒的信心，调动主动参与、配合治疗的能动性，从而达到治疗和康复的目的。

（2）认知疗法。认知疗法是最常用的心理矫正治疗方法，即通过改变社区戒毒和社区康复人员错误的认知观念来改变其不良情绪与不良行为。因为人的任何情绪、行为都是在意识的支配下做出的，当人的认知产生偏差或者作出错误的判断时，就会导致不良情绪、行为的产生。认知疗法的最终目的是改变吸毒人员的不良认知方式，帮助吸毒人员正确应对急慢性药物渴求，强化吸毒人员的自我控制能力，预防复吸。

（3）暗示疗法。暗示是以某种观念语言来影响自己或者他人，使其在缺乏分析、判断的情况下加以接受，并因此引起一定的心理状态的变化。暗示疗法可以在清醒或者催眠的状态下进行。清醒状态下的暗示疗法是在社区戒毒和社区康复人员清醒的状态下，通过语言、思维、认知或者一定的医疗措施与药物，把某种观念强加于他，使其对此深信不疑，从而增强和改善人的心理状态，促进机体代谢功能，达到心理治疗的目的。催眠暗示疗法是通过催眠术或者催眠药物，使社区戒毒和社区康复人员进入催眠的状态，然后用言语进行暗示。这种方法由于专业性很强，目前在社区戒毒和社区康复中很少用到。

（4）行为疗法。行为疗法源于行为主义理论。它强调通过环境的控制改变行为人的表现。人的各种行为都是经过学习和训练得以调整和改造，从而建立新的正常行为。行为疗法主要包括松弛疗法、自我控制疗法、厌恶疗法、分散注意力疗法等，通过这些治疗排除社区戒毒和社区康复人员的心理障碍，用自己的意志抑制和转化对毒品的心理依赖。

2. 心理矫正的内容

（1）树立正确的人生观。由于多数吸毒人员人格扭曲，养成了以自我为中心的人生观。他们对家庭、对社会缺少同情心和责任感，缺乏理想追求和奋斗目标，从而使他们在社会交往中困难重重。因此，在社区戒毒和社区康复过程中要注重对社区戒毒和社区康复人员的人生观转化，帮助他们树立正确的人生观，使他们了解人生的社会责任、意义，培养他们乐于助人的习惯，矫正其不良行为，为让他们重返社会奠定基础。

（2）巩固戒毒的信念。多数吸毒者开始都是因为对毒品的好奇或受周围吸毒人员的影响、引诱等走上吸毒道路的，各自的吸毒动机、原因和戒毒决心也各异。因此，要针对每个社区戒毒和社区康复人员的不同情况做好耐心细致的思想工作。在分析吸毒原因，认清毒品危害的同时，设法巩固社区戒毒和社区康复人员的戒毒信念，鼓励他们积极配合治疗，克服身体不适及其他一切困难，树立起坚持就是胜利的坚强决心。

（3）化解情绪的障碍。吸毒人员的情绪会直接影响到戒毒的治疗效果。由于吸毒人员因为吸毒而改变了生活方式、行为和人格模式，其生理、心理很容易受到外界的影响而产生不良情绪，目前我国吸毒人员中患有忧郁症的明显高于一般人群，未能达到临床水平的情绪障碍更是较为多见。因此，在对社区戒毒和社区康复人员的心理矫正过程中，帮助他们进行情绪转变非常重要。要通过开展丰富多彩的文体活动，鼓励其参与各种类型的社会活动，帮助其消除孤独感，克服自卑心理，培养他们的良好情绪。

（4）提高抵御挫折的能力。在吸毒人员中有不少人是因为生活、工作中发生了不幸，认为自己无法应对而染上毒瘾的，再加上吸毒之后被社会、家人所排斥，导致了他们抗挫折能力很低，很容易怨天尤人、自暴自弃。可以针对这类人员的具体情况，在设法解决他们实际问题的同时，着重指导他们如何应对挫折，提高其适应社会环境的能力，摆脱其逆反社会心理和自暴自弃的生活态度，增强其自食其力、重返社会的自信心。

（5）培养自我调控的能力。通过运动锻炼、情景模拟、角色扮演、欲望节制、自我反省等一系列心理训练内容帮助社区戒毒和社区康复人员掌握摆脱毒品、回归社会所需的各种心理和生活技能，增强其抵制复吸的自我控制能力。

二、对社区戒毒和社区康复人员的教育

对社区戒毒和社区康复人员的教育，是社区戒毒和社区康复工作的重要内容，也是社区戒毒和社区康复的具体措施。对社区戒毒和社区康复人员的教育，是社区戒毒和社区康复小组各成员单位根

据党和国家的禁毒方针、政策依法实行的职能活动，是依照国家法律和社会道德规范的要求对社区戒毒和社区康复人员实行再社会化教育的过程。由于社区戒毒和社区康复工作是在开放的社会环境中执行，实际上主要是靠社区戒毒和社区康复人员的自觉性来进行行为控制和戒毒的。因此，要通过对社区戒毒和社区康复人员的教育，提高其认知、文化和道德水平，为巩固戒毒成果打下基础。

（一）对社区戒毒和社区康复人员教育的落实情况

落实对社区戒毒和社区康复人员的教育工作，是推进社区戒毒和社区康复工作进程的关键。我国各地围绕“依法禁毒，构建和谐”这一主题，坚持突出重点、常抓不懈、注重实效，不断加强对社区戒毒和社区康复人员的教育的力度、广度和深度。一是利用“6·26”禁毒宣传活动等对社区戒毒和社区康复人员进行集中教育。每年的6月26日在各地都开展形式多样的禁毒宣传活动，组织社区戒毒和社区康复人员参加这种全民的禁毒宣传活动，让他们全面了解毒品的危害、戒毒的基本知识和我国对毒品问题的态度。二是开办社区戒毒和社区康复的专题教育讲座、培训活动。各级禁毒部门、成员单位通过建立协调机制，积极依靠文化、教育、共青团、妇联及乡镇（街道）等相关职能部门以及社会力量，深入社区，加强交流，积极开展社区戒毒和社区康复专题教育活动，逐步形成法制化、常态化、系统化的社区戒毒和社区康复工作合力。三是做好社区戒毒和社区康复免费学习资料保障。社区戒毒和社区康复人员大部分时间是在工作单位或家里进行自我教育，必须要保证其学习资料的供应。各地禁毒办可以通过拨出专项经费或自筹资金等方式，印制各种社区戒毒和社区康复的学习资料，免费发到各社区和成员单位，并由他们发放到每一位社区戒毒和社区康复人员手中。四是进一步延伸、扩展教育的触角，把对社区戒毒和社区康复的教育融入社区环境中。在社区戒毒和社区康复人员所居住、生活的社区中建设永久性禁毒教育橱窗，并定期更新橱窗内容，确保宣传教育内容丰富、新颖。

（二）对社区戒毒和社区康复人员的教育中存在的问题

1. 教育队伍缺乏专业化，教育水平不高

目前，我国的社区戒毒和社区康复并没有成立专门的教育队伍，对社区戒毒和社区康复的教育任务主要是由社区民警或者禁毒专干来承担。他们本身工作任务重而且未经过专门的培训，对教育的方式、教育的内容以及教育所需要达到的效果等方面都缺乏经验，不能抓住教育重点，使教育流于形式。

2. 教育针对性不强

针对性不强主要表现在两个方面：一是对象的针对性不强。与强制戒毒的强制性教育不同，相关的法律、法规并未对社区戒毒和社区康复的教育提出具体要求。因此，很多地方在做禁毒宣传教育时并没有把对社区戒毒和社区康复人员的教育与对一般群众的普法教育区别开来，往往是在特殊时段如禁毒宣传日或者是在全社会开展普法教育的时候才对他们进行教育，这种普及性的教育很难对社区戒毒和社区康复人员起到触动作用。二是内容的针对性不强。由于每个吸毒人员的吸毒动机、吸毒历程等都不一样，因此对社区戒毒和社区康复人员的教育十分注重因人施教。而目前我国对于社区戒毒和社区康复人员的教育还处于摸索阶段，没有相对应的教育计划、教材等，社区戒毒和社区康复工作人员仅凭那几部相关的法律、法规和个人的经验对社区戒毒和社区康复人员进行教育。即便是社区戒毒和社区康复工作人员掌握了社区戒毒和社区康复人员的基本情况，但由于对不同的人员如何开展教育无据可查，这就不可避免地造成教育“一刀切”的现象，在对社区戒毒和社区康复人员的教育中难以切中其要害，未能发挥教育应有的作用。

3. 教育方式不合理

目前，对社区戒毒和社区康复人员的教育比较注重知识的灌输和集中的教育，比较强调外力和管理的作用，忽视了社区戒毒和社区康复人员的自我教育。而社区戒毒和社区康复并不像强制戒毒那样长时间地持续进行系统性的教育，而且对社区戒毒和社区康复人员的教育目的是重新塑造和培养他们的人格，并非为了掌握某种知识。这种教育方式消弱了社区戒毒和社区康复人员在教育中的主体作用，使其对于人格的重新塑造缺乏主观能动性，难以达到戒除毒瘾的效果。

（三）对社区戒毒和社区康复人员的教育措施

在教育过程中，要根据戒毒初期、戒毒中期、戒毒后期三个不同阶段分层次进行教育，循序渐进、由表及里施展教育，达到让吸毒人员弃旧图新的目的。此外，针对吸毒类服刑人员文化程度普遍偏低、法律意识淡薄、道德水平低下的情况，应着重围绕培养文化支撑、灌输法律观念、提高道德水平等方面进行教育。

1. 社会主义法律道德教育

大多数吸毒人员吸毒成瘾，与他们自身的法律知识缺乏、道德水准不够是密不可分的。有些社区戒毒和社区康复人员甚至认为吸毒是“用我自己的钱，是个人爱好，个人私事，不妨碍别人，不算什么罪错”。因此，在社区戒毒和社区康复人员中开展社会主义法律道德教育是十分必要的。在宏观上，大力宣传社会主义法治建设所取得的重大成就，大力弘扬中华民族优良的道德传统；在微观上，组织社区戒毒和社区康复人员或借助各种普法宣传教育深入学习《禁毒法》、《治安管理处罚法》等法律条款，使他们认清吸毒是违法行为，而且往往还是导致其他犯罪的温床，并深切体会到戒毒的必要性。通过社会主义法律道德教育，帮助社区戒毒和社区康复人员纠正错误的思想认识问题，辨是非、明法理、知耻辱，从内心受到谴责，自觉地进行忏悔，放弃复吸的念头，从一个吸毒的违法者转变为一个戒除毒瘾的守法公民。

2. 戒毒心理健康教育

戒毒心理健康教育是社区戒毒和社区康复人员教育的核心。对许多吸毒人员来说，戒毒是一项十分困难甚至是可望而不可即的事情。尤其是屡戒屡吸的复吸经历，让他们自己对于戒毒失去了信心。这也体现了他们心理健康知识极度匮乏，对于人为什么会吸毒、吸毒为什么会成瘾、戒毒为什么困难、毒瘾为什么能戒除、怎样戒除毒瘾等方面问题缺乏必要的了解。因此，要有计划、有重点、有内容、有选择地确定开展戒毒心理健康的方式方法，把教育的重点放在帮助吸毒人员分析复吸动机、增强戒断动力、恢复健康心理等方面。要通过大众化的语言，普及心理科学知识，系统地讲解条件反射理论、精神分析理论、亚文化理论、不完整个性理论、社会学理论等方面的知识，将正确的戒毒理念灌输给社区戒毒和社区康复人员，强化他们“吸毒难戒、吸毒能戒、吸毒必戒”的意识，让社区戒毒和社区康复人员学会自我分析动因、自我调适情绪，保持健康心态，从而能够从容应对外界的压力。

3. 开展“两观”教育

帮助社区戒毒和社区康复人员树立正确的劳动观念、择业观念，也是社区戒毒和社区康复教育的一项重要工作。通过“两观”教育，培养社区戒毒和社区康复人员健康有为、积极向上的精神，树立劳动光荣、自食其力的思想，使他们明白必须要参加社会生产劳动，用自己劳动的双手养活自己。同时，让社区戒毒和社区康复人员知道，我国经济社会的蓬勃发展为他们的就业提供了许多机遇，以增强他们劳动就业的信心。

4. 康复回归教育

许多社区戒毒和社区康复人员在社区戒毒和社区康复期间，由于公安机关和相关部门的监管和制度、协议的约束，基本能够做到戒除毒瘾不再吸毒，但解除社区戒毒和社区康复回归社会后，面对“粉友”和“圈子”的诱惑，复吸的念头就会油然而生。通过对吸毒人员的康复回归教育，使吸毒人员认识到戒毒康复是一个长期的过程，掌握自我康复的方法，学会拒绝“粉友”和“圈子”的引诱，从而能够坚持操守，巩固戒毒效果。

三、对社区戒毒和社区康复人员的服务

对社区戒毒和社区康复人员的服务是我国政府为人民服务理念

和《禁毒法》中人性化的具体体现。对社区戒毒和社区康复人员的服务，一方面能够为吸毒人员谋福利、办实事，解决他们的学习、生活以及劳动就业等实际困难，排除他们的后顾之忧；另一方面能够让社区戒毒和社区康复人员感受到来自党和政府的关心、社会各界的关爱，从而坚定戒毒的决心和毅力。

（一）对社区戒毒和社区康复人员服务的落实情况

各地党委、政府以及禁毒相关部门在履行自身主要职责的同时，积极广泛发动群众，调动一切社会力量为社区戒毒和社区康复人员服务。政府的关心、社会的关注、家庭的关怀、社会各界的帮助是社区戒毒、社区康复的坚强后盾。一是对社区戒毒和社区康复人员进行跟踪服务，教育引导社会各界关心、帮助社区戒毒和社区康复人员，努力为社区戒毒和社区康复人员的工作、生产、生活提供最大帮助，解决实际困难。各地民政部门已将部分生活困难的社区戒毒和社区康复人员纳入低保范围，社保部门和社区工作站立足自身职责，为社区戒毒和社区康复人员及时提供就业信息，并适时开展职业技能培训，对于自主创业的社区戒毒和社区康复人员，为其协调解决或减免创业所需的费用，千方百计地消除他们回归社会的顾虑。例如，广西柳州市公安局柳南分局南站派出所无偿为辖区参加吸毒人员办理专线公交卡，为更方便吸毒人员到美沙酮维持治疗门诊进行治疗，这一方法的推出是对社区戒毒和社区康复人员服务方式的一种创新和拓展。二是注重加强外流吸毒人员的管理工作。公安机关的禁毒部门与流入地派出所经常进行沟通和联系，协助他们对外流吸毒人员实行监控、帮教和尿检等管理，并通过其亲友以书信、电话等形式长期保持联系，在生活上关心他们、在生产上帮助他们、在感情上贴近他们，努力实现对吸毒人员由打击处理到关怀帮助的转变，着力破解外流吸毒人员戒毒和康复的难题。

（二）对社区戒毒和社区康复人员的服务中存在的问题

1. 提供服务的相关部门配合不力，相互脱节

《禁毒法》中明确规定：“公安机关和司法行政、卫生行政、

民政等部门应当对社区戒毒工作提供指导和协助。城市街道办事处、乡镇人民政府，以及县级人民政府劳动行政部门对无职业且缺乏就业能力的戒毒人员，应当提供必要的职业技能培训、就业指导和就业援助。”由此可见，除了公安机关之外，政府的各个相关部门也都承担有为社区戒毒和社区康复服务的职责。但目前这些部门对于社区戒毒和社区康复这个新兴事物还不够了解，大多数都持观望态度，并没有把社区戒毒和社区康复提上日常的工作议程。因此，社区戒毒在很多地方还是处在一种公安机关单打独斗的局面，并没有建立起一个统一、协调的社区戒毒和社区康复管理机制，在对社区戒毒和社区康复人员的服务过程中就会出现配合不力甚至相互推诿的现象。

2. 社会救济保障机制不完善

针对社区戒毒和社区康复人员的社会救济保障机制是对社区戒毒和社区康复人员服务的保障。由于公安机关的经费有限，不可能长时间地承担起社区戒毒和社区康复人员的日常生活保障，这就必须要借助于社会的救济保障。目前，我国没有针对社区戒毒和社区康复人员的救济保障机制，唯一可以依赖的就是城乡的最低生活保障，而这些最低生活保障费用往往连社区戒毒和社区康复人员的治疗费用都满足不了，更不用说提高社区戒毒和社区康复人员的生活质量了。没有物质上的保障就很容易使对社区戒毒和社区康复的服务成为一种面上工程，不能从根本上解决社区戒毒和社区康复人员的基本问题。

3. 社会公众与服务对象自身的不配合

尽管我国通过各种手段一直在不懈地进行戒毒宣传工作，引导社会公众不要歧视吸毒者，他们既是违法者，又是被害者，但还是难以改变大多数人对吸毒人员冷眼相对的现实。因此，在帮助社区戒毒和社区康复人员融入社会过程中会无形中受到各种阻碍。另外，吸毒人员接触毒品后，会因为与社会上的主流价值观及准则相背离而产生对社会和对个人的冷漠、疏远，不愿意跟正常人交往，只愿意与吸毒人员在一起，因为他们拥有共同的群体文化。[1] 在这个群体中，除了毒品没什么生活目标和准则，而且相互间能够认同对方的任何不良行为。因此，我们在为社区戒毒和社区康复提供服务时常常受到他们的排斥，即便是帮他们争取到了学习、工作的机会其也往往会半途而废。据调查显示，戒毒人员对社区工作人员的认可和接受程度很低，遇到问题时很少主动向社区工作人员寻求帮助。[2]

（三）对社区戒毒和社区康复人员的服务措施

1. 家庭方面的服务

（1）精神层面的服务。家庭是构成一个社会的最小单元，但同时又是最重要的一个环节。关于家庭与违法犯罪关系的研究已无数次地证明了家庭在违法犯罪链条中扮演着重要角色。为了更好地实现社区戒毒和社区康复的目的，社区戒毒和社区康复工作者应当深入了解社区戒毒和社区康复人员的家庭境况，引导、帮助其解决好家庭问题。例如，有的家庭成员可能会因社区戒毒和社区康复人员的吸毒行为而产生排斥、嫌恶心理，这时就需要工作人员出面调解，缓和矛盾，使他们懂得家庭支持对社区戒毒和社区康复人员弃恶扬善的巨大作用，为他们努力争取家庭成员的谅解，营造一个平和的家庭氛围对其戒毒具有积极意义。

（2）物质层面的服务。有一些社区戒毒和社区康复人员家境困难，需要物质帮助，社区戒毒和社区康复机构虽不可能为他们承担起养家糊口的责任，但也应该充分利用社会资源，积极联系社会福利部门和爱心基金，尽力解除社区戒毒和社区康复人员家庭成员的生存危机，使他们少一些后顾之忧，更安心地接受戒毒。

---

① 陈凤艳：《论当前禁毒斗争中的社区戒毒》，载《云南警官学院学报》2010 年第 3 期。

② 钟莹、梁国勋：《个案管理：社区戒毒工作的新模式》，载《华东理工大学学报》2008 年第 2 期。

2. 工作方面的服务

吸毒记录对社区戒毒和社区康复人员工作前途的影响是不言而喻的，此时就需要社区戒毒和社区康复机构提供一些职业发展服务和接收安置服务，如提供必要的招聘信息或向招聘单位推荐社区戒毒和社区康复人员，这样，一方面使社区戒毒和社区康复人员看到未来的希望所在，另一方面也使他们尽早认清现实，为重新适应社会打下基础。在社区戒毒和社区康复期间，有些社区戒毒和社区康复项目可能会同社区戒毒和社区康复人员的工作发生时间上的冲突，此时社区戒毒和社区康复机构应尽量考虑社区戒毒和社区康复人员的工作需要，把其参加社区戒毒和社区康复项目的时间与工作时间作适当调整。当然，工作并不能成为社区戒毒和社区康复回避戒毒的借口，社区戒毒和社区康复机构需要合理安排，使二者并行不悖。

3. 社会生活方面的服务

吸毒记录也会影响到社区戒毒和社区康复人员的社会生活，这同样会使他们陷入困境，社区戒毒和社区康复机构应努力帮助社区戒毒和社区康复人员走出困境，恢复正常生活。社区戒毒和社区康复虽然没有对社区戒毒和社区康复人员的人身自由进行限制，但却往往由于自身的标签效应而“殃及池鱼”，对社区戒毒和社区康复人员造成方方面面的损害。社区戒毒和社区康复机构有责任把社区戒毒和社区康复对社区戒毒和社区康复人员造成的负面影响降到最低，从帮助和救济的角度为社区戒毒和社区康复人员多解决一些实际困难，使社区戒毒和社区康复收到应有之效。社会生活的正常也是社区戒毒和社区康复人员回归社会的基础，如果处处受挫，只会打击其戒毒的信心，不为社会所容只会使他们自暴自弃。因此，社区戒毒和社区康复机构的帮助也应当延伸至社区戒毒和社区康复人员的社会生活。

四、对社区戒毒和社区康复人员的管理

把社区戒毒和社区康复人员放在社会上进行戒毒和康复，并不意味着放弃对社区戒毒和社区康复人员的监管，反过来对公安机关和各个相关的职能部门的管理工作提出了更高的要求。由于社区戒毒和社区康复工作的“柔性”开展，改变了以往禁毒工作整体的纯粹的高压态势，多年来一直实施的有力排查收戒模式逐步向社会化管理与专门机关强戒相融合的模式转化。这个过程中如果相关部门的职责不到位，尤其是公安机关的监督、管理不到位，戒毒人员复吸的概率就会加大，容易导致吸毒人员的反弹和增加，这将会激活毒品消费市场，冲击多年来的禁毒工作基础。

（一）对社区戒毒和社区康复人员管理的落实情况

各地公安机关以及其他相关部门通过深入的调查研究，摸索出了社区戒毒和社区康复的管理新思路，提高了对社区戒毒和社区康复人员的管控能力。一是社区戒毒和社区康复人员管理网络逐步完善。通过认真梳理基层工作机构和工作流程，紧抓发现、戒毒、康复、巩固“四个环节”，建立了由各相关部门单位共同参与的社区戒毒和社区康复人员戒毒工作网络。二是抓排查，准确掌握社区戒毒和社区康复动态信息。涉毒违法犯罪问题隐蔽性强、工作量大、骤变因素多，因此，信息工作至关重要。准确、及时掌握毒情信息，就抓住了社区戒毒和社区康复工作的主动权。社区戒毒和社区康复工作站和派出所等单位的协调沟通，对辖区涉毒人员进行全面调查摸底，掌握了每个吸毒人员吸毒成瘾情况、身体状况、家庭情况、个人现实表现等基本信息，进一步核实社区戒毒和社区康复人员底数，实行了分类管理，区别对待，提高了戒毒和康复工作成效。三是以与社区戒毒和社区康复人员签订的《社区戒毒协议书》、《社区康复协议书》为依托，建立社区、分管民警、社工和吸毒人员家庭四位一体的工作网络，明确各自的工作目标与要求，共同承担起管理的职责。四是加强信息化管理，建设社区戒毒工作

管理系统。各地公安机关依托警务综合平台，建立专门的社区戒毒工作管理系统。该系统能够节省社区戒毒工作投入，为社区戒毒工作提供最大便利；同时全面掌握吸毒人员戒毒、康复、美沙酮治疗等各个环节的信息，依法加强对吸毒人员的管理，提升社会管理能力。

（二）对社区戒毒和社区康复人员的管理中存在的问题

1. 管理的法律规范尚未完善，缺乏可操作性

由于与《禁毒法》配套的细则尚未颁布，实施社区戒毒和社区康复工作没有可操作性的具体规定，实施执行难度大。而且开展社区戒毒和社区康复工作没有固定模式和成功经验可借鉴，全区各地所制定的相关制度有着很大的差异，造成了操作程序不规范。例如，按照《禁毒法》的要求，社区戒毒期限为三年，然而三年之后该如何处理并没有相关规定，这就容易造成吸毒人员的失控。

2. 《社区戒毒/康复协议书》没有统一的标准

《禁毒法》规定办理社区戒毒和社区康复必须要签订协议书，而目前对于该协议书尚无规范的要求，只能社区自行拟订，难免标准不一，这将会给社区工作站之间埋下了对接和联系等方面的隐患，同时也可能由于协议条款的偏差造成对社区戒毒的吸毒人员权益上的侵害。

3. 社区戒毒和社区康复人员的定期评估检测难度大

社区戒毒对吸毒人员定期评估检测方面，吸毒人员的尿检通常只能经由公安机关的检测才能被公安机关认可，但由于实际操作中吸毒人员数量较多、检测量大，公安机关无法有效、及时进行，从而导致社区戒毒评估检测工作落后。

4. 社区戒毒和社区康复相关机构的接茬存在脱节

《禁毒法》规定：“对于被解除强制隔离戒毒的人员，强制隔离戒毒的决定单位可以责令其接受不超过三年的社区康复。社区康复参照本法关于社区戒毒的规定实施。”但据了解，目前广西各地的强制隔离戒毒所与社区戒毒机构存在脱节，并没有能及时掌握对

口的本地区的社区戒毒建设情况，无从联系，当解除强制隔离戒毒后，由于社区方面没有及时得到通知进行接收，这些人员立即处于失控状态。

5. 社区戒毒的流程不规范

目前，社区戒毒的工作流程对于大部分工作站来说仍比较模糊，仅仅明白“签协议→监督管控”的简单步骤，至于具体内容、数据标准、相关要求、形成何种台账制度等细节方面，没有一个明确的方向和认识。由于流程缺乏标准和规范，造成社区工作人员动力不足，即使想干也不知道该怎么干好，一定程度上延缓了社区戒毒工作进展。

6. 毒情和戒毒人员信息的收集缺乏标准

毒情和戒毒人员信息是决定社区戒毒和社区康复工作成败的核心基础工作。目前，对戒毒人员的信息收集主要是依据《社区戒毒协议书》和《社区康复协议书》两种格式文件的要求调查和收录的，而参与社区戒毒和社区康复的戒毒人员平时行动自由，且社会和心理情况复杂，信息收集没有统一的标准容易使对吸毒人员的监管流于形式。欲有效开展社区戒毒和社区康复工作，取得工作实效，需要更为深入、细致和全面的戒毒人员信息的支持，并且要及时进行戒毒人员信息的更新，为工作人员开展工作提供准确的信息。

（三）对社区戒毒和社区康复人员的管理措施

1. 对参加社区戒毒和社区康复人员的调查核实

首先是对吸毒人员的初步摸底排查。由派出所牵头，组织人员对辖区内吸毒人员情况进行摸底排查，并及时与戒毒场所联系，掌握即将被解除强制戒毒的人员信息，及时下达社区戒毒和社区康复决定书，并将辖区内适用社区戒毒和社区康复的吸毒人员底数情况，及时向社区进行转介，防止符合社区戒毒和社区康复条件的吸毒人员的漏管失控。其次是对符合社区戒毒和社区康复条件的吸毒人员进行调查、核实。要对参加社区戒毒和社区康复的吸毒人员的身份情况、健康状况、固定住所、家庭情况、技能情况、经济状况和现实表现等进行严格调查、核实。对符合条件的，下达《责令社区戒毒通知书》，配合社区制定并落实社区戒毒和社区康复措施。此外，要对辖区内的吸毒人员实行严密管控、动态管控，随时随地掌握行踪，防止漏管失控。

2. 规范社区戒毒和社区康复协议的格式和要求

城市街道办事处、乡镇人民政府可以指定有关的基层组织，根据戒毒人员本人和家庭情况，与戒毒人员签订社区戒毒协议，落实有针对性的社区戒毒措施。签订的协议要求一式二份，双方各执一份，自签字起生效。协议的内容应当包含以下几个方面：

（1）实施社区戒毒和社区康复的依据。根据《禁毒法》的有关规定和公安机关《责令社区戒毒/康复决定书》，由政府（街道办事处）社区戒毒和社区康复领导小组委托社区戒毒和社区康复工作小组帮助社区戒毒和社区康复人员戒除毒瘾。社区戒毒和社区康复时限为 3 年。

（2）协议双方的基本情况。社区戒毒和社区康复人员基本情况包括姓名、性别、出生年月、身份证号、户籍所在地、现住址、服务处所、联系电话、初吸时间、戒毒经历、戒毒（康复）地点及电话、亲属或监护人姓名及电话等。社区戒毒和社区康复工作小组的基本情况包括小组组成人员（负责人及成员）、单位和职务等。

（3）协议双方的责任与义务。社区戒毒和社区康复人员责任与义务包括遵守相关法律法规、主动到卫生部门指定的戒毒医疗机构接受脱毒治疗或者请求协助、服从和配合公安机关和社区戒毒机构的管理、接受监督等方面。社区戒毒和社区康复工作小组及其成员的责任与义务包括根据各自的工作职责有针对性地具体落实社区戒毒和社区康复措施、掌握社区戒毒和社区康复人员在社区戒毒和社区康复过程中的情况、协助相关部门对社区戒毒和社区康复人员进行检测或治疗、对违反协议规定的行为进行告诫并向公安机关及上级部门报告等方面。

(4) 协议双方的违约责任。社区戒毒和社区康复工作小组及其成员不履行职责的，根据有关规定予以纪律或者行政处分，并列入年度工作考核。社区戒毒和社区康复人员在社区戒毒和社区康复期间违反协议，由社区戒毒和社区康复执行地公安机关依法采取相应的法律措施。

3. 定期开展社区戒毒和社区康复人员的尿样检测

根据《禁毒法》及相关规定，公安派出所应当定期地对社区戒毒和社区康复人员进行定期的尿液检测。对于参加社区戒毒和社区康复的吸毒人员要严格实行“6、4、2”尿检制度，即第一年至少每两个月一次，第二年至少每季度一次，第三年至少每半年一次。[①] 对重点人员、可疑人员要经常或不定期地尿检，及时发现社区戒毒和社区康复人员偷吸或复吸，及时发现和控制，必要时按规定采取相应的戒毒措施。社区戒毒和社区康复人员在规定时间内要主动接受检测，并随时接受抽检。

4. 建立定期见面及情况汇报制度

为了了解社区戒毒和社区康复人员的现实情况和思想动态，要建立定期的见面及情况汇报制度。社区戒毒工作人员要定期与社区戒毒和社区康复人员进行面对面的谈话，第一年每两周，第二、三年每月至少与社区戒毒和社区康复人员见面一次，了解其在社区戒毒和社区康复治疗、生活、工作以及学习等方面的情况，并对其提供生理脱毒、心理康复、行为矫治、司法救助等方面的辅导和帮助。社区戒毒和社区康复人员要自觉服从和配合管理，每两周主动向社区戒毒和社区康复工作人员如实报告戒毒（康复）情况，每季度书面报告一次戒毒（康复）情况。

---

① 王国庆:《以人为本 科学戒毒 综合矫治 为民服务》，载《云南警官学院学报》2008 年第 6 期。

5. 严格对社区戒毒和社区康复人员离开驻地时的管理

社区戒毒和社区康复人员短期（五日内）离开社区戒毒和社区康复地点的，应当提前两天就离开事由、时间、随行人员等情况向甲方提出申请，经批准后方可离开，并及时销假。社区戒毒和社区康复人员如需变更社区戒毒和社区康复执行地点的，应当提前15日就变更事由、新执行地详细地址及亲属（监护人）意见等情况向甲方提出申请，经社区戒毒和社区康复决定机关审批同意后方可到新执行地执行。

6. 完善社区戒毒和社区康复人员的档案管理

在社区戒毒和社区康复工作中，要建立、完善社区戒毒和社区康复人员的档案，为社区戒毒和社区康复工作提供完整的数据支持。社区戒毒和社区康复人员的档案要包括社区戒毒和社区康复人员的人口特征、社会背景、吸毒史、违法犯罪前科、戒毒情况等方面内容，这些内容的详细记录，可以让社区戒毒和社区康复工作人员对社区戒毒和社区康复人员当前的毒瘾情况和个人戒毒意志等情况进行一个准确的评估，而后根据评估的结果对社区戒毒和社区康复人员分层次、有重点地进行针对性帮教。在帮教一段时间后，再次对社区戒毒和社区康复人员的毒瘾以及保持操守情况进行评估，以决定能否调整监控级别。

五、对社区戒毒和社区康复人员的保护

社区戒毒和社区康复人员的保护，即对社区戒毒和社区康复人员的合法权益的保障。基于传统的观念，社会公众往往对社区戒毒和社区康复人员存在一定程度的歧视和偏见，同时，随着对“尊重和保障人权”认识的深化，我国现行的政策、法律和管理的运作在对他们权利保护方面存在某些滞后性，许多社区戒毒和社区康复人员自己也缺乏应有的权利意识。这些问题的存在，不利于他们更好地回归和融入社会。在要求他们充分履行义务的前提下，如果对他们的权利不能给予充分的认可和保护，就不利于社会矛盾的化

解、和谐社会的构建。因此，要做好社区戒毒和社区康复工作，就需要充分认识保护社区戒毒和社区康复人员的重要性，进一步明确社区戒毒和社区康复人员所享有的权利。

（一）对社区戒毒和社区康复人员保护的落实情况

为了保护社区戒毒和社区康复人员，保障他们的合法权益，我国自《禁毒法》出台后，陆续出台了一系列相关法律、法规，各地也根据本地实际情况制定了相对应的规章、制度，形成了一整套的社区戒毒和社区康复人员权益保障体系。这些法律、法规、规章制度的颁布和实施，一方面确定了社区戒毒和社区康复相关部门的工作职责和权限，规范了社区戒毒和社区康复的工作流程和要求，最大限度地避免了侵害社区戒毒和社区康复人员权益行为的发生；另一方面给予了社区戒毒和社区康复人员更多的人文关怀，使他们深刻体验到社会对他们的挽救之情，形成良好的道德风气。在这样的风气的熏陶下，调动了社区戒毒和社区康复人员戒除毒瘾的动力，从而自觉投身到社区戒毒和社区康复活动中。

（二）对社区戒毒和社区康复人员的保护中存在的问题

1. 戒毒法律体系中缺乏对社区戒毒和社区康复人员的权利保障内容

自《禁毒法》出台后，我国还相继出台了《吸毒成瘾认定办法》、《戒毒医疗服务管理暂行办法》等相关法律、法规，这些法律、法规的颁布、实施从法律层面上对社区戒毒和社区康复进行了规范。虽然这些法律、法规从立法目的上都是保障吸毒人员的合法权益，如《禁毒法》打破了以往对于吸毒成瘾人员单一的强制戒毒模式，《吸毒成瘾认定办法》明确了吸毒成瘾的条件，《戒毒医疗服务管理暂行办法》保证了吸毒人员医疗卫生等方面的安全，等等。但从这些法律、法规的具体的法律条文中我们却很难找到关于保障社区戒毒和社区康复人员权利的相关内容，这些内容的缺失就使社区戒毒和社区康复人员的权益难以得到法律的保护。

2. 管理过程中社区戒毒和社区康复的义务与权利不均衡

社区戒毒和社区康复让吸毒人员在社会上戒除毒瘾，实际上就是最大限度地给予他们自由权利，有利于他们重新融入社会，是《禁毒法》人性化的体现。但目前很多地方对于社区戒毒和社区康复认识不足，把本应有社区履行的职责仍全部放在派出所，管理模式“换汤不换药”，仅仅是换了个执行场所，很多措施仍有明显的强制戒毒的痕迹。而作为社区戒毒和社区康复的主要管理依据《社区戒毒/康复协议书》，里面所规定的内容过分强调社区戒毒和社区康复对其义务的履行，关于社区戒毒和社区康复人员的权利内容极少甚至只字未提，这就让保护社区戒毒和社区康复人员的权益成了“空中楼阁”，缺乏可操作性。

3. 社区戒毒和社区康复人员的维权意识不强

目前，我国的社区戒毒和社区康复人员普遍缺乏维权意识，原因主要有几个方面：一是社区戒毒和社区康复人员中普遍法律意识淡薄，对于我国法律、法规尤其是关于社区戒毒和社区康复的法律、法规知之甚少，根本不知道自己所应当享有的权利，更不知道应该怎么去维护自己的权利。二是由于我国多年来禁毒的高压态势和社会上对吸毒人员的排斥，使部分吸毒人员对政府、对社会产生逆反心理和恐惧心理，自暴自弃，没有勇气去为自己争取应当享有的权利。

（三）对社区戒毒和社区康复人员的保护措施

1. 立法上的保护

法制社会源于立法的完善，权利保障基于立法的精确。社区戒毒和社区康复人员权利的范围、界限和可实现的途径、方式方法等内容是通过国家立法活动来完成的，这些内容又成为他们以后行使权利的直接依据。在制定社区戒毒和社区康复相关法律、法规时要坚持《禁毒法》以人为本、依法管理、科学戒毒、综合矫治、关怀求助的原则，在内容上要从保护吸毒人员的合法权益出发，帮助吸毒成瘾人员戒除毒瘾，回归社会，同时对于从更深层次解决吸食毒品问题起到了积极的推动作用。此外，可以借鉴一些其他相关法律、法规，对社区戒毒和社区康复的法律体系进行完善。例如，在隐私权的保护方面可以参照卫生部、公安部、国家食品药品监督管理局联合下发的《滥用阿片类物质成瘾者社区药物维持治疗工作方案》中规定，受治者资料严格保密，除法律法规规定的情况外，未经本人或者其监护人同意，维持治疗机构不得向任何单位和个人提供受治者的个人信息资料。通过保障社区戒毒和社区康复人员的隐私权，以便于其能更快地融入社会。

2. 制度上的保护

社区戒毒和社区康复制度化建设是各项工作的基础保障，同时也是对社区戒毒和社区康复人员享有的法定权利进行了细化。我国各地禁毒机构根据社区戒毒和社区康复工作的需要，结合本地实际情况，坚持科学、民主、合法的原则，制定了一系列科学、规范、完善的社区戒毒和社区康复有关规章制度。以广西柳州市为例，2010 年禁毒办制定了《社区戒毒和社区康复工作方案》、《社区戒毒和社区康复工作流程》、《社区戒毒和社区康复工作制度和职责》、《禁毒社工行为规范》、《禁毒社工管理考核办法》、《禁毒社工督查条例》等制度，并制作了一系列相关的法律文书和相关的档案文本，规范了社区戒毒和社区康复工作的程序，以防止在社区戒毒和社区康复工作过程中对社区戒毒和社区康复人员权益造成侵害。

3. 契约上的保护

契约上的保护，即通过社区与社区戒毒和社区康复人员签订社区戒毒和社区康复协议书，明确双方的权利及所承担的义务。根据《禁毒法》第 34 条第 1 款的规定，城市街道办事处、乡镇人民政府可以指定有关基层组织，根据戒毒人员本人和家庭情况，与戒毒人员签订社区戒毒协议，落实有针对性的社区戒毒措施。社区戒毒和社区康复工作本身是建立在合同契约的基础上的，从社区戒毒和社区康复的决定到社区戒毒和社区康复工作的完成，可以说自始至终都是在履行和执行契约合同。社区戒毒和社区康复协议书的签订，一方面是对社区戒毒和社区康复人员所享有的权利进一步明确，另一方面也明确了社区戒毒和社区康复工作人员在保障社区戒毒和社区康复人员的合法权利方面应做的工作。此外，社区戒毒和社区康复协议书涉及对社区戒毒和社区康复人员采取一定的管控措施，这表面上看是对社区戒毒和社区康复人员人身自由的限制，实质上是为了堵截毒源，避免社区戒毒和社区康复人员重新接触毒品，防止其复吸。

4. 社会上的保护

社区戒毒和社区康复人员权利的保护，不仅仅依赖于立法、制度以及契约上的保护，也依赖于社会上的保护。社区戒毒和社区康复人员生活在社区，他们除了与执法人员有必要的联系和接触外，更多的是通过依靠社会的政策、良好的社区环境，才能更好地融入社会，成为遵纪守法、自食其力的公民。因此，社会各界需要积极做好他们的就业安置和教育保护工作，为他们提供学习、工作和劳动的机会。对于他们的吸毒行为与社区戒毒和社区康复要有一个正确的认识，消除对他们的偏见和歧视。社会保障形成良好的机制，为他们提供有效的帮助和服务，切实解决他们的实际问题，如技能培训、就业指导、家庭矛盾解决、社会适应调试、获得生活救助。同时，随着我国经济的发展，需要不断增加社会福利资金的投入，帮助社会的这些弱势群体，让他们得到应有的社会关爱。

上述社区戒毒和社区康复中的治疗、教育、服务、管理和保护等基本措施，由于各自的侧重点不同，所以具有不同的功能，在社区戒毒和社区康复中所发挥作用也是独特的；但同时它们又是一个整体，共同作用于社区戒毒和社区康复工作，它们之间相辅相成、相互补充。所以，在社区戒毒和社区康复工作，既要注重发挥每一种措施各自的独特功能和作用，又要注重发挥整体作用，综合地运用治疗、教育、服务、管理和保护等基本措施。

第八章　社区戒毒和社区康复的制度建设

制度是人类社会古老的话题，自人类社会有协作劳动以来就产生了制度，用来规范和约束个体，以求达到种群生存和发展的目的。邓小平同志指出，制度带有根本性、全局性、稳定性、长期性。制度好可以使坏人无法任意横行，制度不好可以使好人无法充分做好事，甚至会走向反面。社区戒毒和社区康复工作要重视制度建设，要依靠制度来规范社区戒毒和社区康复工作，要把制度建设作为社区戒毒和社区康复工作的重要内容。

一、社区戒毒和社区康复制度建设的必要性和重要性

（一）制度的含义与功能

对制度的含义，不同的人有不同的表述。在国外，与“制度”这一概念最贴近的英文单词是“institution”。《牛津英语大词典》中，将“制度”定义为“the establishcd order by which anything is regulated”，中文意思为“在调节基础上建立起来的秩序”。由德国和澳大利亚的两位德裔学者柯武刚和史漫飞合著的《新制度经济学：社会秩序与公共政策》一书中认为，制度是由人制定的规则，它们抑制着人际交往中可能出现的任意行为和机会主义行为。新制度经济学的代表人物诺思认为：“制度是一系列被制定出来的规则、守法程序和行为的道德伦理规范，它旨在约束追求主体福利或

效用最大化的个人行为。"① 康芒斯认为："制度就是集体行为控制个体行为的运动规则。"② 罗尔斯认为："制度是一种公开的规范体系，这一体系确定职务和地位以及他们的权利、地位、权力豁免等。这些规范指定某些行为允许，某些行为禁止，并在违反出现时，给出某些惩罚和保护措施。"③ 制度为一个共同体所共有，并总是依靠某种惩罚而得以贯彻。没有惩罚的制度是无效的。只有运用惩罚，才能使个人的行为变得较可预见。带有惩罚的规则创立起一定程度的秩序，将人类的行为导入可合理预期的轨道。马尔科姆·卢瑟福在综合新老制度主义的观点后认为，制度是行为的规律性或规则，它一般为社会群体的成员所接受，它详细规定具体环境中的行为，它要么自我实施，要么由外部权威来实施。

《辞海》对"制度"的释义是：制度是要求成员共同遵守的、按一定程序办事的规程。国内和一些专家和学者还从不同的角度对制度作了各有侧重的具体解释。有的学者认为，"制度是具有约束力的规范"，"是将各项工作及对各类人员的要求加以系统化、条理化，规定为必须遵守的具体条文"，"是组织正常运转的重要保障"，"是组织秩序的一种表现形式"。还有的学者认为，"制度是党政机关、人民团体、企事业单位为加强对部门工作的管理和严格组织纪律而制定的要求有关人员共同遵守的规范性公文"。④

尽管人们对制度的表述各不相同，但是，基本含义则是一致的，即制度是对人们的行为的约束和规范。它产生于社会生活的实际需要，即避免冲突和维护公正自由的需要。它能降低交易成本，减少人们相互作用时的不确定性。

制度可以从广义和狭义两个层次来理解。广义的制度，就是指

---

① 诺思著：《经济史中的结构和变迁》，三联书店1994年版，第21~22页。
② 康芒斯著：《制度经济学》，商务印书馆1994年版，第10~11页。
③ 罗尔斯著：《正义论》，中国社会科学出版社1998年版，第50~51页。
④ 万文涛等：《学校制度建设的几点思考》，载《江西教育》2004年第12期。

由人制定的规则。它包括国家的法律法规、党内法规、行政规章、行政机关制定的规范性公文、企事业单位制定的内部规章、人民团体及其他非政府组织的章程及内部规定、约定等。广义的制度，还可以分为成文制度和不成文制度。不成文制度又包括一些约定俗成的规定（如没有形成文字的村规民约）和有权的领导口头作出的未形成文字的规定。狭义的制度，是指由党政机关、人民团体、企事业单位依法制定的要求有关人员共同遵守的成文规定。

就制度的本来意蕴而言，制度具有如下主要功能：

第一，制度具有规范性和秩序性功能。从社会哲学的角度看，制度最直接的功能是形成和建构社会秩序。制度作为人们行为的规范体系，具有形式合理性和合法性，因而对于生活于该规范体系适应范围内的任何组织和个人来说，是一种必须遵守的秩序和规范，是一种外在的强制力量，任何人都不得违反，否则就得付出代价。制度作为一种有效规范和约束人们行为的游戏规则，能为人们的行为追求和社会交往提供一个相对稳定有序的活动空间，规范和约束人们的非理性和非制度化的行为，减少和缓解人们之间的行为冲突；减少人们行为环境的复杂性和不确定性，提高人们行为追求和相互合作成功的效率。

第二，制度具有导向和激励功能。也就是说，制度对人的行为选择和人的发展具有导向、激励功能。制度作为人们活动和行为的合法性的规范体系，规定着人的行为的选择空间，规范着人们应当做什么，不应当做什么。而且由于制度是利益的合理性和合法性分配，实际上制度就构成人们活动和行为方式的激励和导向的结构与功能。设计或安排一种制度应该能够激励人们勤奋工作和创新。制度的激励功能是制度总体作用的基础。

第三，制度具有协调性和整合性功能。生活在一定社会关系中的人们为了各自的利益追求，必然会在社会交往中形成不同的利益关系，结成不同的利益集团。所以，人类在进入文明时期以来，任何一个社会内部都不可避免地会出现各种不同的并可能会产生冲突的利益关系和社会力量。如果不能对各种不同社会力量进行合理整合，不仅会极大地提高人们的社会交易成本，造成社会资源的巨大浪费，而且还会因种种利益冲突的加剧和各种社会力量内耗的加剧，造成社会发展的停滞甚至倒退。制度作为一种在一定历史时期、一定程度和一定范围内的社会关系的规范体系，能够对社会资源和财富进行形式合理性配置。因而它能够在一定程度上协调和平衡人们之间的各种利益关系，把人们的利益矛盾和冲突控制在一定范围内，并能够整合因利益分化而出现的各种社会力量，防止和减少各种社会力量的内耗，形成促进社会发展的“合力”。所以说，制度对于各种不同的利益关系和社会力量具有协调性和整合性功能。

（二）社区戒毒和社区康复制度建设的重要性和必要性

制度建设是一个系统工程，不仅包括从制度起草前的调研、立项工作，到制度的起草、修改、通过和发布，还包括制度的执行、落实和督察工作。因此，笔者认为，所谓制度建设，是指主管部门依照法律、法规和上级有关规定，结合本地实际，在充分酝酿的基础上，依照一定的程序，起草、讨论、通过、发布制度并组织实施、确保贯彻执行的过程。制度建设带有根本性、全面性、稳定性和长期性，是一项打基础、管长远的工作，进一步建立健全与完善社区戒毒和社区康复工作制度，具有十分重要和不可替代的作用。

1. 制度建设是社区戒毒和社区康复工作建设的重点

社区基层党组织的思想、组织、作风建设要靠制度来推进，党的优良传统和作风要靠制度来坚持，在新时期形成的新鲜经验和做法也要靠制度来规范。许多社区基层党组织把制度建设提到社区戒毒和社区康复工作建设的突出位置上来，依靠制度来促进和保证社区戒毒和社区康复工作建设的经常化、规范化，推动了思想、组织、作风建设，提高了社区党员干部的素质，保证了各项任务的完成。

2. 制度建设是确保社区戒毒和社区康复工作得以健康发展的必要保证

吸毒不仅是社会的不和谐现象，而且也是和谐社会的破坏性因素，还是引发社会不和谐的重要因素。吸毒与犯罪现象密切地联系在一起。研究表明，吸毒人员盗窃、抢劫、诈骗甚至杀人等犯罪案件占刑事案件的40%左右，在一些破获的刑事案件中，吸毒人员占作案人员的1/3。这成为引发社会不和谐的直接因素。吸毒不仅会对吸毒者本身造成伤害，而且对整个社会都有破坏作用，是和谐社会的破坏性因素。吸毒不仅会对吸毒人员的身体造成损害，而且会对吸毒人员的社会态度、行为方式、生活方式、心理、家庭、社会支持系统造成损害，这种损害必然导致人自身的不和谐、人与人的不和谐、人与社会的不和谐。吸毒还是社会不和谐的一种外在表现，是一种社会疾病。在社会发展过程中，特别是在我国目前正处于剧烈的社会转型过程中，必然会产生各种各样的社会矛盾和社会问题，应该说，吸毒就是在我国经历了三十年的无毒生活之后，在我国社会转型过程中形成的一个重大的社会问题。这个问题与其他问题不同，不仅损害了个体的发展，而且损害了社会的发展，甚至还会对国际社会形成危害。因此，要紧紧把握社区戒毒和社区康复制度建设这个关键环节，注重社区戒毒和社区康复工作内部制度的建立和完善以及日常操作规程的规范，用制度规范社区戒毒和社区康复工作，提高社区戒毒和社区康复工作的质量，保障社区戒毒和社区康复工作可持续发展。

3. 制度建设是提升社区戒毒和社区康复工作执行力的保障

执行力是社区戒毒和社区康复工作的生命力，是贯彻落实党的方针、政策、完成预定目标的操作能力。完善合理的制度对于强化和提升执行力，其重要性是不言而喻的。提高社区戒毒和社区康复工作执行力，必须注重制度的创新，建立靠制度激励约束、靠制度管人管事的机制。

（1）用行必责实的责任机制锻造执行力。让执行者以事业大于天、责任重如山的精神，去做好手中的每一项工作。

（2）用环环相扣的运行机制升华执行力。规范、优化工作流程，做到各个环节、各个流程都是不可或缺的，使各项工作环环相扣、紧张有序、高效运转。

（3）用严究细督的检查机制落实执行力。真督实查，促进脚踏实地，真抓实干。

（4）用赏罚分明的奖惩机制保障执行力。如果执行不力却没有得到相应的惩戒，便容易给他人产生效仿或侥幸的心理，久之就会导致整体执行力的降低。故此，探索建立科学的绩效评估指标体系和考核奖惩制度，严格实行过错追究，能保障执行力的提高。

（5）用多方联动的合作机制托举执行力。营造有利于形成合力的氛围和机制，从而清除梗阻，各司其职，各负其责，协调配合，形成合力，提高效率。

（6）用阳光透明的评价机制润泽执行力。将各项工作部署、措施进展向社会公布，把监督机制和评判权交给服务对象、交给群众、交给社会。这是执行力不断提高的源头活水。

二、目前社区戒毒和社区康复制度建设的基本情况

（一）对社区戒毒和社区康复的制度建设进行了积极探索

业已开展社区戒毒和社区康复工作的地方对制度建设的必要性和重要性有初步的认识，绝大多数开展社区戒毒和社区康复工作的地方，都把制度和机制建设作为开展社区戒毒和社区康复工作的重要内容和重要环节，提出了制度建设的思路，在工作实践中建立了一些制度。具体如下：

江西九江市《关于在城区开展社区戒毒和社区康复试点工作实施方案》中的“工作要求”之一是“建立制度，落实责任”。提出“要建立社区戒毒（康复）工作适用范围、任务、职责、工作程序、监督管理、考核奖惩等一系列制度，并严格执行”。

《道真自治县社区戒毒（康复）工作实施方案》中的“工作措

施”之一“完善工作机制”中提出，要“根据社区戒毒（康复）工作需要，不断建立和完善《社区戒毒（康复）工作职责及责任追究制》、《社区戒毒（康复）人员尿检制度》、《社区戒毒（康复）人员执行地点变更制度》、《社区戒毒（康复）人员定期报告制度》等相关制度，对社区戒毒（康复）工作进行规范化管理”。

《赤水市社区戒毒（康复）工作实施方案》中的“工作措施”之一是“建章立制”。提出要“根据社区戒毒（康复）工作需要，建立《社区戒毒（康复）工作职责及责任追究制》、《社区戒毒（康复）人员尿检制度》、《社区戒毒（康复）人员执行地点变更制度》、《社区戒毒（康复）人员定期报告制度》等其他制度”。

《辽宁省社区戒毒试点工作实施方案》中的“工作重点与要求”之一是“抓住重点，积极探索”。提出要“抓住建立健全社区戒毒领导和工作体系、建立健全社区戒毒工作措施、建立健全社区戒毒工作制度和工作机制、建立健全社区戒毒保障机制这四个重点，积极探索建立和完善戒毒工作人员培训、工作责任制、定期告诫制度、定期检测制度、定期报告制度、社区经费保障制度等行之有效的一整套规章制度，不断完善社区戒毒工作体系”。

《南充市顺庆区社区戒毒（社区康复）试点工作实施方案》中的“目标任务”之一是“建立健全社区戒毒（社区康复）各项规章制度，完善戒毒工作措施”。要求各街道办事处、乡镇人民政府建立健全社区戒毒（社区康复）工作责任制和责任追究制、社区戒毒人员（社区康复人员）的定期检测制度、参加戒毒药物维持治疗制度、执行地点变更制度、定期报告等制度。

济南市《天桥区社区戒毒试点工作实施方案》中的“工作要求”之一是“建立各项规章制度”。提出“要建立《社区戒毒工作人员以及禁毒志愿者的培训制度》、《社区戒毒工作考核奖惩制度》、《社区戒毒工作责任制和责任追究制度》、《戒毒人员定期检测制度》、《执行地点变更制度》、《戒毒人员定期报告制度》、《社区戒毒人员档案管理制度》、《社区戒毒人员信息汇总制度》、《禁毒志愿者招募制度》、《社区戒毒工作保密制度》、《帮教人员资格审查制度》等各项制度。通过建立各项规章制度，促进社区戒毒试点工作走向正规化道路。”

盈江县《关于开展社区戒毒和社区康复试点工作的实施意见》中的“工作要求”包括建立督查检查制度、评估报告制度、考核奖励制度。

广元市利州区《关于全面开展社区戒毒（康复）工作的意见》中的“工作内容”之一是“制定完善规章制度”。要求“各乡镇（街道）及其下设居委会、行政村社区戒毒（康复）工作小组要根据辖区实际情况，统筹规划社区戒毒（康复）工作，建立健全社区戒毒（康复）各项规章制度，包括社区戒毒（康复）专（兼）职工作人员职责，社区戒毒（康复）工作内容和程序规定，参与社区戒毒（康复）的各行政主管部门的工作职责和义务，社区戒毒（康复）专项经费的划拨、使用及审计制度，社区戒毒（康复）工作检查、考核、评估及奖惩、责任追究的措施和办法等。”

慈利县《慈利县实施社区戒毒（康复）工作的意见（试行）》中的“职责制度”之一是“建立健全制度”，要求“县禁毒委员会办公室、乡镇禁毒工作办公室及社区戒毒（康复）工作站应建立健全以下规章制度：社区戒毒（康复）工作人员以及禁毒志愿者（社工、义工等）的培训制度，社区戒毒（康复）工作责任制和考评制度，戒毒人员的定期检测制度，戒毒人员参加药物维持治疗制度，执行地点变更制度，戒毒人员的定期报告制度。

（二）社区戒毒和社区康复的制度建设存在的问题

虽然社区戒毒和社区康复制度建设有长足进展，积累了一些经验，但应当看到，也还存在一些必须引起重视的问题，主要表现在以下几个方面：

1. 社区戒毒和社区康复制度建设超前

在制定制度时，过于求新求异，超越本部门、本单位人员素质、技术和现行管理体制现状，盲目“克隆”先进发达地区政府部门的制度，一味高标准、高要求、过于超前，在本单位缺乏有效执行的人员素质、思想、业务基础和内部环境支持，因而仅仅具有理论意义，在实际工作中不具有可操作性。

2. 社区戒毒和社区康复制度建设滞后

随着形势任务的发展变化，在内部环境、性质任务、职能要求等各方面都发生了巨大的变化，但制度却不能跟随形势、环境的变化及时进行修订、补充，致使制度管理中出现真空。

3. 社区戒毒和社区康复制度建设异化

科学合理的制度应具有公信力，对内部起到约束规范的作用，对外部则是为群众提供畅通的办事渠道和监督途径。但在制度制定和具体执行过程中，则可能由于部门利益和部门内部少数群体利益与社会利益某种程序的冲突，使得制度的提供或执行在具体行为过程中有所保留，在执行制度的过程中不能一视同仁，对不同人员，在不同场合宽严不一、尺度各异。

4. 社区戒毒和社区康复制度建设错位

制度的制定不能做到有的放矢，没有抓住关键环节和难点问题，不能找准问题的真正症结之所在。有些制度仅出于应付检查制定。

5. 社区戒毒和社区康复制度建设泛化

原则性太强，缺乏具体的要求和明确的规定，没有相应的规范措施和奖惩机制，没有明确的责任目标和定性定量的标准尺度，致使制度流于形式，发挥不了应有的作用。

6. 社区戒毒和社区康复制度建设僵化

或长期依靠经验思维，按过去的老框框办事，缺乏理论上的探索和实践上的创新的勇气与措施；或单纯强调制度的“刚性”特征，对具体义务规定过于繁杂，精于细腻而疏于便捷，过多过细的规定往往会束缚以至打击制度执行过程中的积极性，使制度缺乏本身应有的适度的弹性，达不到制度实施的理想效果。

以上诸多问题所产生的直接后果就是“制度失灵”，制度不能发挥其应有的规范、约束、监督作用，机关内部各项规章制度看似比较健全、比较完善，但在执行中漏洞百出，行为不规范，损害了制度的权威性。

三、社区戒毒和社区康复制度建设的原则、要求和内容

（一）社区戒毒和社区康复制度建设应遵循的基本原则

所谓原则，是指观察问题、处理问题的准则。社区戒毒和社区康复中的制度建设，应遵循的一定的准则，确保制度建设的质量。

1. 参与原则

通常是由起草人进行认真调研之后，拟定好制度的初稿，将该初稿公布于众，请大家进行讨论，提出意见，并由起草人收集意见进行修改。对于重点的当事人，拟定人员单独征求其意见，并慎重对待每一条意见，只要不违反原则，可尽量多的采纳，对不合理的意见，一定要认真耐心地做好解释工作，说明不采纳的理由。

2. 通俗原则

制度要通过执行才能发挥其作用，当制度执行者对制度本身无法深入详细地了解时，就谈不上对制度的有效执行。所以，制度本身的语言描述应尽可能的通俗易懂，条理清晰，简明扼要，不产生歧义，让所有的制度执行者都可以轻松理解，该怎么做，不该怎么做，对该做的不做，不该做的做了应如何处理。

3. 可操作原则

要想使制度易于操作。首先在制度中应明确规定操作方法，不能为制度而制度，以致给工作造成障碍，降低办事效率；其次制度尽可能量化，便于检查考核，如果都是大原则，做起来弹性很大，那制度就不容易得到切实的贯彻执行。另外，要说明特殊情况时的处理办法，附则中还要规定解释权的归属。

4. 适合原则

制度不能太理想化，把目前做不到或不会做的事情也写进去，这样做只会适得其反。中央、省、市都有各方面规定和要求，不能

原封不动一概拿来就作为自己的制度。应该在大的原则的指导下，从本单位实际出发，体现本单位的特点，保持相对的独立性和差异性。比起制度的完善性，应该更加关心制度的适合性。

5. 适当考虑习惯原则

大多数人都不会主动改变自己熟悉的习惯行为，所以在拟定制度时，在可以达到目的的基础上，可以保留一些原有的工作流程和习惯，这样有利于制度的延续性和顺利执行。

（二）社区戒毒和社区康复制度建设的要求

1. 制度建设要突出针对性

制度来自问题，哪里有问题，哪里就有制度。要从解决突出问题入手，对现有的制度进行梳理。对行之有效的制度，要继续贯彻执行；对不完善和有缺陷的制度，要进行补充、完善；对需要细化的制度，要尽快制定实施细则；对已过时的制度，要适时加以废止；对可能出现的新问题，要及时制定新的制度予以防范。要把在实际工作中的新办法、新经验加以总结和完善，用制度固定下来，坚持制度创新、体现出时代性和时效性。

2. 制度建设要把握系统性

机关是一个联系的整体，作为工作规范和行为准则的制度，也不应是一个个的独立存在，任何一个制度只有把它置于完整制度体系中，才能有效地发挥其规范作用。制度建设是一项系统工程，必须有总体思路，建立完善的制度体系，使制度具体周密、系统配套。

3. 制度建设要力求实效性

要保证制度的有效贯彻，必须消除权高于法、情大于法等特权思想，依据制度严格规范全体成员的行为，做到不以资历深而姑息，不以职位高而免责，不以违者众而放任，保证制度不流于形式。

4. 制度建设要讲究辨证性

制度不是万能的，也有其自身的局限性，如调整方法的单一性、内容变化的滞后性、主体素质的信赖性，制度无论怎样健全，也不能代替思想教育和组织管理。制度是由人制定的，也是由人执行的，执行者如果没有较高的素质，再好的制度也会被扭曲。实践证明，思想、组织建设、作风建设等可以变制度的外在强制力为内在自觉性，提高制度执行的实效性，离开了各项建设的相互配合，制度就有可能大打折扣。

（三）建立健全社区戒毒和社区康复的各种制度

在社区戒毒和社区康复的每一项工作、每一个环节都应该建立和完善相关的制度。

1. 要建立健全社区戒毒和社区康复工作机构和人员的工作制度

（1）例会制度。定期召开会议，传达有关文件、会议和上级指示的精神，制订社区戒毒的工作计划和实施方案，协调相关部门开展工作，研究解决工作中遇到的问题。

（2）请示报告制度。对工作中出现的重大问题和突发事件，要及时地请示报告，不得瞒报、漏报或迟报，遇到紧急情况要一边处置一边报告。

（3）建档统计制度。对社区戒毒对象要逐人建档，要有统计报表，进行情况分析，要保证真实、准确，不得拒报、错报、漏报和瞒报。

（4）信息报送制度。社区戒毒组织要加强信息报送工作，坚持客观性和时效性的原则，收集、整理社区戒毒工作的经验、做法、重要活动及典型案例等社区戒毒工作的各种信息，并及时上传下达。

（5）联席会议制度。社区警务室、综治站等职能机构每季度至少召开一次会议，研究社区戒毒工作，落实社区戒毒措施。

（6）家访谈话制度。社区干部应每月一次对戒毒人员家访，辖区民警应每月一次找戒毒人员谈话教育，街道戒毒专管员应每季度一次组织监管小组成员听取戒毒人员思想汇报，了解戒毒人员的思想、家庭以及戒毒情况，亲近扶持，诚心帮护，有针对性地开展帮教监护工作，经常提醒戒毒人员履行社区戒毒协议，树立戒毒信心和决心。

（7）社区戒毒工作者和社区志愿者培训工作制度。采取多种形式，对社区戒毒工作者和社区志愿者进行《禁毒法》等相关知识培训及相关业务培训，将社区戒毒（康复）工作纳入禁毒工作考评。每半年组织一次对戒毒人员进行禁毒法律法规知识培训或学习，每季度进行一次社区戒毒工作调研。在政策许可的情况下，协调有关部门切实解决社区戒毒（康复）人员的生活、就业、居住、就医等困难和问题。加强对戒毒（康复）人员的亲近扶持，提高戒毒人员参加学习、劳动、培训和服从社区监管的自觉性。

（8）工作职责备案查究制度。社区干部应当履行社区戒毒或康复协议中社区戒毒或康复工作小组的职责，并督促落实各项社区戒毒或康复措施。每月至少与社区戒毒或社区康复人员见面一次，了解其在戒毒治疗、身体康复、家庭生活、就业工作以及学习培训等方面的情况，并给予其在生理脱毒、心理康复、行为矫正等方面的辅导，法律知识的学习传授和司法援助。对无业和无劳动技能的社区戒毒和社区康复人员，联系有关部门进行职业技能培训，帮助解决就业问题，并鼓励其自谋生路。对生活困难且符合低保条件的社区戒毒和社区康复人员，协调有关部门将其纳入低保。对严重违反社区戒毒和社区康复协议或者在社区戒毒和社区康复期间又吸食、注射毒品的，及时向公安机关报告。发现社区戒毒和社区康复人员出现急性戒断症状或其他疾病危及生命的，可以协助本人或者亲属将其送往卫生部门指定的医疗机构进行救治。

对在履行社区戒毒和社区康复工作职责中敷衍塞责、措施不落实的，当年不评先受奖，不晋职或提拔。对社区戒毒和社区康复人员严重违反社区戒毒和社区康复协议不履行报告和教育义务，造成严重后果的，对直接责任人员，依法给予行政处分。

2. 要建立健全针对社区戒毒和社区康复人员的管理制度

（1）定期检测制度。

①社区戒毒（康复）监护小组要根据社区戒毒（康复）人员的情况进行检测分类，及时通知、督促社区戒毒（康复）人员到开展美沙酮中心、具有检测机构资质的部门进行检测。

②社区戒毒（康复）人员要自觉、主动、依法接受社区戒毒（康复）监护小组的管理和监督。

③社区戒毒（康复）人员要按照检测要求，按时完成第一年每两个月一次共六次检测，第二年每季度一次共四次检测，第三年每半年一次共两次检测。

④社区戒毒（康复）监护小组对社区戒毒（康复）人员戒毒（康复）情况有质疑的，可要求社区戒毒（康复）人员在规定的时间内检测，社区戒毒（康复）人员要积极配合，在规定的时间内进行检测。

⑤社区戒毒（康复）人员因外出探亲、生病住院等特殊原因无法按期进行检测的，应向社区戒毒（康复）监护小组提供延期进行检测的书面申请或说明。

⑥社区戒毒（康复）人员拒不接受检测要求的，社区戒毒（康复）监护小组应下达书面督检通知书，派出所可强制检测。三次不按要求进行检测的，报请公安机关进行强制隔离戒毒。

（2）社区戒毒和社区康复人员执行地点变更制度。社区戒毒人员要求变更社区戒毒地点的，应当逐级向执行地社区戒毒和社区康复工作站以及乡镇禁毒工作办公室书面申请，同时提供接收地社区戒毒和社区康复工作站同意接收的证明，并填写《社区戒毒/社区康复人员变更戒毒/康复地点审批表》。

①执行地社区戒毒和社区康复工作站收到申请后，经乡镇禁毒工作办公室审核，报县公安机关审批。审批应当在15个工作日内完成。审批同意前，社区戒毒和社区康复人员不得擅自脱离原执行地社区戒毒和社区康复工作站的管理。

②经审批同意的，执行地乡镇禁毒工作办公室开具《关于社区戒毒/社区康复人员变更戒毒（康复）地点的函》，向接收地办理移交手续。

③社区戒毒和社区康复人员变更社区戒毒和社区康复地点、符合社区戒毒和社区康复协议各项规定的，社区戒毒时间合并连续计算。

④对社区戒毒和社区康复地点变更发生争议的，报请两地上一级禁毒委员会办公室协调解决。

（3）社区戒毒和社区康复人员定期报告制度。

①社区戒毒和社区康复人员应如实向公安机关提供个人身份和相关戒毒信息，不得编造提供虚假信息。

②参加社区戒毒和社区康复人员，必须按照社区戒毒协议的规定，第一年每两个月进行一次尿检，第二年每季度进行一次尿检，第三年每半年进行一次尿检，并向社区戒毒（康复）监护小组提交尿检检测报告单。

③社区戒毒和社区康复人员定期向社区戒毒（康复）监护小组报告戒毒（康复）情况。其报告内容应包括生理脱毒反应、心理状态、生活、就业工作情况、家庭关系、人际关系等。

④因故变更社区戒毒（康复）地点或居住地，须提前15日书面报告社区戒毒（康复）工作小组，并将变更后的地址（街道、社区、小区、楼栋、单元号）如实说明，以便顺利移交手续，对未提书面报告的社区戒毒（康复）人员将口头告诫，告诫后仍不提供真实情况，且态度恶劣的，社区戒毒（康复）工作小组依法报送强制隔离戒毒。

⑤社区戒毒（康复）人员因故需暂时离开社区戒毒（康复）点或社区戒毒（康复）居住地，及时向社区戒毒（康复）工作小组提交书面报告书。详细讲明去向、联系方式，经社区戒毒（康复）工作小组审查批准后方可离开，到达目的地3日内必须主动与社区戒毒（康复）小组报告，并将离开时间内的一切活动如实

联系，返回后2日内向社区戒毒（康复）监护小组报到。

⑥参加社区康复治疗（社区药物维持治疗）的人员每月必须向社区戒毒（康复）监护小组如实报告服药情况，并接受相应的戒毒检测。

⑦社区戒毒（康复）工作小组定期对社区戒毒人员的戒毒、康复进行评估，并将评估情况告知本人。

⑧对不遵守且不服从管理者，社区戒毒（康复）监护工作小组将给予1~3次告诫，严重违反规定又拒不改正者，经派出所告诫2次以上的，社区戒毒（康复）工作小组将报送强制隔离戒毒。

（4）社区戒毒（康复）人员药物维持治疗管理制度。社区药物维持治疗人员应严格遵守与社区戒毒（康复）工作小组签订的《社区戒毒（康复）协议书》，遵守社区药物维持治疗门诊相关管理制度；真实地向医生反映自己的吸毒状况、身体健康状况、合并用药情况、戒断症状轻重程度等；遵照医嘱服用适量的美沙酮；禁售偷吸毒品、禁止饮酒；坚持参加社区、美沙酮门诊组织的各种活动；接受定期或不定期的尿液检测；若治疗期间，无正当理由连续7天以上（含7天）不参加维持治疗的，则终止治疗；禁止将美沙酮口服液带出门诊，一旦发现则立即取消治疗资格，并送交公安部门处理。

四、深化社区戒毒和社区康复制度建设的基本思路

（一）进一步深化对制度功能的认识，不断加大推进工作制度化的力度

制度的功能在于规范和约束行为。由于行为主体存在人性弱点、行为能力差异以及行为环境的不断变化，制度规范和约束的功能指向往往侧重于消解人性弱点、增强行为能力和克服客观环境不利因素。长期以来，我们对制度的功能和力量重视不够，更多地强调思想教育和思想改造，虽然两者都很重要，但却有明显的局限性。在推进制度建设的进程中，工作中经常出现的问题要从规律上

找原因，反复出现的问题要从制度上找原因。坚持走科学化、规范化的道路，这是对制度的深层次把握和运用。

（二）着眼于机制的建立完善，努力实现制度在更高层面的系统整合

按系统论的观点，机制就是系统内在规律的表现形式与作用过程。在若干制度构成的系统中，制度的相互作用和实际运行就构成了机制。邓小平同志讲“制度好，可以使坏人无法任意横行；制度不好，可以使好人无法充分地做好事，甚至会走向反面”。同样，好的机制能事半功倍，坏的机制却使坏者更坏并造成恶性循环。坏机制的典型是“补偿性反馈”。过去，我们也在研究制度、制定制度，但常常由于没有从完善机制的角度对制度进行系统研究，使制度不仅难以发挥预期的作用，甚至在一定条件下还会发生相反的运作。例如，由于缺乏机制的约束，有制度而不执行或不能执行，往往比没有制度所产生的效果更坏，因为制度的权威受到了嘲弄。

（三）注重发挥制度的整体功效，着力构建科学的制度体系

在一个更为宏观的背景中考察就会发现，要充分发挥制度的功能，还需要构建一个闭合的、关联的、科学的制度系统，这个制度系统中各部分既各有分工、互不冲突，又相互比联系、协调配合，共同发挥作用，缺少任何一部分都会造成结构、功能和功效的缺失。在某种意义上，制度建设所追求的已不是某一项制度的创新，而是把注意力更多地放在加强制度间的联系和对接、对制度的功能进行整合上，形成良性机制。作为一个整体，各项制度之间应当协调一致，如果各部门的制度互相不能够协调一致，遵守制度的人就会感到无所适从，建立完整统一的制度体系，应当将各个部门制定的内容相似的制度进行统一设置。

（四）不断提高制度建设的质量和水平

制度建设关键是要管用、可行。制度都是人定的。人是最重要的因素，因此，制度也不是一成不变的，要根据组织或团体的发展

而不断修订，适应新形势新任务的要求，针对一些容易出现问题的环节和工作中存在的漏洞，建立健全科学合理、具体实在、切实可行的制度。如果一项制度的出台得到了全体组织成员的支持，这样的制度肯定不能出台，因为这样的制度，肯定直接或间接地牺牲了组织结构中某一方的利益；如果都反对，这样的制度也不能强制推行，因为法不治众，会造成组织结构不同利益群体的失衡。好的制度，肯定是考虑到了组织成员以及组织关联成员的方方面面的利益，并经过了严谨周详的论证。因此，制度应该尽可能全面，也就是说，制度要无处不在、无时不有，深入到组织的各个环节角落。不然制度与制度之间的缝隙、制度本身的漏洞，都有可能导致投机事情的发生。如果制度与制度之间矛盾交叉，就会导致有关部门无法执行，使制度的效力减弱，进而导致整个组织制度效用的减弱。制定制度与修改不合时宜的制度可采取干部职工论证、横向交流论证、研讨论证等方式，建立科学的制度体系，通过制度保障被大多数人接受，建立制度激励机制。对于已经不能适应目前管理需要的制度，要及时地进行修订，将不符合形势发展需要的规定予以废止，重新制定、完善适合管理需要的、统一的制度。

第九章　社区戒毒和社区康复的机制建设

机制与制度不同，机制是制度加方法或者制度化了的方法，属于比制度更高层次的“有意识安排的组织设计”。社区戒毒和社区康复工作不仅要重视制度建设，而且要重视机制建设，要依靠机制来保障社区戒毒和社区康复工作，要把机制建设作为社区戒毒和社区康复工作的重要内容。

一、社区戒毒和社区康复机制建设的必要性和重要性

（一）社区戒毒和社区康复机制的概念

一般认为，机制原指机器的构造和动作原理，生物学和医学通过类比借用此词。生物学和医学在研究一种生物的功能（如光合作用和肌肉收缩）时，常说分析它的机制，这就是说要了解它的内在工作方式，包括有关生物结构组成部分的相互关系，以及其间发生的各种变化过程的物理化学性质和相互联系。阐明一种生物功能的机制，意味着对它的认识从现象的描述进入了本质的说明。[①] 据王逸舟考证：“此术语大概源于医学，原意是：为了保持和促进某种机体（如人体）的健康成长，医生安排规定了一整套饮食、锻炼、养生的办法或疗程，这套由各种办法和疗程组成的东西就叫

① 辞海编辑委员会：《辞海》，上海辞书出版社 1979 年版，第 2861 页。

'Regime'（机制）"[1]。称誉世界的《韦伯斯特大词典》对机制则有三个主要的解释：第一，一种现象或行为的固定模式（如季节性降水）；第二，一种统治或管理的方法，一种行政管理方式；第三，一种政府或管理机关的形式。

机制最原始的含义包括以下几个方面的特征：第一，强调内在规律性，与单纯的现象描述相区别；机制意味着透过表面现象达至对事物内在规律的认识。第二，强调整体性，注重探求研究对象各组成部分的联系与互动；机制不是一般的规律总结，而是反映事物组成结构和互动关系的规律。第三，强调权威性，机制的形成可能存在自发与人为的多种根源，但机制一旦形成，就具有强大的约束力。

21 世纪初，"机制"一词最初被用以表示政府各个职能部门在运转中的相互关系及调节方式。后来，经济学、政治学、法学、社会学、管理学和教育学等学科均陆续接纳了这一概念，并赋予其更为丰富的专业性内涵。当运用于社区戒毒和社区康复范畴时，除了上述一般特征外，机制这一概念至少还具有以下三个特点：

第一，它强调追求社区戒毒和社区康复的结果，特别体现为一种科学合理的社区戒毒和社区康复过程。这种结果一旦形成，即具有极大的稳定性，不会轻易改变。

第二，它希望通过管理、安排等方式达到这一结果，即通过主动、人为的设计、运作实现社区戒毒和社区康复的目标。

第三，这样的管理、安排是分多个层次的。也就是说，在机制中包括具有不同效力范围的规则，它们相互补充、共同作用于同一社区戒毒和社区康复目标。

上述三个特点反映了研究社区戒毒和社区康复机制这一问题时人们所期望达到的不同结果，但都未能真正揭示社区戒毒和社区康复机制的内涵。那么，究竟什么是社区戒毒和社区康复机制呢？笔

---

① 王逸舟著：《当代国际政治析论》，上海人民出版社 1995 年版，第 369 页。

者认为，要准确理解社区戒毒和社区康复机制的内涵，必须首先明确以下两点：

首先，社区戒毒和社区康复机制概念的提出，体现了人们对社区戒毒和社区康复研究的深化和系统化。社区戒毒和社区康复机制是对社区戒毒和社区康复过程中主体、客体、环体、介体等各种要素的相互关系和影响的总体概括。因此，当我们运用社区戒毒和社区康复机制研究社区戒毒和社区康复时，不仅可以弥补以往研究的不足，把社区戒毒和社区康复问题放在特定的社区戒毒和社区康复运行环境中去考察，而且可以从研究社区戒毒和社区康复的各种要素的互动关系中得到更深层的启示。

其次，从社区戒毒和社区康复机制概念本身来看，它强调的是各种要素在运行中的互动关系以及这种互动关系对实现社区戒毒和社区康复总目标的影响。这些要素相互作用、相互影响，构成社区戒毒和社区康复的基础，并直接影响着社区戒毒和社区康复总体目标的实现。因此，不管社会如何变化多端，社会现象如何纷繁多样，我们都可以将其视为一个统一的运行过程，并从研究该过程入手揭示各种要素之间的相互关系，揭示各种要素对社区戒毒和社区康复运行过程及其发展前景所产生的种种影响。

根据我们的上述理解，我们将社区戒毒和社区康复机制的概念界定如下：所谓社区戒毒和社区康复机制，是指社区戒毒和社区康复运行过程中各构成要素之间相互联系和相互作用的制约关系及其功能。由于社区戒毒和社区康复机制是在社区戒毒和社区康复运行中发挥功能的，因而又可称为社区戒毒和社区康复运行机制。具体地说，社区戒毒和社区康复机制的概念包括下述含义：其一，社区戒毒和社区康复机制是那些对社区戒毒和社区康复运行过程起到协调和控制作用的各种要素的总称。其二，社区戒毒和社区康复机制功能的发挥，依赖于社区戒毒和社区康复内部各构成要素之间的配位关系及相互作用。其三，从社区戒毒和社区康复运行过程看，社区戒毒和社区康复机制是按一定的规律和方式运作并发挥总体功能的。因此，对社区戒毒和社区康复机制的研究，并非对各种要素的孤立考察，而是从总体上把握其基本状态，从不同方面去探索其运动的规律。

（二）社区戒毒和社区康复机制建设的必要性

1. 建立社区戒毒和社区康复机制是优化社区戒毒和社区康复资源配置的需要

社区戒毒和社区康复就是使吸毒成瘾人员在社区的牵头、监管下，在家庭、社区、公安以及卫生、民政等资源的综合作用下实现戒毒和康复。建立合理长效的社区戒毒和社区康复机制，能够有效地整合和优化有关资源的配置，保障社区戒毒和社区康复工作的顺利进行。

2. 建立社区戒毒和社区康复机制是提高社区戒毒和社区康复效率的需要

实施社区戒毒和社区康复模式，在追求戒毒效果、使吸毒人员具有一技之长的同时，还应当积极追求其效率的提高。建立社区戒毒和社区康复机制，有利于整合各方力量，明确责任分工，加强组织机构间的协作能力，防止出现扯皮推诿现象，使社区戒毒和社区康复工作在合理时间内实现高效运作。

3. 建立社区戒毒和社区康复机制是构建和谐社会的需要

社区戒毒与社区康复机制最大的特性就在于它的社会参与性。社区戒毒与社区康复机制明确了以城镇街道办事处、乡镇人民政府为执行主体，同时确定了负责社区戒毒和社区康复的工作部门，并且提供了配备专职禁毒社工的保障，通过社区帮教联动等措施，使吸毒人员戒除毒瘾，并最终重新被社区乃至整个社会所认可与接纳。与此同时，社区戒毒与社区康复机制保障了其他公民的合法权益，缓和了吸毒人员与其他公民之间的矛盾，使两者和谐相处，从而达到构建和谐社会的目的。

二、社区戒毒和社区康复机制建设的基本情况

社区戒毒和社区康复作为一种新型的戒毒模式，是戒毒康复工作的重要环节。而社区戒毒和社区康复机制的建设关系到社区戒毒和社区康复工作能否有效地开展，牵涉相关家庭的和谐和社会的平安。目前，许多地方已经建立了社区戒毒和社区康复机制，但仍存在诸多问题直接制约和影响着禁毒工作的深入开展。

（一）对社区戒毒和社区康复的机制建设进行了积极探索

业已开展社区戒毒和社区康复工作的地方对制度建设的必要性和重要性有初步的认识，绝大多数开展社区戒毒和社区康复工作的地方，都把机制建设作为开展社区戒毒和社区康复工作的重要内容和重要环节，提出了机制建设的思路，在工作实践中建立了一些机制。具体如下：

《道真自治县社区戒毒（康复）工作实施方案》中的“工作措施”之一是“完善工作机制”，要求“各级各有关部门要不断建立和完善工作机制，严格按照有关规定，切实开展好社区戒毒（康复）工作”。并且提出要“建立经费保障机制，建立公安、乡（镇）和社区戒毒（康复）协作机制，建立动态管控机制，建立督查机制，建立责任追究机制”等具体的机制。

《赤水市社区戒毒（康复）工作实施方案》中的“工作措施”包括“建立保障机制”和“建立工作机制”。提出要“建立经费保障机制，建立社区戒毒（康复）专职人员队伍，建立公安、乡镇、街道社区戒毒（康复）协作机制，建立社区戒毒（康复）动态管理机制，建立社区戒毒（康复）督查机制，建立社区戒毒（康复）工作责任追究机制，社区戒毒（康复）激励机制”等机制。

《辽宁省社区戒毒试点工作实施方案》中提出的“工作重点与要求”之一是“抓住重点，积极探索”。提出“要抓住建立健全社区戒毒领导和工作体系、建立健全社区戒毒工作措施、建立健全社区戒毒工作制度和工作机制、建立健全社区戒毒保障机制这四个重

点……不断完善社区戒毒工作体系”。

《南充市顺庆区社区戒毒（社区康复）试点工作实施方案》中的“目标任务”之一是“努力解决社区戒毒（社区康复）的人员和经费保障等机制，保证社区戒毒（社区康复）工作的可持续发展。建立戒毒经费保障机制，保障社区戒毒（社区康复）工作的正常开展”。

济南市《天桥区社区戒毒试点工作实施方案》中的“工作要求”之一是“建立经费保障机制”。提出要“落实社区戒毒措施需要相应的物力和财力保障……建立戒毒经费保障机制，保障开展戒毒工作的经费和戒毒科研的经费”。

盈江县《关于开展社区戒毒和社区康复试点工作的实施意见》中的“工作要求”之一是“建立保障机制”。要求“各级各部门应加大对社区戒毒和社区康复试点工作的关心和支持，争取在人、财、物方面给予倾斜，确保试点工作的正常顺利开展”。具体包括人员保障、经费保障、硬件保障。

漳浦县《关于加强社区戒毒（康复）工作意见》中提出“健全机制，狠抓措施落实”，“要逐步形成注重实效性又坚持长期性的科学长效运行机制”，建立例会机制、建档机制、培训机制、奖惩机制、宣传机制等具体机制。

当前，开展社区戒毒和社区康复工作的大部分地方已经基本初步建立经费保障机制、动态管控机制、督查机制、责任追究机制、激励机制、工作人员培训机制、组织协调机制等各种机制。这些机制的建立，为保证该地区社区戒毒和社区康复工作的顺利开展起到了良好的效用。例如，广西鹿寨县建立了社区戒毒工作考核机制，按照工作职责每季度对社区戒毒工作人员进行一次考核，考核良好以上的，由乡镇政府给予相应的奖励。这一机制对工作人员起到了较好的监督和激励作用，充分调动了社区戒毒工作人员的积极性，其成功经验得到了柳州市和广西壮族自治区禁毒办领导的充分肯定。苏州建立了禁毒社工培训机制，通过对禁毒社工进行社会工作、心理学、毒品学、社会保障学等相关知识的培训，使其成为一支专业化、职业化、规模化的社会工作者队伍，提高了社工的专业技术水平和综合素质，更好地为吸毒人员起到了帮辅作用。

（二）社区戒毒和社区康复机制建设存在的问题

虽然开展社区戒毒和社区康复工作的地方都对社区戒毒和社区康复的机制建设进行了积极的探索，并取得了一定的效果，但是，其中存在的不足之处仍亟须完善。

1. 领导机制不健全

《禁毒法》将社区戒毒和社区康复工作的职责交给乡镇（街道）政府，这是基层政府的法定职责。在实践中，有的地方认为国务院戒毒工作条例还未出台，下一步社区戒毒和社区康复工作不知如何进行，辖区内目前吸毒人员也不多，对社会危害不明显，加上人、财、物都不具备，没有必要搞社区戒毒和社区康复工作，存在等、靠、要的思想，没有认识到社区戒毒和社区康复工作是构建和谐社会的重要组成部分，是落实科学发展观的具体体现。同时，各级政府特别是承担着社区戒毒工作职责的城市街道办事处、乡镇基层人民政府领导对《禁毒法》学习理解不够深入，加之对原有禁毒工作机制的惯性思维，认为公安部门威慑力强，戒毒工作应由公安负责，让城市办事处、乡镇承担社区戒毒管理职责是勉为其难，因而没有认真履行法定职责。在实际工作中，县区政府的重视支持力度和乡镇、办事处基层政府的工作力度都明显不够。

2. 保障机制严重匮乏

社区戒毒和社区康复是一项细致而又繁复的系统工程，需要政府高度重视，也需要各方面的保障。当前社区戒毒和社区康复保障机制的匮乏集中体现在经费保障不足以及专业人员保障缺失两方面。

（1）经费保障不足。在实践中，许多社区矫助点除了一台电视与影碟机外，几乎没有其他设备，也没有专门的医疗室与医护人员。其原因是各街道办事处的经费是由区政府统一核拨，禁毒经费是含在综治经费中，没有按禁毒专项经费核拨，所以各街道办事处用于禁毒的经费十分有限。

（2）专业人员保障缺失。这主要表现在社区戒毒和社区康复工作专业人员数量及素质上的缺乏。根据医学理论和临床实践经验，吸毒成瘾后渴求复吸是一种脑部疾病。吸毒行为在病理学上是一种病态的表露，需要专业医生和专业药物进行治疗。卫生部规定，戒毒工作属于精神卫生工作领域，为此，戒毒医疗工作原则上要求在各地精神病院内设立戒毒治疗部。这就说明，戒毒防复吸是一项专业性很强且具有经常性的治疗工作，而在我国目前情况下，出于财政和人员编制问题的考虑，很多社区负责戒毒管理的人员都是由街道工作人员兼任，还有的是从街道群防队借调的，最好的也就是各公安局派来的专业禁毒志愿者。这些人员还承担了大量的其他工作，投入社区戒毒和社区康复工作的精力相当有限。同时，在社区戒毒模式下，禁毒专业社工自身的素质、专业化水平直接关系到服务质量和戒毒工作的开展。禁毒专业社工需要具备社会工作、心理学、生理学、教育学等多学科的知识，需要把多学科的知识融会贯通于戒毒实践中。目前，禁毒专业社工介入社区戒毒工作时间不长，社工的实践经验还比较缺乏，其工作更多的是对社会层面上的吸毒人员进行摸底排查和清理统计、督促和带领他们去做尿检等工作，而这些工作与社会工作的职业宗旨与专业性相差甚远。社工对矫助人员应该提供一种服务而不是监管，否则不利于双方平等和信任关系的建立，更不利于帮教工作的顺利开展。

3. 工作机制运行不规范

（1）组织协调能力欠缺。禁毒工作是一项社会系统工程，涉及公安、民政、司法、财政、卫生、海关等诸多领域和部门，各部门应当加强协调和配合。然而，当前社区戒毒和社区康复场所机构不健全，许多社区普遍存在一处场所多种功能、一个机构多份职责的现象，缺乏明确的责权利和可有效利用的资源。目前，大多数的社区还是依赖街道办事处、司法所、居委会和派出所等社区现有的正式组织开展工作，加之各类戒毒机构隶属于不同的主管部门，各部门之间缺乏有效的协调机制，在工作中各自为政，各行其是，使有限的戒毒资源未能得到充分利用。

（2）动态管控力度欠缺。由于社区戒毒和社区康复工作的“柔性”开展，可能使多年来排查收戒所产生的威慑作用和管束效果出现一定程度的弱化，有可能导致禁毒工作整体高压态势的减弱。对初步查获的吸毒成瘾者由原来封闭式的强制戒毒转变为开放式的社区戒毒后，部分吸毒者认为国家对吸毒处罚“轻”了，吸了毒以后可以不用“关”了，从而在一定程度上降低了国家法律对吸毒行为的威慑力，容易导致吸毒人员的反弹和增加。戒毒对象在开放的社区接受戒毒，如果相关部门的职责不到位，尤其是公安机关的监管不到位，戒毒人员复吸的概率就会加大，从而激活毒品消费市场。

（3）社区禁毒和社区康复工作考核监督机制不完善。考核是促进社区禁毒和社区康复工作扎实开展的有效手段，而考核结果的运用是考核机制的核心。但目前，禁毒工作考核没有被单列为考核项目，分值在综治考核总分值中占的比重很小，仅相当于一篇调研材料的分值，能否完成对全年综治考核总成绩影响不大，因此，其未能充分引起各地对禁毒工作的高度重视，使社区禁毒和社区康复工作不能扎实有效的开展。

（4）评估体系尚未建立，跟踪治疗工作滞后。社区戒毒评估是社区戒毒机构在戒毒计划实施后，借助科学的测评工具对吸毒成瘾者的心理、认知及行为等方面进行的测量和评价，是衡量社区戒毒工作效能的重要标准之一。目前，对社区戒毒和社区康复工作成效还没有一个可进行量化评估的科学手段，只能借助于戒毒人员复吸率或操守率这样一个单一的数据来评价戒毒工作的效果，对戒毒人员人格、个性、情绪、认知、生理功能、生活质量及社会适应能力等的改善情况，没有科学的评价手段，对戒毒工作的评估缺乏客观性和科学性，这也不利于戒毒工作的深入开展。社区戒毒的跟进是指戒毒工作者与吸毒成瘾者的矫正关系结束后，工作者必须对成瘾者进行一段时期的随访，并对出现的新情况作出一定程度的处理和回应。由于吸毒人员流动性大，跟踪回访难度较大，出院后很难掌握有关情况，加之社会有关部门及社区与戒毒机构的协作配合不够，戒毒出所人员的后续帮教很难落实，也在一定程度上使戒毒效果难以巩固，甚至前功尽弃。

4. 业务机制不完善

当前，我国社区戒毒和社区康复的业务机制主要体现在帮教联动措施上。针对社区戒毒人员，应成立由社区干部、社区民警、社区戒毒人员的家属及其单位的领导或同事、专职工作人员、禁毒志愿者等组成的工作小组，开展谈话、尿检、心理辅导、考核、技能培训等帮教措施，但实际中有些工作还比较薄弱甚至缺失。首先，社区民警、社工、居委会（单位）责任人、社保队员、志愿者、戒毒人员家属的帮教联动措施还未明确建立，不能真正做到对吸戒毒人员的“四清”，即“行踪清、交友清、生活开支清、思想动态清。”其次，在当前的社区戒毒和社区康复工作实践中，考虑对社区戒毒者管控的措施多，社区戒毒人员往往得不到应有的人文关怀，从而导致戒毒人员对社区戒毒工作人员有逆反心理，严重影响了戒毒效果。接受社区戒毒和社区康复的人员反映社区戒毒和社康复措施虽体现了国家对他们的关心，但在社区环境中他们遇到了很多实际的困难，如社区戒毒工作人员往往对他们缺乏深入的了解和有针对性的帮教，工作方法较为简单，不注意保护他们的隐私和自尊。在自己熟悉的社区接受工作人员上门的帮教和检测很不习惯，内心有抵触心理，从而很容易导致他们远离自己生活的社区；此外，社会大环境仍然对他们充满疑虑和歧视，就业比较困难，无所事事，导致他们容易复吸。社区戒毒人员认为如何摆脱原来的生活圈子是戒毒能否成功的关键环节之一，可按规定他们又必须待在社区接受社区戒毒，这又如何能够摆脱昔日毒友的骚扰呢？因此，如何有效开展帮教工作，是决策部门和帮教工作小组成员需要认真思考的问题。

三、加强社区戒毒和社区康复机制建设

根据社区戒毒和社区康复工作的需要，应当围绕建立健全责任化的领导机制、系统化的保障机制、规范化的工作机制、社会化的业务机制等目标进一步加强社区戒毒和社区康复的机制建设。

（一）建立健全责任化的领导机制

《禁毒法》规定禁毒工作实行政府统一领导，有关部门各司其职。因此，各级政府（特别是基层政府）应当对社区戒毒和社区康复引起足够重视，担负起应有的责任。

首先，在各禁毒工作领导小组下设社区戒毒和社区康复工作领导小组和办公室，负责组织、协调、指导管辖范围的社区戒毒和社区康复工作，落实社区戒毒和社区康复工作经费、办公场所，组织村（居）开展具体工作，协调相关部门开展禁毒宣传教育、社区戒毒和社区康复等工作。

其次，建立社区戒毒和社区康复监护小组，负责具体实施社区戒毒和社区康复工作，落实由社区专职戒毒社会工作者、社区干部、社区民警、社区医务人员、家庭成员等监护小组成员的责任和义务。

最后，明确社区戒毒和社区康复的其他职能部门，如公安机关和司法行政、卫生行政、民政的工作职责。

（二）建立健全系统化的保障机制

1. 经费保障到位

各地财政要加大禁毒经费投入，把用于社区戒毒和社区康复工作的宣传经费、办公场所建设及办公经费、专职社区戒毒工作人员工资及兼职社区戒毒工作人员补贴、兼职社区医务工作人员补助、社区戒毒人员尿检费用、社区戒毒工作者帮教技能培训等费用纳入当地财政预算，实行专款专用。同时，通过筹集和接受社会捐赠，动员社会各界和广大人民群众参与禁毒斗争。

2. 配备和充实专业人员

社区戒毒和社区康复的专业人员以助人自助的理念帮助戒毒人员逐步在心理、家庭和社会环境、社会的适应性等方面进行综合辅导，并按阶段作出评估。他们努力将社会各方资源进行整合，尽最大可能赢得社会各方对戒毒人员的关注与帮助，努力使戒毒人员成为自食其力的正常人，从而有效地提高了戒毒的成功率。全国一些地区在建立专业队伍方面取得了大量成功经验。例如，苏州市规定市、县级市（区）禁毒办明确专人负责指导禁毒社会工作，乡镇、街道要根据实际情况设禁毒专兼职人员。各地在册吸毒人员 50 名以上的重点乡镇、街道配备一名禁毒专职人员，不满 50 名的乡镇、街道明确一名禁毒兼职人员。禁毒专兼职人员具体组织本辖区禁毒社工开展社区戒毒工作。在充实专业人员的同时，加强社区戒毒和社区康复的业务培训，使有关工作人员熟悉掌握必备的工作方法和方式，不断提高工作能力和工作质量；制定和完善对社区戒毒和社区康复专业人员的分类考核目标和要求，强化相关业务和职能部门的督导，把社区戒毒和社区康复工作成效纳入社区社会治安综合治理和平安创建目标管理等。

（三）建立健全规范化的工作机制

1. 大力开展舆论宣传

一是政府各部门的积极参与。各级政府和有关部门要有计划、分层次组织开展《禁毒法》的宣传和学习工作。要把宣传《禁毒法》作为禁毒宣传工作的重中之重，纳入年度普法工作计划，充分利用广播、影视、报刊、网络等媒体，集中一段时间向全社会开展《禁毒法》宣传教育，推动《禁毒法》进学校、进单位、进社区、进农村、进家庭、进场所的“六进”活动。

二是非政府组织和社会热心人士的积极参与。戒毒宣传也需要社团、企业、媒体和学校等非政府组织和志愿者等社会热心人士的共同参与。企业可以建立预防和宣传组织。

三是家庭和社区的积极参与。家庭是社会的基本细胞，也是预防吸毒和社区戒毒的基本细胞。吸毒个人与家庭成员生活紧密相关，搞好家庭教育的意义非常重大，在一定程度上决定着戒毒工作的成败。家庭中的亲情关系对戒毒者的影响是巨大的，家庭的温暖与鼓励是戒毒者下定决心走出阴霾的特殊动力，时刻像一盏明灯，照亮着戒毒者的心灵。因此，家长应注意自己的形象，以身作则，关心家庭戒毒成员的感受，关注他们的身心健康，帮助他们树立正确的世界观、人生观和价值观。对他们进行戒毒宣传教育，配合社工对戒毒成员的帮教工作，确保其真正拒绝毒品、远离毒品。社区是戒毒者接受戒毒的主要场所，对社区戒毒者来说，他们每天的主要活动都要在社区中进行。因此，社区中的禁毒宣传工作自然就是十分重要的一环。社区除了要对戒毒者提供物质上的帮助外，还要提供精神上的援助，满足社区戒毒者精神生活的需要。社区可以为禁毒宣传提供活动场地，联合禁毒社团、媒体等进行多种形式的禁毒宣传活动，教育社区居民树立正确地对待戒毒人员的观念，介绍与社区戒毒人员就业、就学、生活等相关的政策、法规等信息。社区还可以协助戒毒人员建立各种兴趣小组，丰富戒毒人员的业余生活，培养起戒毒人员生活的兴趣。

2. 健全组织机构，规范各部门职责

（1）健全社区戒毒和社区康复组织机构。根据《禁毒法》的要求，结合实际，建立健全社区戒毒组织机构，明确城市街道办事处、乡镇人民政府负责社区戒毒工作。在各级党委、政府的统一领导下，禁毒办、公安、卫生、教育、司法、外经贸、文广新、工商、民政、劳保等职能部门要对社区戒毒工作进行具体指导，逐步形成“以社区为基础、家庭为依托，政府组织领导，禁毒部门监管，相关部门指导，禁毒社工提供服务，社会力量共同参与”的工作格局。

（2）规范社区戒毒和社区康复各部门职责。各级政府和有关部门应当履行法定职责，共同做好社区戒毒工作。公安机关负责对吸毒人员进行检测和登记，实行动态管理；责令吸毒成瘾人员接受社区戒毒，责令解除强制隔离戒毒人员接受社区康复；参与社区戒毒人员的日常管理；配合卫生部门开展戒毒药物维持治疗工作。卫生部门负责指导医院和社区卫生服务机构参与社区戒毒工作，会同公安机关开展戒毒药物维持治疗工作。司法行政部门负责组织对社区戒毒人员开展法制宣传教育，对符合法律援助条件的社区戒毒人员提供法律援助。民政部门负责指导基层组织将社区戒毒纳入和谐社区建设，将符合社会救助条件的戒毒人员家庭纳入救助范围。劳动保障部门负责对无职业且缺乏就业能力的戒毒人员，提供必要的职业技能培训、就业指导和就业援助。工会、共青团、妇联组织要发挥自身优势，积极参与戒毒工作。

3. 要建立健全社区戒毒和社区康复协调机制

建立健全社区戒毒和社区康复成员单位例会制度，及时通报上级有关禁毒工作指示精神，加强各职能部门之间的协作、沟通和联系；建立公安、安全监督、药品监督、文化、工商等职能部门联席例会制度，及时通报禁毒工作形势，加强信息互通，开展联合执法。

4. 加强对社区吸毒人员动态管控力度，巩固戒毒成果

为了确保社区戒毒工作顺利开展，基层派出所和社区民警要注意密切掌握社区戒毒与吸毒人员动态，巩固戒毒成果。一是要对社区的高危人群定期调查，将摸排社区新滋生吸毒人员作为工作重点，发现异常情况及时处理。二是要掌握被帮教戒毒人员的社会交往、家庭等情况，建立健全他们的档案信息资料，形成详尽的个人档案。在此基础上，将戒毒帮教对象分为重点对象、一般对象和放心对象，指导社工因人制宜落实帮教措施。三是要把收集的信息及时输入派出所综合信息系统，并且充分利用现有吸毒人员信息资源，对涉毒人员、案件和毒品流向进行跟踪分析，适时研判，摸索动态环境下有效查控涉毒违法犯罪活动的新途径。四是要经常对社区内歌厅、舞厅、洗浴等容易涉毒的场所进行检查，对其经营者、从业者和参与娱乐人员进行禁毒教育，落实禁毒管理措施，减少涉

毒违法犯罪问题的发生。

5. 建立科学的戒毒效果评估体系

社区戒毒的效果评估必须坚持客观性原则、科学性原则、系统性原则、适时性原则、标准化原则及可操作性原则。戒毒效果评估的内容主要包括毒瘾依赖程度的诊断性评估、戒毒期间戒毒效果的检验性评估、复吸倾向的预测性评估等。戒毒效果评估体系可量化为下列指标：身体健康状况、心理健康状况、道德认知、道德情感、道德行为、知法守法、就业能力。不同类型的评估所包含的考核内容应有所差异，在具体内容的评估中可以选择有关的内容，构成具体的评估指标。

6. 建立健全禁毒考核监督机制

要将禁毒工作目标纳入社会治安综合治理、建设“平安社区”和公安“打防控”考核内容；将禁毒各项工作目标任务进行具体量化设置。科学分解落实责任。实行责、权、利相互统一；将社区戒毒工作纳入部门的年度考核，提高禁毒工作的分值，以科学的考核督查引导社区戒毒工作的落实。同时，制定和完善对社区戒毒专职管理人员和社工的分类考核制度，将他们的平时管理情况和个人表现，特别是对戒毒人员的谈话以及维持率等纳入考评内容。

（四）建立健全社会化的业务机制

《禁毒法》明确了禁毒工作需要社会广泛参与的工作机制，事实证明，良好的社会环境和积极的公众参与是做好戒毒工作至关重要的必备条件。

1. 稳固对强制隔离戒毒人员帮教提前介入和出所之前“无缝衔接”的工作，实行“鸿雁传书搭建心桥”、“入所必见”和“出所必接”工作制度，建立与强制隔离戒毒场所的联动戒毒支持系统

对社区戒毒和社区康复人员的无缝衔接，公安机关建立了一套新型的工作机制社区戒毒工作流程：按有关规定认定吸毒成瘾，然后与人口信息库、吸毒人员信息库比对，核实相关信息——填写

《吸毒人员信息表》——依法处置。

2. 建立以“六位一体”的社区戒毒和社区康复工作小组为核心平台，向前提前介入强制隔离戒毒所，向后不断延伸到帮教戒毒的工作机制

以社区戒毒和社区康复人员、戒毒人员监护人、社会工作者、村（居）委干部、社区民警、社区医生“六位一体”固定工作小组为基本，创新实行6+1工作小组模式，增强工作的针对性，这里的“1”是个大概念，如对于家庭生活困难的社区戒毒和社区康复人员，有民政部门加入，对其进行生活救助；对于下岗无业人员，由劳动部门进入工作小组，对其进行劳动技能培训解决再就业；对于未成年的，让心理学社会工作者进入小组，以便晓之以理，动之以情；对于社区矫正和安置帮教对象，让司法所提供适应社会、行为矫正和再社会化的指导和帮助。

3. 帮教联动措施的完善

社区帮教联动措施的规范化、制度化和经常化是确保社区戒毒和社区康复工作能够有序、有效运行的基础，而禁毒社会工作者、社会志愿者、心理矫治师等社区戒毒人力资源在此项工作中发挥着重要的作用。吸毒人员因长期吸食毒品，从而导致失业、经济困难、家庭分裂、违法犯罪等。社会工作者主要是帮助戒毒者纠正改善认知行为偏差、修正环境、增强社会支持。在帮助吸毒者戒毒的过程中，社会工作者扮演多种角色，帮助戒毒者戒毒的同时还要向社会进行呼吁和倡导，改变社会对戒毒人员的歧视与偏见，促进社会公平与正义。

社区戒毒和社区康复发展的内在动力来自于社区成员的参与，主要的服务领域是对吸毒人员开展矫治帮教工作，在工作过程中要以禁毒青年志愿者为核心，注意吸纳中老年、妇女参与志愿者工作，壮大志愿者队伍，促进社区戒毒与社区康复服务项目向长期化、固定化发展，服务队伍向普遍化、专业化发展，服务手段向多元化、社会化发展，运行机制向规范化、制度化发展。通过考核、

评估，建立统一的管理、评比表彰制度，确保社区戒毒、社区康复志愿者工作的可持续发展。

针对戒毒人员心理依赖长期存在、戒毒信心和决心缺乏、责任感缺失、情感淡漠、人格偏离等诸多问题，心理矫治师的主要任务有：

第一，消除戒毒人员对毒品的心理依赖。矫治的重点在于通过一系列心理行为训练帮助戒毒者建立必要的条件反射；以相反的体验取代对吸毒的欣快体验，降低对吸毒体验的内驱力。例如，通过系统脱敏法、放松疗法、想象厌恶疗法等方法进行厌恶性情绪治疗，形成对毒品的回避反射。

第二，培养戒毒人员的自我调控能力。通过运动训练、情景模拟、角色扮演、自我反省、欲望节制、学会拒绝等一系列心理行为治疗，帮助戒毒人员掌握摆脱毒品、回归社会所需要的各种心理和生活技能，增强戒毒信心，增强抵抗复吸的自我控制能力。

第三，纠正戒毒人员的人格偏差。改变吸毒人员已有的人格缺陷或障碍；恢复社会功能；延长操守时间，或终生戒断毒品。

第十章　社区戒毒和社区康复法律文书与档案

社区戒毒和社区康复的法律文书和档案是社区戒毒和社区康复工作的重要组成部分。社区戒毒和社区康复的法律文书是实施《戒毒法》以及相关配套法规的一种重要载体；社区戒毒和社区康复的档案是开展社区戒毒和社区康复工作的凭证，并且为完善社区戒毒和社区康复机制提供依据和参考。要重视和加强社区戒毒和社区康复的法律文书和档案工作，推进社区戒毒和社区康复工作。

一、社区戒毒和社区康复法律文书和档案的必要性和重要性

（一）社区戒毒和社区康复法律文书的必要性和重要性

社区戒毒和社区康复的法律文书，是指公安机关、承担社区戒毒和社区康复职责的有关机关单位依法决定和执行社区戒毒和社区康复各项措施时所写的具有法律效力或法律意义的文书。这一概念，包括以下含义：第一，写作主体：主要有公安机关、乡（镇）人民政府、城市街道办事处等。第二，适用范围：包括决定和执行社区戒毒或社区康复措施的各项活动。第三，写作依据：社区禁毒和社区康复法律文书的写作，必须依照我国有关禁毒法律、法规的规定，这是由法律文书的根本属性决定的。法律依据既包括实体法依据，又包括程序法依据。第四，法律后果：社区戒毒和社区康复法律文书不同于其他文书的一个显著特点是它具有法律效力或法律意义，并以国家强制力保障法律文书的执行。

根据社区戒毒和社区康复法律文书是否具有法定的强制力，可以将社区戒毒和社区康复法律文书分为具有法律效力的文书和具有法律意义的文书两类。

具有法律效力的社区戒毒和社区康复法律文书包括两个特点：一是这些文书生效后，有关当事人就必须执行，否则执法机关就要采取措施强制执行；二是这些文书的撤销、变更，要通过一定的法律程序，除有关执法机关外，任何单位、个人均无权撤销、变更。根据《禁毒法》、《禁毒条例（征求意见稿）》以及相关配套法规的要求，具有法律效力的社区戒毒和社区康复法律文书有：《责令社区戒毒决定书》、《责令社区康复决定书》、《社区戒毒协议》、《社区康复协议》、《中止社区戒毒决定书》、《中止社区康复决定书》、《终止社区戒毒决定书》、《终止社区康复决定书》、《解除社区戒毒通知书》和《解除社区康复通知书》等。

具有法律意义的社区戒毒和社区康复法律文书也包括两个特点：一是这些法律文书不具备强制执行的法律效力；二是这些法律文书是社区戒毒和社区康复的重要组成部分，缺少它们，社区戒毒和社区康复工作就无法顺利进行和有效开展。具有法律意义的社区戒毒和社区康复法律文书有：《社区戒毒通知书》、《社区康复通知书》、《变更社区戒毒执行地点决定书》、《变更社区康复执行地点决定书》、《违反社区戒毒协议告诫书》、《违反社区康复协议告诫书》等。

社区戒毒和社区康复法律文书的必要性和重要性，体现在社区戒毒和社区康复法律文书的作用上面。所谓社区戒毒和社区康复法律文书的作用，是指这些法律文书在社区戒毒和社区康复过程中所体现出来的一种社会功能和效用。社区戒毒和社区康复法律文书的作用主要体现在以下几个方面：

1. 社区戒毒和社区康复法律文书是实施《戒毒法》以及相关配套法规的具体手段

社区戒毒和社区康复法律文书的根本作用，在于保障《戒毒法》以及相关配套法规的具体实施。公安机关、承担社区戒毒和社区康复职责的有关机关开展社区戒毒和社区康复工作是通过法律文书来体现的，法律文书作为实施法律的工具和手段，起着其他形式都不可替代的作用。例如，在实施社区戒毒的过程中，从公安机关责令吸毒成瘾人员接受社区戒毒，到通知该吸毒人员户籍所在地或现居住地乡（镇）人民政府、城市街道办事处，到乡（镇）人民政府、城市街道办事处管理和帮助吸毒人员，再到解除社区戒毒，其中每一阶段法律行为的实施，都必须依靠法律文书来实现。在这一过程中，不同的法律文书起着不同的作用，有的起到依据的作用，如公安机关的《责令社区戒毒/康复决定书》；有的是集中体现社区戒毒和社区康复的主要内容，如《社区戒毒/康复协议书》；有的起到告示的作用，如《社区戒毒/康复通知书》；有的起到请示报告的左右，如《申请解除社区戒毒/康复意见书》；有的起到记录和说明的作用，如《暂停社区戒毒/康复说明书》，等等。由此可见，没有社区戒毒和社区康复法律文书，社区戒毒和社区康复工作就无法进行；离开社区戒毒和社区康复法律文书，《戒毒法》以及相关配套法规的实施就无从谈起。

2. 社区戒毒和社区康复法律文书是履行法律行为的重要凭证

社区戒毒和社区康复法律文书是执行具体法律行为的重要凭证。《戒毒法》以及相关配套法规的实际执行需要法律文书作为凭证，以表明法律行为的合法性。例如，实施、暂停、中止、终止或解除社区戒毒和社区康复等，必须要有相应的决定书、中止书、终止书、解除书等法律文书，这些具体的法律文书就是表明执法主体行为合法的凭证。开展社区戒毒和社区康复工作的每一个程序都应以相应的法律文书作为载体，如果离开了具体的法律文书，社区戒毒和社区康复的过程就无法体现，就无法反映当事人各方进行社区戒毒和社区康复的分析、处理或协商的内容。

依据《戒毒法》以及相关配套法规的要求，把有关法律文书组合、装订起来，便成为反映社区戒毒和社区康复活动情况的档案材料。从一份份完整的档案中，就能系统而又具体地看出社区戒毒和社区康复工作的流程，也能看出公安机关如何执法、承担社区戒毒和社区康复职责的机关如何工作、吸毒人员的社区戒毒和社区康复情况。这些法律文书既是社区戒毒和社区康复情况真实全面的记载，也成为存档的珍贵资料。

3. 社区戒毒和社区康复法律文书是促进法治宣传、彰显国家法治水平的重要载体

在依法治国，建设社会主义法治国家的进程中，法律文书具有促进法治宣传、促进社会法治水平提高的重要载体作用。随着社区戒毒和社区康复机制的逐步完善，处理相关活动而写作的法律文书，在保障合法权利、制裁违法行为的同时，也起到了重要的宣传作用、警戒作用和预防作用。社区戒毒和社区康复法律文书对当事人是教育，对其家属、邻里也起着教育、预防作用。法律文书是公安机关内部执法监督的重要依据，是进行复议、行政诉讼的重要证据，体现了国家法治水平。当事人和社会公众可以从每一份规范的社区戒毒和社区康复法律文书中解读社区戒毒和社区康复机制发展的讯息；可以从每一次社区戒毒和社区康复法律文书的制作和使用中看到国家机关执法水平的提高，增强对国家法治建设的信心。

4. 社区戒毒和社区康复法律文书是考察公安机关及其他相关工作者政治业务素质的重要尺度

法律文书的写作和使用，对公安机关以及其他承担社区戒毒和社区康复职责的工作者是非常重要的。尤其对于公安民警，社区戒毒和社区康复法律文书的质量不仅反映出民警的政治业务素质，而且还关系到他们的执法水平。因此，公安部特别强调要重视法律文书的质量，要求各地公安机关加强对民警使用戒毒法律文书的培训，使民警熟练掌握制作法律文书的各项要求，将法律文书写作水平作为考察民警和其他法律工作者政治业务能力的一个重要标尺，这对提高社区戒毒和社区康复法律文书的写作水平和写作质量无疑会起到重要的导向作用。

（二）社区戒毒和社区康复档案的必要性和重要性

社区戒毒和社区康复档案是公安机关、承担社区戒毒和社区康复职责的有关机关和参与社区戒毒和社区康复的个人在社区戒毒和社区康复活动中形成的、保存备查的文字、图像、声音及其他各种形式的原始记录。社区戒毒和社区康复档案的内容既包括社区戒毒和社区康复法律文书又包括非法律文书的资料；其形式既包括文本档案资料，又包括图片资料、音像资料和电子数据资料等。

社区戒毒和社区康复档案的必要性和重要性，也体现在社区戒毒和社区康复档案的作用上。社区戒毒和社区康复档案的作用主要包括：

1. 凭证作用

这是由档案的形成及其本身的特点决定的。从其产生来看，档案是由工作活动中客观形成的文件转化而来的，它记录了形成者的思考和行动；从其形式上看，档案保留着真实的历史标记，比如当事人的亲笔签署、公安机关的决定书、社区戒毒和社区康复小组书写的评估表等。档案是社区戒毒和社区康复各项工作和活动的真实记录，作为确凿的原始资料和历史证件，可以成为查考、争辩、研究和处理问题的有力依据。

2. 参考作用

档案是公安机关以及承担社区戒毒和社区康复职责的单位或部门在各项工作活动中形成的真实历史记录，它不仅记录了工作活动的历史过程，而且记载了其形成和积累的经验和教训，是完善社区戒毒和社区康复工作机制的重要知识资源。特别是社区戒毒和社区康复档案的建立，不仅要求做到完整、准确、系统，而且要扩展思路，将社区禁毒和社区康复发展急需的各种资料和信息等知识及时整理归档，经过深度编研纳入社区禁毒和社区康复知识体系之中，为社区戒毒和社区康复工作规范有效地实施提供重要的参考。

3. 监督作用

“档案馆（室）的监督作用，是通过准确地反映社会主义建设实际过程的结果，反映各地区、各部门执行党在各项工作方面的方针政策及其对国家计划实际完成情况来实现的。统计部门是用数学语言来表述事实的，而档案馆（室）则是用文字、图表、音像来表述事实的。"① 档案监督作用是客观存在的，特别是在社区戒毒和社区康复工作中，档案的种类和内容经常涉及行政管理性和法律约束力强的文件，因此社区戒毒和社区康复档案与知识和文艺方面的档案相比较，其具有的监督作用较强。由此看出，档案监督作用在很大程度上是秉承了归档前的文件材料所具有的对社会的监督作用。社区戒毒和社区康复档案的监督作用不像凭证作用那样显见，凭证作用和参考作用可以通过档案利用服务直接体现出来，而档案的监督作用显得相对隐秘。社区戒毒和社区康复档案的监督作用依赖于档案整理、档案服务和档案宣传工作等手段，通过对人们思想意识上的监督约束和威慑，来达到规范人们言行、维护社区戒毒和社区康复活动的正常秩序的目的。

4. 教育作用

社区戒毒和社区康复档案的种类和内容逐渐增多，公安机关、承担社区戒毒和社区康复工作职责的单位以及其他相关部门应当发挥档案的教育作用。通过采取具有针对性的方法，来实现社区戒毒和社区康复档案的教育作用，如编研工作人员可以通过整理和分析档案内容，以此为基础编写可读性和知识性的编研成果，深层次地开发社区戒毒和社区康复档案的教育作用，加深禁毒宣传教育工作的影响程度，为社区戒毒和社区康复工作的顺利有效开展营造良好的社会环境，有助于社区戒毒和社区康复人员正常融入社会。

二、社区戒毒和社区康复法律文书和档案的内容

（一）社区戒毒和社区康复法律文书

依据《禁毒法》及相关配套法规的要求，开展社区戒毒和社

① 邓绍兴、陈智为主编：《新编档案管理学》，中国档案出版社1986年版。

区康复工作所使用的法律文书包括：《责令社区戒毒/康复决定书》、《社区康复通知书》、《社区戒毒/康复协议书》、《违反社区戒毒/康复协议告诫书》、《变更社区戒毒/康复地点决定书》、《变更社区戒毒/康复地点通知书》、《申请解除社区戒毒/康复意见书》、《解除社区戒毒/康复通知书》等。

1. 责令社区戒毒决定书

县级以上公安机关对符合条件的吸毒成瘾人员作出责令社区戒毒决定，由所在地公安派出所将《责令社区戒毒决定书》送达吸毒成瘾人员，当场宣布，吸毒成瘾人员签字，吸毒成瘾人员拒绝签字或接收的，应在《责令社区戒毒决定书》上注明。

《责令社区戒毒决定书》式样参见公安部《关于印发公安机关戒毒法律文书（式样）的通知（公通字〔2008〕25号）》[以下简称《戒毒法律文书（式样）》]。

2. 责令社区康复决定书

因吸食、注射阿片类毒品被决定强制隔离戒毒的人员解除强制隔离戒毒时，强制隔离戒毒决定机关应当责令其接受1年以上3年以下的社区康复。

对被责令接受社区康复，强制隔离戒毒决定机关应当出具《责令社区康复决定书》，送达被责令社区康复人员及其家属，并通知被责令社区康复人员户籍所在地或者现居住地乡（镇）人民政府、城市街道办事处。

《责令社区康复决定书》式样参见公安部《戒毒法律文书（式样）》。

3. 社区康复通知书

除因吸食、注射阿片类毒品被决定强制隔离戒毒的人员解除强制隔离戒毒的情况之外，对其他解除强制隔离戒毒的人员，强制隔离戒毒决定机关应当提出自愿接受3年以下社区康复的建议。对自愿接受社区康复的人员，强制隔离戒毒决定机关应当出具《社区康复通知书》，送达自愿接受社区康复人员及其家属，并通知自愿接受社区康复人员户籍所在地或者现居住地乡（镇）人民政府、城市街道办事处。

4. 社区戒毒协议书

社区戒毒和社区康复协议书的主要格式和主要内容由国家禁毒办制定，各地可以根据社区戒毒和社区康复人员的实际情况补充内容。协议书既要充分考虑到戒毒效果，又要尽量不影响戒毒人员正常的生活、学习、工作，可以根据社区戒毒和社区康复人员的具体情况，在涉及定期尿检、参加学习等内容规定得灵活一些。特别是对需要外出的务工人员，能否采取委托外地公安机关进行定期尿检或移交社区戒毒和社区康复的方式进行，这些也需要试点单位开展探索。根据《戒毒条例（征求意见稿）》的设想，社区戒毒协议除了明确社区戒毒期限外，还应当包括以下内容：（1）社区戒毒的具体措施；（2）社区戒毒人员应当遵守的规定；（3）社区戒毒人员违反社区戒毒协议依法应当承担的法律后果。负责社区戒毒工作的机构和社区戒毒工作小组的负责人、联系社区戒毒人员的工作人员以及社区戒毒人员，应当在社区戒毒协议上签字。

《戒毒条例（征求意见稿）》还设想，对严重违反社区戒毒和社区康复协议的，应作进一步的处理。社区戒毒和社区康复人员有下列行为之一的，视为严重违反社区戒毒和社区康复协议，由社区戒毒和社区康复执行地县级以上公安机关作出强制隔离戒毒的决定：（1）拒不报告戒毒（康复）情况，经公安机关两次书面告诫，拒不改正的；（2）逃避或者拒绝接受检测 3 次以上的；（3）擅自离开社区 3 次以上，或者擅自离开社区累计超过 30 天的。

5. 社区康复协议书

乡（镇）人民政府、城市街道办事处或者其指定的村民委员会、居民委员会，在社区康复人员报到后及时与其签订《社区康复协议书》。《社区康复协议书》可参照社区戒毒协议的内容。

6. 违反社区戒毒/康复协议告诫书

公安机关对在社区戒毒或社区康复期间吸食、注射毒品或严重违反协议戒毒人员应当实施书面告诫，依法报送强制隔离戒毒。书面告诫书应由社区戒毒和社区康复人员当场签收，如社区戒毒和社区康复人员不在，交由其同住的成年家属签收，本人或家属拒绝签收的，公安机关应在告诫书上注明拒收事由和日期，由送达人、见证人签名，并将告诫书留在受送达人住所。书面告诫书暂时没有统一的格式，其主要内容由各地探索制定。

7. 中止社区戒毒/康复通知书

社区戒毒和社区康复人员被依法拘留、逮捕的，社区戒毒中止，由原社区戒毒和社区康复决定机关开具《中止社区戒毒/康复通知书》。羁押场所给予必要的戒毒治疗，释放后继续接受社区戒毒和社区康复。

8. 终止社区戒毒/康复通知书

社区戒毒和社区康复人员被依法收监执行刑罚、采取强制性教育措施的，社区戒毒或社区康复终止，由监管场所给予必要的戒毒治疗。由原社区戒毒和社区康复决定机关开具《终止社区戒毒/康复通知书》。刑罚执行完毕时或者解除强制性教育措施时应当对其进行诊断、评估，对需要采取戒毒措施的，依照戒毒法规相关的规定重新采取相应的戒毒措施。

9. 解除社区戒毒通知书

社区戒毒人员的戒毒期限满，经连续检测和社区戒毒机构评估，确认未复吸毒品的，由原社区戒毒决定机关批准，予以解除，并开具《解除社区戒毒通知书》。

《解除社区戒毒通知书》式样参见公安部《戒毒法律文书（式样）》。

10. 解除社区康复通知书

社区康复人员的康复期限满，经连续检测和社区康复机构评估，确认未复吸毒品的，由原社区康复决定机关批准，予以解除，并开具《解除社区康复通知书》。

《解除社区康复通知书》式样参见公安部《戒毒法律文书（式

样)》。

（二）社区戒毒和社区康复档案的内容

镇（区、街道）社区戒毒和社区康复办公室在社区戒毒和社区康复人员报到后，要按照“一人一档”的要求，将社区戒毒和社区康复人员的空白档案交给社区戒毒和社区康复工作组。社区戒毒或社区康复期间，由社区戒毒和社区康复工作组负责填写社区戒毒和康复人员档案；社区戒毒或社区康复期满后，社区戒毒和社区康复工作组应将档案上交镇（区、街道）社区戒毒和社区康复办公室集中存放，并指定专人负责管理。有条件的镇区街道可以建立电子档案。

社区戒毒和社区康复人员档案包括：《社区戒毒/康复人员信息登记表》、《关于直接转入社区戒毒/康复的情况说明》、《责令社区戒毒/康复决定书》、《责令社区戒毒/康复通知书》、《社区康复通知书》、历次尿检的《毒品尿样检测报告书》、社区戒毒人员申办最低生活保障和医疗保险材料、《社区戒毒/康复人员戒毒评估表》、《社区戒毒/康复人员请假外出登记表》、《违反社区戒毒/康复协议处罚登记表》、《违反社区戒毒/康复协议告诫书》、《变更社区戒毒/康复地点通知书》、《解除社区戒毒/康复通知书》及其他反映社区戒毒和社区康复对象情况的文字、影音资料。作出社区戒毒和社区康复决定之前的档案由社区民警组织，县级公安局作出社区戒毒和社区康复决定之后的档案材料由社区工作组负责组卷、保管，具体填写按下列分工负责。

1. 吸毒人员登记

由社区民警负责，登记数据报镇（区、街道）社区戒毒和社区康复并抄送社区戒毒和社区康复工作组。

2. 责令社区戒毒/康复决定书

由社区民警负责收集整理资料，履行报批、制作法律文书手续。决定书送管辖该社区的禁毒办签收。禁毒办存档并复制移交相关社区工作组。

3. 责令社区戒毒/康复通知书

对被责令接受社区戒毒和社区康复的吸毒成瘾人员，县级或者设区的市级人民政府公安机关应当出具《责令社区戒毒/康复决定书》，送达吸毒人员及其家属，并将《责令社区戒毒/康复通知书》送达社区戒毒和社区康复人员户籍所在地或者现居住地乡（镇）人民政府、城市街道办事处。

4. 社区康复通知书

对自愿接受社区康复的人员，强制隔离戒毒决定机关应当出具《社区康复通知书》，送达吸毒人员及其家属，并将《社区康复通知书》抄送一份通知吸毒人员户籍所在地或者现居住地乡（镇）人民政府、城市街道办事处。

5. 关于直接转入社区戒毒/社区康复的情况说明

以往因吸毒被治安处罚不满3年的、判处3年以下有期徒刑或拘役刑满释放不满3年的、假释期间（实际执行有期徒刑三年以下）的吸毒人员，由镇（区、街道）社区戒毒办公室制作《关于直接转入社区戒毒/社区康复的情况说明》，直接转入社区戒毒或社区康复。

6. 社区戒毒和社区康复工作小组名单

由社区、居民或村民委员会填写。按每名社区禁毒（康复）人员建立一个工作小组，社区专职禁毒社工（治调主任）任组长，家庭成员或监护人、社区民警、社区医护人员、禁毒志愿者、所在单位代表为成员。

7. 社区戒毒/康复协议书

由社区工作站与社区戒毒和社区康复人员及其家属签订。

8. 社区戒毒/康复人员信息登记表

社区戒毒和社区康复人员在接到《责令社区戒毒/康复决定书》后的7日内持决定书到社区戒毒和社区康复所在地镇（区、街道）社区戒毒办公室报到，在社区民警和社区戒毒（康复）工作小组指导下填写《社区戒毒/康复人员信息登记表》，确定戒毒地点，并通知相应社区戒毒和社区康复工作组前来交接。社区戒毒和社区康复人员信息登记表的内容包括：年龄、学历、健康状况、婚姻状况、家庭状况、技能状况、经济状况、吸食毒品种类、使用毒品方式等内容，同时详细说明该人员的现实表现。

9. 社区戒毒/康复工作计划

根据社区戒毒和社区康复人员的染毒程度、经历、个人特点、生活和家庭环境等进行综合分析，制定个性化、分等级、分阶段的戒毒方案，根据戒毒效果和需要，按照规范的流程适时进行调整，提升或降低一个管理层次。该社区戒毒和社区康复计划表由社区戒毒和社区康复工作小组制定。

10. 社区戒毒/康复日常管理记录

由社区戒毒和社区康复工作小组负责填写。

11. 社区戒毒/康复人员尿样检测记录

社区民警负责组织检测，社区民警负责填写，社区戒毒和社区康复工作小组组长配合，负责尿检结果存入个人档案并及时填写《社区戒毒/康复人员尿样检测记录》。

12. 社区戒毒和社区康复人员外出请（销）假

请假由社区工作站负责填写审批表，报镇（区、街道办事处）禁毒办签章后入档。销假由社区工作站填入审批表，填写《社区戒毒/康复人员外出请假登记表》。

13. 中止社区戒毒说明书

严重违反社区戒毒协议，有下列情形之一的，报县公安局予以强制隔离戒毒：

（1）拒不报告戒毒情况经公安机关两次书面告诫，拒不改正的；

（2）逃避或者拒绝接受检测 3 次以上的；

（3）一年内擅自离开社区戒毒地点 3 次以上，或者 1 年内擅自离开社区戒毒地点累计超过 30 天的。

其程序是，社区工作组发现社区戒毒人员有违约行为时，向公安机关报告作出书面告诫。达到上述条件之一的，社区工作站填写书面材料《中止社区戒毒说明书》，并按要求交公安派出所和镇（区、街道办事处）禁毒办，派出所负责报县公安局作出强制隔离戒毒决定并实施。

14. 变更社区戒毒/康复地点

社区戒毒人员要求变更社区戒毒地点的，应向社区戒毒工作组和乡（镇、区、街道办事处）禁毒办公室提出书面申请，同时提出接收地社区戒毒工作站同意接受的证明，并填写《社区戒毒/社区康复人员变更戒毒/康复地点审批表》，由社区戒毒工作站按审批表所列程序报批并存档。

作出责令社区戒毒和社区康复决定的公安机关应当与社区戒毒和社区康复人员按照便于社区戒毒和社区康复工作开展的原则共同确定执行地点，社区戒毒和社区康复人员应当在户籍所在地接受社区戒毒和社区康复，在户籍所在地以外的现居住地有固定住所的，可以在现居住地接受社区戒毒和社区康复。

社区戒毒和社区康复人员变更执行地点的程序：社区戒毒和社区康复人员提前10日向社区戒毒和社区康复工作小组书面报告→社区戒毒和社区康复工作小组3日内向街道、乡镇人民政府报告→执行地人民政府3日内向作出决定公安机关报告→作出决定公安机关3日内书面通知接受地公安机关→接受地公安机关3日内通知变更后执行地街道、乡镇人民政府→接受地街道、乡镇人政府3日内落实社区戒毒和社区康复工作小组，衔接监护，并书面回执原决定公安机关。

15. 解除社区戒毒/康复审批表和解除社区戒毒/康复通知书

社区戒毒和社区康复人员戒毒或康复期满，由社区工作组对社区戒毒和社区康复人员进行诊断评估，提出解除社区戒毒和社区康复的明确意见，填写《解除社区戒毒/康复审批表》，报镇禁毒办公室签署意见后，社区民警负责呈报县公安局审批。公安局同意解除社区戒毒的，应制作《解除社区戒毒/社区康复通知书》，乡

（镇）禁毒办和社区工作组应将上述资料入卷存档。

16. 社区戒毒/康复谈话记录

社区工作组按社区戒毒和社区康复协议关于工作职责的规定，定期走访谈话，了解社区戒毒和社区康复人员近况，掌握其行踪。社区工作组将谈话主要涉及的内容通过书面或其他方式进行记录。

17. 社区戒毒/康复人员戒毒评估表

由社区工作组按本方案工作职责部分的规定组织评估并填写档案材料。建立帮教体系，做好走访、心理疏导等工作，每月至少与戒毒（康复）人员交流一次并记入台账。对社区戒毒和社区康复人员的情况每季度进行一次小结，每半年进行一次综合评估。

18. 关于直接转入社区戒毒/社区康复的情况说明

对目前在劳教戒毒所外执行的、限期戒毒以及自愿戒毒的吸毒人员，应与其签订社区戒毒和社区康复协议，不再开具《责令社区康复决定书》；起始时间从签订协议之日起计算。同时，镇（区、街道）社区戒毒办公室出具《关于直接转入社区戒毒/社区康复的情况说明》，以说明原因归档备查。

19. 违反社区戒毒/康复协议告诫书

对于发现社区戒毒和社区康复人员违反社区戒毒和社区康复协议时，应及时进行批评教育，酌情在社区、村庄政务公开栏内公告，必要时可向镇（区、街道）社区戒毒办公室提出意见，并开具《违反社区戒毒/康复协议告诫书》。

20. 暂停社区戒毒/康复说明书

社区戒毒和社区康复人员出现复吸或者严重违反社区戒毒和社区康复协议的情况时，及时向镇（区、街道）社区戒毒办公室报告，并填写《暂停社区戒毒/康复说明书》，由社区戒毒办公室审核后报市公安局禁毒部门。

21. 违反社区戒毒/康复协议处罚登记表

对社区戒毒和社区康复人员的各类处罚情况要记入《违反社区戒毒/康复协议处罚登记表》。

22. 社区戒毒和社区康复期满综合评估报告

做好社区戒毒和社区康复期满人员综合评估，确认已戒除毒瘾的，提出书面意见报办公室，依程序由公安机关批准解除社区戒毒或社区康复。

戒毒效果评估的内容主要包括：毒瘾依赖程度的诊断性评估、戒毒期间戒毒效果的检验性评估、复吸倾向预测性评估等方面。戒毒效果评估体系可量化为下列指标：身体健康状况、心理健康状况、道德认知、道德情感、道德行为、知法守法、就业能力。不同类型的评估包含的考核内容应有所差异，具体内容的评估可以选择有关的内容，构成具体的评估指标。

23. 申请解除社区戒毒/康复意见书

社区戒毒和社区康复期满前10日要填写《申请解除社区戒毒/康复意见书》，经镇（区、街道）戒毒办公室报至市公安局禁毒部门。

24. 社区戒毒和社区康复人员申报最低生活保障和医疗保险材料

为帮助社区戒毒和社区康复人员回归社会，有条件的社区戒毒和社区康复工作小组应当帮助社区戒毒和社区康复人员申报最低生活保障和医疗保险。申报所用表格和资料应当及时归档。

三、目前社区戒毒和社区康复法律文书和档案管理工作存在的问题

（一）对社区戒毒和社区康复法律文书和档案管理工作认识不到位

目前，公安机关、乡（镇）人民政府、城市街道办事处及其他承担社区戒毒和社区康复职责的单位部门没有充分认识法律文书和档案的重要性。许多地方为认真贯彻《禁毒法》已相继出台了社区戒毒和社区康复工作方案，确定社区戒毒和社区康复领导机构的成员，规定社区戒毒和社区康复工作流程等内容。但是，关于社

区戒毒和社区康复法律文书和档案的规定几乎没有出现在各地方现行的工作方案中，即使有少数地方的工作方案提到法律文书和档案，也是寥寥几笔简单带过。不仅社区戒毒和社区康复领导机构的成员没有档案局的成员，而且社区戒毒和社区康复工作小组中也没有专职或兼职负责档案管理的工作人员。由此可见，相关单位部门没有重视社区戒毒和社区康复法律文书的制作和使用，没有认识到档案在开展社区戒毒和社区康复工作所起到的重要作用。

（二）现有社区戒毒和社区康复法律文书种类不齐全，名称不统一

按照公安部《戒毒法律文书（式样）》的内容，县级或者设区的市级公安机关责令社区戒毒和社区康复应当出具《责令社区戒毒/康复决定书》；解除社区戒毒和社区康复，由社区戒毒和社区康复执行地公安机关出具《解除社区戒毒/康复通知书》。这两种类型的法律文书在《戒毒法律文书（式样）》有统一的名称和式样。依照《戒毒法》、《戒毒条例（征求意见稿）》及其相关法规的精神和要求，开展社区戒毒和社区康复工作包含很多程序，每一个具体程序的发生都应该以相应的法律文书作为载体，而不仅仅包括以上两种类型的法律文书。但是，由于缺乏全国性的统一规定，各地方在进行社区戒毒和社区康复工作中所使用的法律文书种类不齐全且名称不统一，甚至有些地方在工作实施方案中都没有明确规定处理某事项应当制作法律文书。这将影响社区戒毒和社区康复工作的质量，无法体现依法治国的精神。

（三）社区戒毒和社区康复法律文书填制不规范

由于各地方相关单位部门对法律文书认识不到位、法律文书种类不齐全等原因，直接导致社区戒毒和社区康复法律文书填制不规范。公安民警和相关工作人员缺乏系统培训，不能准确、完整地填制法律文书。例如，《责令社区戒毒决定书》要求写明被责令社区戒毒的原因，有些公安民警在叙述吸毒成瘾人员吸食或者注射毒品成瘾的事实时不够简练和清晰，缺乏内在逻辑性；有的对一些重要

情节和证据不作或者遗漏、错误表述；有的对原因表述过于笼统，未能准确反映出事实；还有的对同一类内容，前后表述不一致，如前面称“我局”，后面却称“本局”，在标注吸毒人员年龄时，有时写“××××年××月××日出生”，有时写“××××年××月××日生”，有时也写成“生于××××年××月××日”。一些地方的公安民警和社区戒毒、社区康复工作人员不规范地使用语言文字进行叙述，如语言不通，表述不清；错漏别字现象较多；称谓、姓名使用有误；标点符号使用错误，逗号与顿号不分，逗号与句号不分，等等。社区戒毒和社区康复法律文书填制不规范导致内容歧义和执法缺陷，不利用保障法律实施的严肃性和公正性。

（四）社区戒毒和社区康复档案资料不齐全

随着社区戒毒和社区康复工作的不断发展，各类档案必须齐全完整。档案内容丰富才能更好地为社区戒毒和社区康复服务。目前，社区戒毒和社区康复档案仅包括政策法规、文件通知和相关法律文书，而且公安民警和其他相关工作人员平日不重视及时将资料归档，容易造成档案内容不完整。社区戒毒和社区康复档案不仅应当包括法律法规、文件、法律文书及通知，还应当包括报告、汇报、说明、会议记录、工作计划、工作记录、访谈帮教记录、定期尿检记录、统计报表和调研等资料。由于缺乏各类吸毒人员的基础信息、吸毒人员在社区戒毒和社区康复情况、吸毒人员申报最低生活保障和医疗保险材料等资料，不能准确地对吸毒人员在社区戒毒和社区康复情况进行统计，也不能对改进社区戒毒和社区康复工作提供有效的参考依据。

（五）社区戒毒和社区康复档案管理不规范

社区戒毒和社区康复档案管理不规范主要表现在档案管理不集中，存放地分散，缺乏专人管理；许多社区戒毒和社区康复工作组都没有配备专职档案管理人员，大部分档案管理人员都是兼职，有的甚至身兼多职，都没有经过专业训练和系统培训，专业知识和业务水平较低。由于档案种类和载体的多样化，档案管理方法需要改进，但是缺乏专业人员，必然会导致社区戒毒和社区康复档案管理不规范和信息收集不完整。此外，档案是为完善社区戒毒和社区康复机制提供依据和参考的，如果不能及时有效地对档案进行信息开发和编研工作，就无法发挥档案应有的作用。

四、加强社区戒毒和社区康复法律文书和档案工作的基本思路

（一）加强社区戒毒和社区康复法律文书工作的基本思路

1. 提高认识

公安机关、承担社区戒毒和社区康复职责的有关单位或部门应当进一步提高对社区戒毒和社区康复法律文书重要性的认识。社区戒毒和社区康复法律文书是开展社区戒毒和社区康复工作的基础。法律文书是公安机关、乡（镇）人民政府、城市街道办事处履行社区戒毒和社区康复职责的重要工具，是处理社区戒毒和社区康复各项事务的档案记录，是法制宣传的生动教材，是检查社区戒毒和社区康复工作质量、考核公安民警和其他工作人员综合素质的重要尺度。社区戒毒和社区康复法律文书的根本作用在于保障《禁毒法》和其他相关配套法规的正确贯彻和实施，直接影响社区戒毒和社区康复工作的质量。因此，公安机关和其他相关单位部门必须高度重视社区戒毒和社区康复法律文书写作和使用的质量，把这项工作纳入社区戒毒和社区康复目标考核范围，并明确职责，完善制度，建立责任追究制度，从思想上使各级领导、公安民警和其他工作人员加强认识。

2. 完善种类

在社区戒毒和社区康复中的每一个程序，甚至每一个细小的环节，都需要写作相应的法律文书。每一个具体程序的发生都以相应的法律文书作为载体，而每一种文书的写作都是依照《禁毒法》及其他相关配套法规的规定进行的。就社区戒毒来说，公安机关作出责令社区戒毒决定，需要写作《责令社区戒毒决定书》；通知吸毒人员户籍所在地或者现居住地乡（镇）人民政府、城市街道办

事处，公安机关需要写作《责令社区戒毒通知书》；社区戒毒人员报到后，乡（镇）人民政府、城市街道办事处或者其指定的村民委员会、居民委员会需要写作《社区戒毒协议》；变更执行社区戒毒地点，乡（镇）人民政府、城市街道办事处或者其指定的村民委员会、居民委员会需要写作《变更社区戒毒地点通知书》；吸毒人员违反社区戒毒/康复协议，公安机关需要写作《违反社区戒毒协议告诫书》；吸毒人员被依法拘留、逮捕的，公安机关需要写作《中止社区戒毒通知书》；吸毒人员被依法收监执行刑罚、采取强制性教育措施的，公安机关需要写作《终止社区戒毒通知书》；吸毒人员被解除社区戒毒的，公安机关需要写作《解除社区戒毒通知书》。每一次执行具体的法律行为都需要法律文书作为凭证。因此，完善社区戒毒和社区康复法律文书的种类是公安机关和有关单位部门在社区戒毒和社区康复工作的真实反映，可以系统地体现实施《禁毒法》及其他配套法规的具体过程。

3. 统一格式

统一格式有助于规范社区戒毒和社区康复法律文书。从现行的法律文书格式看，绝大部分的法律文书都有规范的格式样本或者规范的格式，如公安机关行政法律文书样式、公安机关刑事法律文书格式、检察院法律文书格式、法院诉讼文书样式、监狱执法文书格式等。这些格式样本搭建了法律文书的主体结构框架，为写作各种法律文书提供了直接的依据和参照。许多单位部门已经将固定的格式编成计算机应用软件，通过计算机操作，可以快速完成需要人工进行的重复劳动，大大提高了法律文书的写作质量和效率。从体式的构成来看，法律文书对使用的纸张规格、文字的行款布局甚至印刷字体的大小，都有统一的规定，而且在内容和结构方面形式较为固定。目前，《戒毒法律文书（式样）》明确规定了《责令社区戒毒/康复决定书》和《解除社区戒毒/康复通知书》的式样，其他社区戒毒和社区康复法律文书格式由各省级公安机关根据实际需要进行制作。在公安部未规定其他社区戒毒和社区康复法律文书式样的情况下，各省级公安机关可以先行制定法律文书的格式。一般来说，法律文书由首部、正文、尾部三部分组成，各部分书写的内容及安排顺序也都有统一的规定。不同类别的社区戒毒和社区康复法律文书具有其固定的结构模式。这些模式有助于写作者掌握法律文书的基本写作内容和写作要素，有助于体现法律文书的统一性和严肃性。

4. 完备要素

社区戒毒和社区康复法律文书不仅在格式上要求统一规范，而且在内容上也有统一的要求。每一种具体的法律文书都是由特定的事项和要素组成的，并且有些法律文书的某些特定事项和要素由《禁毒法》及其他相关配套法规作出了一些原则性的规定。通常是法律文书样式对特定事项和写作要素的规定都比较完备和系统，对首部、正文、尾部的各个要素和一些特定事项，如吸毒人员的情况、署名等都作了明确规定。例如，按照《戒毒法律文书（式样)》的规定，《责令社区戒毒/社区康复决定书》中“被责令社区戒毒/社区康复人”的基本情况包括：姓名、性别、出生日期、身份证件种类及号码、户籍所在地、现住址、工作单位、社区戒毒和社区康复期限以及社区戒毒和社区康复地点，如果是责令社区戒毒决定，还需要写明吸毒成瘾人员吸食或者注射毒品成瘾的事实，包括简要的案情和有关证据；如果是责令社区康复决定，则需要写明责令社区康复的原因。可见，法律文书内容要素要求齐全完备。各省级公安机关在制作社区戒毒和社区康复法律文书时应当根据《禁毒法》及其他配套法规的要求，参照现有法律文书式样，规定法律文书的内容要素。

5. 规范用语

社区戒毒和社区康复法律文书格式要统一规范、特定事项与内容要素要完备齐全，就会经常使用一些程式化的语言，这些规范化语言的使用正是法律精神的体现。无论是哪种类型的法律文书，程式化的规范统一用语都是不可缺少的。例如，责令社区戒毒和社区康复决定书格式关于吸毒人员被责令社区戒毒和社区康复的原因、依据、报到时间及未按规定期限报到的后果等内容，就有下列规范统一的表述："现查明××××××××××××××××××××××××××××（写明吸毒人员被责令社区戒毒和社区康复的原因）。根据《中华人民共和国禁毒法》第××条第××款之规定，我局决定责令其接受社区戒毒/社区康复（自××××年××月××日至××××年××月××日止）。被责令接受社区戒毒/社区康复人员应当自收到本决定书之日起七日内持此决定书到社区戒毒/社区康复执行地报到，否则视为拒绝接受社区戒毒/康复。被责令接受社区戒毒/社区康复人员在社区戒毒/社区康复过程中要根据公安机关的要求，定期接受检测。"这些程式性的规范统一用语已经构成了这些法律文书写作的主要内容，认识到这一点，社区戒毒和社区康复法律文书的写作者就比较容易掌握法律文书的写作要领了。根据《禁毒法》及其他配套法规的要求，各省级公安机关应当参照现有法律文书样式，对法律文书的某些用语作出规范统一的表述。

（二）加强社区戒毒和社区康复档案工作的基本思路

1. 提高认识

为有效开展各项社区戒毒和社区康复工作，公安机关、乡（镇）人民政府、城市街道办事处及其工作人员需要大量的档案，以便熟悉情况，制订工作计划，总结工作经验和教训，采取针对性措施处理各类事务，提高社区戒毒和社区康复工作的成效。如果无档案可查或者档案不完整，就会给工作带来困难，无法对社区戒毒和社区康复进行科学管理。因此，从公安机关到乡（镇）人民政府、城市街道办事处，再到社区戒毒和社区康复工作小组必须重新认识档案工作的重要作用，将改进社区戒毒和社区康复档案工作作为完善社区戒毒和社区康复机制的一个重要组成部分。主要措施包括以下两个方面：

第一，切实加强领导。通过学习与档案工作有关的各项法规和办法，增强社区戒毒和社区康复各级领导干部的档案意识，促使各级领导干部和各工作部门形成共识，切实提高对档案工作的重要性的认识，这是做好社区戒毒和社区康复档案管理工作的前提条件和有力保证。在社区戒毒和社区康复领导小组中加入档案部门的人员，以便今后能及时从档案部门的角度对社区戒毒和社区康复档案管理提出建议和意见；确保档案工作机构、人员、经费的全面落实，把加强对档案的领导落到实处，为档案工作创造了良好的发展环境。

第二，逐步增强工作人员的档案意识。组织参与社区戒毒和社区康复工作的相关人员定期学习《中华人民共和国档案法》（以下简称《档案法》）、《机关档案工作条例》、国家档案局《机关档案工作业务建设规范》以及其他相关的档案、保密等法规，逐步制定社区戒毒和社区康复档案管理规章。通过多渠道、全方位的宣传学习，提高社区戒毒和社区康复工作人员的档案意识、档案法治观念和档案业务知识，为档案工作提供良好的工作环境。

2. 规范管理

依据《档案法》及其他相关法规的要求，建立社区戒毒和社区康复档案管理规章制度。首先，必须制定社区戒毒和社区康复档案管理办法，将社区戒毒和社区康复档案室及档案人员的职责、文件材料的形成、归档范围、归档管理、档案保密、档案借阅和利用开发等各项环节作出明确具体的规定。其次，提高社区戒毒和社区康复工作人员档案归档意识，文件材料办理完毕后应及时归档，避免时间拖延而造成材料遗失。档案管理人员应提高管理意识，注重在社区戒毒和社区康复工作的关键环节收集文件资料，从决定社区戒毒和社区康复后的交接手续、户籍资料、决定书、工作开展情况记录、家访、谈话记录、评估总结、尿检报告、劳动就业培训与指导、社区戒毒人员定期汇报戒毒情况、社会救济、各类援助（法律援助、就学援助）、尿检监督和戒毒评估等环节收集整理资料，做好档案的收集、整理、编目、鉴定、保管、统计、检索和开发利用等工作。最后，为确保制度落实，应当把档案工作作为社区戒毒和社区康复工作组定期考核的重要内容之一，以目标管理和奖惩制度促进档案工作健康有序地开展，特别是两个以上部门衔接时的交接措施不能有失控，工作责任到人，各环节确定专门负责人，保证交接和记录的真实性，并将上述措施纳入年度考评，奖惩分明。同时，档案室应防止机密文件或戒毒（康复）人员个人资料的泄露，制定保密制度及档案人员岗位责任制，建立专兼职档案人员岗位责任制。

3. 提高素质

社区戒毒和社区康复档案工作人员的业务素质水平直接影响档案管理工作的质量。一方面，社区戒毒和社区康复档案工作人员必须具备较高的政治素质，才能严格遵守档案管理的规定，服务于社区戒毒和社区康复工作。另一方面，为了使档案工作人员能够适应档案管理工作发展的需要，还要充分发挥档案工作人员的积极主动性、创造性，努力提高档案人员的专业知识水平和管理能力。由于设备的现代化、社区戒毒和社区康复档案种类和载体的多样化，管理方法需要不断改革，可以通过专题培训、专题讲座等形式，学习常用的档案管理软件的应用，培养一批既能掌握新技术，又能熟悉档案专业知识的人才，从而完成档案管理现代化的任务。在社区戒毒和社区康复工作人员紧张的情况下，可以在社区戒毒和社区康复执行地乡（镇）人民政府、城市街道办事处配备1名至2名的专职档案工作人员，从事档案的专职管理，然后在社区戒毒和社区康复工作小组配备一名兼职人员，形成一个由专职档案员具体管、兼职人员配合管，既有分散又有集中的档案管理网络。

4. 做好开发

发挥档案作用、实现档案价值、实现档案知识共享是社区戒毒和社区康复档案工作的重要内容。以多种形式迅速、准确、系统地开发、传递、应用社区戒毒和社区康复档案信息资源，可以为社区戒毒和社区康复各项工作提供有效服务。因此，必须充分开发利用社区戒毒和社区康复档案。档案人员不仅要具备一定的社区戒毒和社区康复经验，精通档案业务，还必须能够随时掌握社区戒毒和社区康复工作动态，了解、利用情况，以便及时采取相应措施，做好提供利用的准备和信息的输出工作，满足各项工作的需要，从而最大限度地提高档案的利用效益。

第十一章　社区戒毒和社区康复工作考评

社区戒毒和社区康复工作考评是对其组织机构和工作人员实施工作绩效结果的检查和验收。科学、公正、准确地考评，不仅为直接评价每一个社区戒毒和社区康复的组织机构和工作人员实绩提供了依据，而且还可以激励先进、教育中间、促进后进，从而达到提高社区戒毒和社区康复工作人员个人的能力和水平，提高队伍的整体素质，增强社区戒毒和社区康复工作效能的目的。

一、社区戒毒和社区康复工作考评的必要性

社区戒毒和社区康复作为一种新的戒毒模式，改变了以往实行的“吸毒必强戒、复吸必劳教”的戒毒制度，体现了执法的人性化和以人为本的理念。社区戒毒和社区康复的戒毒模式试点并逐步推开以来，虽然取得了一定的成效，但作为一种新举措、新模式，其被认识和正视则需要一定的时间。加之没有现成的经验可以借鉴，因此，在运行过程中难免存在一定的问题。例如，一些基层党政领导和部分禁毒工作者以及群众的观念仍然比较陈旧，对吸毒人员是违法者、病人、受害者三重性的认识不到位，仍抱有不劳教、不强戒就不足以惩戒吸毒人员的思想。由于观念的滞后和属性认同的缺失，严重影响和制约着社区戒毒康复制度的实施，以至于出现了一些地方的基层党委政府对社区戒毒和社区康复工作重视不够，没有将社区戒毒和社区康复工作作为自己的法定职责的现状；而一

般社区工作者由于缺乏制度的约束和督促，也不能很好地履行自身应有的职责。而由此带来的后果就是：被执行社区戒毒和社区康复的人员不能得到很好的监督和帮助，复吸率仍居高不下。因此，建立社区戒毒和社区康复工作考评制度显得非常必要。

（一）建立社区戒毒和社区康复工作考评制度，能为其组织机构和队伍明确工作标准提供有效的途径和科学的手段

社区戒毒和社区康复工作如果没有具体的考评标准，其组织机构和人员的工作情况就难以进行有效的评价，就会出现干不干一个样，干好干坏一个样的状况，这对切实提高吸毒人员的戒断率起不到任何作用。紧密联系社区戒毒和社区康复的实际，建立科学的考评机制，对社区戒毒社区康复的组织机构和工作队伍进行工作考察和业务考核，把有关工作能量化的指标都作量化，不能量化的均作出具体定性要求。每项内容中的每一个细节都有不等的分值进行评判。以此为基础，对该工作的组织机构和工作队伍的工作绩效给出优秀、合格、基本合格、不合格四个档次，并建立奖惩制度。只要建立合理的考评制度，必定对社区戒毒社区康复工作起到积极的促进作用。

（二）建立社区戒毒和社区康复工作考评制度，能加强工作的领导，健全机制，落实责任

尽管新的《禁毒法》出台之后明确规定，各级政府有责任落实社区戒毒和社区康复工作。但在缺乏相应的考评制度的情况下，就有可能导致有关工作难以落实、工作成效不理想的状况。建立社区戒毒社区康复工作的考评制度，可以让广大基层党政领导进一步认识到社区戒毒和社区康复工作的重要性，明确工作责任，切实分解任务指标，规范工作程序，强化目标管理，从而实现社区戒毒社区康复工作得到落实、见到实效。

《禁毒法》明确社区戒毒社区康复工作由城市街道办事处、乡镇人民政府负责，公安机关和司法行政、卫生行政、民政等部门应当对社区戒毒工作提供指导和协助，劳动行政部门对无职业且缺乏

就业能力的戒毒人员，应当提供必要的职业技能培训、就业指导和就业援助。但除公安机关和卫生行政部门外，司法行政、民政、劳动等相关职能部门明显还缺乏应有的准备，工作进展缓慢，甚至认为是在帮公安机关工作。而通过建立社区戒毒和社区康复工作考评制度，健全相应的工作机制，层层落实责任，可以让所有部门和单位都明确自身在社区戒毒社区康复工作中的职责，推动该工作的有序进行。

（三）建立社区戒毒和社区康复工作考评制度，能提高工作人员的责任意识和人员素质

社区戒毒和社区康复的主要工作内容包括：一是帮助吸毒人员戒断毒瘾，同时进行心理矫治；二是对吸食海洛因成瘾的吸毒人员较好地开展美沙酮维持治疗工作；三是对吸毒人员进行技能培训和就业指导，帮助他们真正实现回归社会。这些工作内容，各职能部门需要在政府的领导和指挥下协作开展。但从目前的情况来看，社区戒毒和社区康复工作还停留在仅靠司法行政和公安禁毒部门的力量层面，没有充分发挥各有关单位以及社区居民等社会力量的作用。同时，具体从事社区戒毒社区康复的社工也缺乏相应的专业知识，素质难以满足具体工作要求，工作职责也不够明确，这就使得社区戒毒工作大打折扣。而一种优秀的社区（戒毒）考评制度有利于专门队伍的稳定和素质的提高。

要建立贯穿工作全程的量化考评制度，对社区戒毒和社区康复工作采取平时考察和集中考核相结合、交替进行的考评制度，年终还要对全年的工作进行总评价。同时，把个人与个人之间、单位与单位之间的工作开展情况进行评比并给予奖惩。这样的考评方式可以使单位和工作人员都看到自身的差距和努力的方向，促使相应部门加强专业队伍的建设，加强工作人员的业务素质、业务能力的培养，进而提高工作人员的责任意识，提高工作人员的素质。

（四）建立社区戒毒和社区康复工作考评制度，能有效降低复吸率，达到净化社会风气的目的

良好的社区戒毒和社区康复考评制度，还包括对参加社区戒毒和社区康复人员的考评。严格的考评制度，对参加社区戒毒和社区康复的人员能起到一种心理的威慑作用，而不仅仅是流于形式的等级和检查。而在严格的考评制度之下建立起来的功能齐全的社区组织，能更好地对吸毒人员进行监管和帮助，进而有利于降低复吸率，净化社会风气。

二、目前社区戒毒和社区康复工作考评的基本情况

《禁毒法》实施之后，用法律的形式对社区戒毒和社区康复模式进行了固定，包括对社区戒毒和社区康复的对象、流程等方面的内容都进行了规定，然而，由于缺乏严格的考评制度，使得这些规定流于形式，没能发挥出应有的作用，也暴露出许多的不足和问题。

（一）目前社区戒毒和社区康复工作考评的情况

应该肯定的是，许多地方对社区戒毒和社区康复工作考评的必要性和重要性有一定的认识，并在实践中努力探索工作考评制度和考评机制的建设。具体如下：

江西九江市的《关于在城区开展社区戒毒和社区康复试点工作实施方案》中明确提出，要“把社区戒毒（康复）工作纳入工作考核的一项重要内容”。

云南云县《爱华镇社区戒毒和社区康复试点工作实施方案》中提出，要“把社区戒毒（康复）工作纳入对各村（社区）工作考核的一项重要内容”。

武汉市青山区《红卫路街关于开展社区戒毒（康复）试点工作的实施方案》中提出，要“把社区戒毒成效纳入社会治安综合治理的考核内容，制定考核办法，实行‘一票否决’，形成工作责任制和责任追究制度”。

贵州《道真自治县社区戒毒（康复）工作实施方案》中提出，要“建立督查机制”，要求“县社区戒毒（康复）指导委员会办公室要加大对社区戒毒（康复）工作的督查力度，定期或不定期抽查成员单位、乡（镇）及村（社区）开展社区戒毒（康复）工作情况，确保社区戒毒（康复）工作取得实效”。

贵州《赤水市社区戒毒（康复）工作实施方案》中提出，要“建立社区戒毒（康复）督查机制”，要求“市社区戒毒（康复）工作指导小组办公室要加大对社区戒毒（康复）工作的督查力度，定期或不定期抽查成员单位、乡（镇、街道）社区戒毒（康复）工作开展情况，确保社区戒毒（康复）工作取得实质性进展”。要“建立社区戒毒（康复）工作责任追究机制”，规定“对不履行或履行不好社区戒毒（康复）工作职责的部门、乡（镇、街道），由市社区戒毒（康复）工作指导小组办公室下达督查整改通知书，拒不整改的，报市委、市政府按禁毒工作责任追究制进行责任追究，依法对相关责任人进行行政处分”。要“建立社区戒毒（康复）激励机制”，规定“按照阶段性社区戒毒（康复）一名吸毒人员奖励社区（村）50元，阶段性社区戒毒（康复）两年一名吸毒人员奖励社区（村）100元，阶段性社区戒毒（康复）三年一名吸毒人员奖励社区（村）200元，以调动社区（村）干部参与社区戒毒（康复）工作积极性和主动性”。

夹江县界牌镇《关于社区戒毒康复推广工作实施方案》中提出，要“建立健全工作激励机制”，规定“（1）村主任兼社区戒毒（康复）工作站站长的，每月给予补助，专管员享受村民小组长待遇发给基本工资，每月再给予补助，在年终考评后发放。（2）对社区戒毒（社区康复）成功人员一次性给予物质奖励，并颁发荣誉证书，进行广泛宣传推广。（3）对社区戒毒（社区康复）站表现突出的工作人员评先，晋职、上报记功。（4）对举报吸、贩毒线索者，反映社区戒毒（社区康复）人员违规情况者给予奖励，愿意长期提供外流吸毒人员情况者每年给予奖励。（5）将戒毒工作纳入对各单位、各基层年度绩效综合考核内容”。

福建闽侯尚干镇《关于开展社区戒毒（康复）工作方案》中提出，要“严格考核，加强督导”。明确规定“将社区戒毒（康复）工作列入年度工作考核和社会治安综合治理考评内容。社区戒毒（康复）工作领导小组、派出所对社区干部、社区民警等监护小组成员的工作情况进行年终考评，并将此项考评作为年度工作绩效考评依据之一”。提出要“建立奖惩制度”，规定“镇政府年终对各村（社区）戒毒（康复）工作进行综合考核评估，对社区戒毒（康复）工作成效显著、年度工作考核优秀的单位和工作成绩突出的个人进行精神、物质奖励；对社区戒毒（康复）工作推诿，措施不落实，弄虚作假，视情予以综治工作黄牌警告，或‘一票否决’”。

（二）目前社区戒毒和社区康复工作考评中存在的问题

1. 没有统一成文的社区戒毒和社区康复考核制度

随着社区戒毒和社区康复工作的开展过程，由于考评制度的缺失，各种问题也随之浮上水面。由于没有明确的考核制度作为约束，各部门的协调、链接不到位就会缺乏监管。协调不到位，工作上没有衔接，就会导致公安机关对于哪些人真正到社区进行戒毒（康复）不清楚，社区对于哪些人是需要实行社区戒毒和社区康复的也不是很明确，就会出现“两头不到岸”的情况。而如果明确各相关部门在社区戒毒工作中的责任分工，督促其认真履行职责，并将责任落实情况纳入各级政府的年度综合目标考核，以上状况就能得到很好的解决。因此，将社区戒毒和社区康复纳入可操作的制度化轨道，制定相应的考核制度，建立相关的奖惩办法；将社区戒毒和社区康复工作纳入社会治安综合治理考核范围，实行“一把手”负责制，进行“一票否决”，具有极大的现实意义。

2. 考评目的定位模糊

目前，一些社区戒毒和社区康复组织机构和队伍过于看重考评结果上的名次，存在重结果轻过程、重排名轻公正的倾向，有的甚至认为考评主要是为了部门评先进、单位发奖金、领导添政绩，因而不惜舍本逐末，采取不公平竞争的手段，进而使得目标管理考评脱离日常工作，流于形式，耗费了大量的时间和人力、物力，而考评工作促进社区戒毒和社区康复工作向前发展的应有成效却难以达到。

3. 考核的主体不明确

在一些地方，社区戒毒和社区康复工作由谁负责考评并不十分明确，如2010年4月，三水区西南街道禁毒委员会办公室下发了《关于好社区戒毒（康复）工作迎接上级考评检查的通知》。其中的“上级”是何部门，并不清楚。而事实上，服务于社区戒毒和社区康复的人员当中，部分是需要专业的知识和技能的，对于这一部分人的考核，应需要具备专门知识的人来进行，而不是单由一个部门或者是某一类人单独进行。

4. 考核的对象不明确

目前，随着社区戒毒和社区康复工作中问题的暴露，各地出台了相关的制度进行约束，把考评提到了桌面上，但到底考核谁，应该包括哪些主体，却没有明确的指明，这使得考核本身的意义没有得到体现。

5. 考核的内容不够明确

虽然很多地方对社区戒毒和社区康复工作的考评内容作了一些规定，但从总体上看，不够明确、具体。不少地方主要从社区戒毒和社区康复的组织领导、机构设置、参与社区戒毒人员配置比例、运作模式等方面考评，而对社区戒毒和社区康复的业务方面的考评内容没有作明确、具体的规定。

6. 考评程序和方式过于单一

（1）考评程序单一。目前，大部分地方的目标管理考评工作缺乏一套科学完善的考评程序，多是把考评指标进行分解细化，并以表格的形式将考评内容进行分类，然后由上级机关定期前往被考评机关进行形式上的检查，或者是由下级机关直接将考评需要的材料送至上级机关接受审查，整个考评过程相当于教师批阅学生作业一样，直接打分并最终以分数进行排名，这样简单的考评过程难以科学评价一项工作的好坏，由此产生的考评结果其客观性与真实性也将大打折扣。

（2）考评方式单一。目前，考评方式一般包括集中汇报、分组考评、抽样检查、意见汇总、情况反馈、统一评分、结果通报等几个步骤，一般是每个社区戒毒和社区康复组织机构或单位一天时间，由某个人负责十项考评项目中的某一项或几项内容，再由其确定考评分数。

7. 考核监督机制不完善

考核的目的是促进社区禁毒和社区康复工作扎实稳步的开展，而不应该只是一种形式，因此，考核结果的运用是考核机制的核心。但目前，禁毒工作考核还没有被单列为考核项目，而分值在综治考核总分值中占的比重很小，仅相当于一篇调研材料的分值，能否完成对全年综治考核总成绩影响不大，使得社区禁毒和社区康复工作不能得以扎实有效的开展。可见，对于考核结果的监督应由专门的部门来进行，并且提升社区禁毒和社区康复考核结果在年终综合考核成绩中所占的比例。

8. 考评结果应用比较薄弱

一些地方虽然对考评结果的运用作了一些规定，例如，做得好的，成效明显的，要给予精神奖励，甚至物质奖励，与有关人员的评先评优、晋职晋级相挂钩，做得不好的，成效不明显或者有失误的，要追究相应的责任。但实际中大都没有得到真正落实，没有将考评结果带入有关机构或者部门和有关工作人员的工作考核中，没有很好地与有关机构或者部门评先评优、有关工作人员晋职晋级相挂钩，考评的作用没有得到充分发挥。

总之，加强禁毒工作，仅仅注重打击和戒毒两个方面是不够的，还必须加强对吸毒人员的社区戒毒和社区康复工作，否则打击和戒毒工作的成果将会被 90% 以上的高复吸率所抵消。而转变戒毒理念，制定完善相应的政策法规制度，规范管理，建立健全考核评估跟进机制，就显得尤为重要。完善的社区戒毒和社区康复考评制度能更好地促进社区戒毒和社区康复工作的开展，更有利于社区戒毒和社区康复工作目标的实现。

三、加强社区禁毒和社区康复工作考评的基本思路

（一）遵循考评工作的原则

社区戒毒和社区康复考评工作是对社区戒毒和社区康复状况进行全面、综合、科学、公正的评价。考评的结果是对社区戒毒和社区康复工作成绩的肯定。考评的结果要客观、准确，有权威性、有说服力，为此，在考评过程中必须遵守以下几条原则：

1. 客观性原则

考评工作的客观、公正是社区戒毒和社区康复工作的生命。客观性原则要求评估的过程和评估的结果要坚持一切从实际出发，实事求是，力求做到考评内容真实全面，体现客观实际性，否则，考评的结果就没有权威性，无法达到考评的目的，甚至会误导社区戒毒和社区康复工作的发展方向。

2. 科学性原则

社区戒毒和社区康复考评的科学性原则要求评估的标准要科学，评估的过程要科学，评估的方法要科学。通过这三方面的严格把关，坚持以科学的理论方法为指导，合理分配各项考评指标，从而树立考评的权威性，使参加考评的对象能真正接受考评结果，能严格按照考评后发现的欠缺和不足，进行有针对性的工作，有效地解决问题，推动社区戒毒和社区康复工作的进一步开展。

3. 公正性原则

社区戒毒和社区康复考评必须遵循“依据客观、标准统一、考评真实”的公正性原则。一是考评依据必须实在，要用指标的量化和质化体系反映成果，而不能主观臆断；二是考评指标要有普遍适用性，对各社区使用同一标准，以共性的角度出发，找出带有

规律性、共同性的指标，站在中立的立场上，对各社区进行一致性的评判；三是考评方法要讲求真实性，保证评估结果尽可能地公正、科学、客观、有对比性，以利于参评对象接受评估结果，进而改善社区戒毒和社区康复工作。

4. 可操作性原则

社区戒毒和社区康复考评必须具有一定的可操作性。由于社区的类型复杂，情况多样，如果事无巨细，全都列入考评的范围，那么必然会导致考评指标体系庞大、程度复杂、工作量巨大、评估周期长的现象出现，这不仅使评估的难度和成本大大增加，而且还会影响参评社区和单位的工作，不利于工作目标的实现。因此，我们要在设计考评内容上，体现考评目标的优化和高效，注重定量与定性相结合，力求指标量化，避虚求实，增强考评的可操作性和可比性；在考评程序上，坚持于法周严、于事简便、繁简适度、易行可靠的原则；在考评方法上，应该尽量简单，易于操作，依据考评内容及评分标准，采用听取汇报、材料审核、问卷调查、实地考察、组织座谈等方法进行，使考评能够方便顺利的开展；在设计考评指标上，要便于比较分析，易于统计核实，防止和纠正社区戒毒和社区康复考评中出现的数据不实、结果失真现象。

（二）明确考评的目的

考评的目的是考评机制的核心，直接决定着考评机制的功能和定位。在社区戒毒和社区康复工作中，考评的首要目的是通过落实考评指标体系，实现考评的监督与管理作用、激励作用和反馈调节作用，引导社区戒毒和社区康复工作深入开展，树立正确的工作导向；其次，通过规范评估程序，严格评估指标，科学衡量社区戒毒和社区康复工作阶段性成效，力求客观公正地评估各社区、各单位的工作实绩，反映社区戒毒和社区康复工作的进展及成效；最后，通过考评结果的奖惩机制，总结工作经验，找出问题和差距，鼓励先进，鞭策后进，促使社区戒毒和社区康复工作部署得以正确深刻的落实，进一步推动社区戒毒和社区康复工作的制度化、规范化和常态化。

（三）建立健全考评机构

考评工作的开展，必须依赖于有一个完整的考评机构进行具体实施，因此，设立长期的考评机构势在必行。要在禁毒委下设长期和固定的考评机构，并建立考评数据库，对相关信息进行收集、管理和评估，为开展社区戒毒和社区康复工作提供有力的组织保障和物质支持。考评机构成员由各市、区分管领导、主要相关部门负责人、相关业务专家等组成。禁毒委主要领导担任考评机构领导，统一社区戒毒和社区康复工作考评内容、标准和程序，强化领导，带动各相关部门之间的互动和协调配合，避免条块化考评带来的弊端，以确保考评机制真正发挥作用。同时，进一步加大培训力度，不断提高社区戒毒和社区康复工作考评人员的能力和水平。

（四）完善考评内容

社区戒毒和社区康复工作的考评内容是考评机制的关键要素，具有强烈的导向作用。考评内容的设计是否科学合理，直接决定考评机制的权威性和认同感。因此，考评必须从符合社区戒毒和康复工作的客观规律出发，合理设置考评内容。

1. 社区戒毒和社区康复工作人员素质考评

对社区戒毒和社区康复工作人员素质的考评包括职业道德、职业能力、工作表现和工作成效这四方面的结构和程度的考量。

（1）职业道德：主要考评社区戒毒和社区康复工作人员遵守国家法律法规、社区规章制度和行为规范，社区戒毒和社区康复工作人员对职业的认同感、敬业精神和事业心，社区戒毒和社区康复工作人员的荣辱观、职业操守和以身作则情况，社区戒毒和社区康复工作人员对工作的态度、方式和责任心，社区戒毒和社区康复工作人员的大局意识和团结协作意识等方面内容。

（2）职业能力：主要考评社区戒毒和社区康复工作人员实施社区戒毒和社区康复工作的各项专业技能，包括实际业务能力、理论知识能力、团队协作能力和专业发展能力四方面内容。

①实际业务能力：主要考评社区戒毒和社区康复工作人员了解工作对象的思想状况、分析和解决社区戒毒和社区康复相关问题的能力，宣传禁毒工作的能力，治疗与服务的能力，与工作对象和家属的沟通能力等。

②理论知识能力：主要考评社区戒毒和社区康复工作人员熟悉禁毒法律法规政策、相关工作流程的程度，以及掌握社区戒毒和社区康复基本工作方式方法的能力等。

③团队协作能力：主要考评社区戒毒和社区康复工作人员与当地党委、政府、公安、卫生、司法、民政、劳动等行政部门的沟通、协作能力，能否合理运用社区资源。

④专业发展能力：主要考评社区戒毒和社区康复工作人员全面掌握和拓展业务知识、提高自身综合素质的能力，了解和运用社区戒毒和社区康复新理念的能力等。

（3）工作表现：主要考评社区戒毒和社区康复工作人员的履职行为，包括工作量、德育工作、工作常规三方面内容。

①工作量：主要考评社区戒毒和社区康复工作人员承担社区戒毒和社区康复工作的任务量、工作日志与档案、出勤率以及其他管理工作的情况。

②德育工作：主要考评社区戒毒和社区康复工作人员针对工作对象的生理和心理特点在社区戒毒和社区康复工作中实施德育的情况，履行心理疏导与行为纠治职责、帮助戒毒困难对象或品行偏差对象的情况等。

③工作常规：主要考评社区戒毒和社区康复工作人员的社区戒毒和社区康复工作准备和实施情况，包括工作预案、个案管理、对吸毒人员的查处登记、社区帮教工作、工作对象就业指导与培训以及参与社区戒毒和社区康复管理等。

（4）工作成效：主要考评社区戒毒和社区康复工作人员完成岗位职责的效果，包括教育效果、社区戒毒和社区康复效果以及宣传效果三方面内容。

①教育效果：主要考评社区戒毒和社区康复工作人员指导工作对象道德行为习惯改造、身心健康发展，以及社区禁毒风气、戒毒困难对象或品行偏差对象的进步情况等。

②戒毒（康复）效果：主要考评工作对象的社区戒毒和社区康复效果，以工作对象毒瘾依赖程度的诊断性评估、戒毒期间戒毒效果的检验性评估、复吸倾向预测性评估等方面为依据。

③宣传效果：主要考评社区戒毒和社区康复工作人员在本辖区开展禁毒宣传教育的效果以及工作对象、家属和其他社会成员对国家有关禁毒的方针和政策法规的了解情况。

2. 社区戒毒和社区康复工作量考评

（1）组织领导考评。主要考评社区戒毒工作领导小组与社区戒毒办公室的设立情况，社区戒毒和社区康复工作实施方案的制定情况，社区戒毒和社区康复工作会议的召开情况，社区主要领导在社区戒毒和社区康复工作中的检查督导和参与情况，联合整治行动的开展情况，社区戒毒和社区康复工作的动员和总结情况，社区戒毒和社区康复工作困难与问题的解决情况。

（2）相关部门考评。社区戒毒和社区康复工作的职能部门是乡镇、社区街道办事处，公安、司法、卫生、民政、财政、劳动和社会保障、教育等部门，以及工会、共青团、妇联组织，因此，对这些部门进行考评是落实整个社区考评工作的基础。

①乡镇、社区街道办事处：主要考评组织机构的设立情况，社区戒毒办公场地、设施落实情况，经费保障情况，社区戒毒工作落实情况，社区吸毒人员戒断毒瘾情况，建立台账情况。

②公安部门：主要考评对吸毒人员动态管控机制的实行情况，吸毒人员台账和档案的建立情况，针对娱乐场所吸、贩毒问题日常治理工作的开展情况，戒毒人员的分类呈报、审批工作情况，民警对吸毒人员进行定期尿液检测情况，吸毒人员药物维持治疗的建档情况等。

③司法部门：主要考评社区戒毒相关法律、法规的普法宣传情

况，对社区戒毒和社区康复人员的法制宣传教育与司法援助情况，刑释、解教吸毒人员的帮教工作情况。

④卫生部门：主要考评医疗机构和社区卫生服务机构参与社区戒毒和社区康复的指导情况，对吸毒人员药物维持治疗与医护工作情况。

⑤民政部门：主要考评社区戒毒和社区康复社区建设和社区管理情况，安排人员指导社区工作人员参与社区戒毒和社区康复工作情况，对符合社会救助条件的戒毒人员家庭的救助情况。

⑥财政部门：主要考评社区戒毒专项经费、美沙酮药物维持治疗补助经费的拨付、管理和监督情况。

⑦劳动和社会保障部门：主要考评对社区戒毒人员进行必要的技能培训情况，社区戒毒人员的就业情况。

⑧教育部门：主要考评社区戒毒和社区康复知识是否纳入教学计划，中小学校毒品预防教育课程的开设情况，以及对社区戒毒和社区康复人员的文化教育支持，社区戒毒和社区康复人员子女就学问题的解决情况。

⑨工会、共青团、妇联组织：主要考评对职工、群众、青少年、妇女的社区戒毒宣传工作情况，组织动员职工、群众、青少年、妇女参与社区戒毒工作和帮教工作情况。

3. 社区戒毒和社区康复工作效果考评

（1）考评强制隔离戒毒、社区戒毒工作完成任务情况。包括强制隔离戒毒、社区戒毒、社区康复人数占实有登记人数的比例，以全国禁毒信息系统数据统计表、强制隔离戒毒人员名单列表及强制隔离戒毒法律文书存根、社区戒毒人员名单列表及社区戒毒法律文书存根、社区康复人员名单列表及社区康复法律文书存根为依据。

（2）考评社区戒毒年平均在戒率和美沙酮药物维持治疗年平均在服率，以全国禁毒信息系统数据、每月禁吸戒毒工作情况通报为依据。

（3）考评吸毒人员戒断巩固率，以全国禁毒信息系统数据、戒断率情况统计表为依据。

（4）考评年度新滋生、新发现吸毒人员数占实有吸毒人员数的比率，以全国禁毒信息系统数据统计表、新增率统计表为依据。

（5）考评堵源截流效果，包括公安机关完成破获毒品刑事案件任务数、逮捕毒犯任务数，以公安机关禁毒部门任务完成情况报表为依据。

（6）考评社区居民对禁毒知识的知晓率，通过问卷调查，了解社区戒毒和社区康复宣传工作效果的情况。

（7）考评社区戒毒和社区康复工作对象和社区居民对社区戒毒和社区康复工作的综合满意度，以问卷调查的形式随机抽取社区部分吸毒人员和居民对社区戒毒和社区康复工作服务态度以及效果等方面的满意度情况为依据。

（四）规范考评运行

考评机制成效的好坏，关键在于日常运行和落实是否规范，社区戒毒和社区康复工作考评体系首先要成为一个具体指导社区戒毒和康复工作的工具，有助于禁毒委全面了解社区戒毒和社区康复工作的结构和内容，并使各社区戒毒和康复工作工作能逐步地统一起来，逐渐实现规范化、制度化。

1. 单向考评

具体由禁毒委制定考评办法，对下级的考评要由上级统一组织实施，对社区戒毒和社区康复重点工作、阶段性工作或者临时工作进行专项考评，并把日常考评、阶段性考评作为确定年度考评成绩的重要依据，改变仅以年终一次性考评确定年度考评成绩的情况。

2. 设立网上考评系统

探索建立网上社区戒毒和康复工作考评信息平台，实现以下目标：一是加强对社区戒毒和社区康复工作相关部门和人员的动态管理，实现全程监督；二是大幅度减小考评机构的压力，考评工作人员所需要考评的工作指标，均以计算机来进行管理和提示，以减少考评人员的工作量，提升工作效率；三是通过对社区戒毒和社区康复工作开展信息研判，及时收集相关数据信息，为社区戒毒和康复工作提供新思路和新方向，形成“评价—反馈—整改—再评价”的持续改进机制。通过设立网上考评系统，严格填报制度，加强监督管理，规范数据的积累，实现对考评全过程的动态管理，从而提高考评的透明度、公平性。

3. 落实抽查制度

要有针对性地组织开展专项检查考评，把抽查和专项检查考评结果记入年度社区戒毒和康复工作成绩，实现社区戒毒和社区康复考评工作的日常化、动态化。

（五）完善考评机制

完善科学的考评机制是社区戒毒和社区康复工作管理与监督的基础性工作。完善考评机制，一是从整体和系统的高度出发，重视和其他有关制度的协调配合，确保与社区戒毒和社区康复工作的其他制度的衔接，充分实现互补和支持，形成完整、完善、系统的社区戒毒和社区康复工作体系，从而有效解决单纯追求目标量化考评结果产生的工作僵化或者机械化的问题。二是要把社区戒毒和社区康复工作纳入社会治安综合治理、建设“平安社区”和公安打防控考核内容的范围，科学分解落实责任，实行责、权、利相互统一。三是设计一个目标体系，并对每个单项指标和总体综合予以量化，将各项工作目标、工作任务进行具体量化设置，建立一组衡量和监测社区戒毒和社区康复工作的统计指标和评估指标，定期加以考核督促。四是将社区戒毒和康复工作纳入部门的年度考核的范围，提高禁毒工作的分值，以科学的考核督查引导社区戒毒工作的落实。同时，制定和完善对社区戒毒专职管理人员和社工的分类考核制度，将他们的平时管理情况和个人表现，特别是与戒毒人员的谈话情况以及维持率等纳入考评内容。

（六）强化考评结果的运用

考评结果重反馈，完善考评工作制度和优化考评流程，不断加强和提高社区戒毒和社区康复工作业务能力建设。考评结果要与奖惩挂钩，最大限度地发挥考评机制的激励作用。禁毒委要结合年度禁毒工作考核，重点评估各社区戒毒和康复工作情况，考评结果分为优秀、称职、基本称职、不称职四个等次，年终考评后，公示考评结果，对成效显著、年度工作考核优秀的单位进行奖励，对社区戒毒和康复工作推诿、措施不落实、弄虚作假的，予以通报批评。对工作严重不力，导致本地区毒情形势严重，危害社会稳定的，进行“一票否决”。

总之，建立科学合理的社区戒毒和社区康复工作考评机制，是一项艰巨的任务。只要我们坚持以科学发展观为指导，紧密结合实际，持之以恒，常抓不懈，就一定能够建立起更加科学、合理的社区戒毒和社区康复工作考评机制。

第十二章　我国社区戒毒和社区康复试点工作的经验

《禁毒法》颁布后不久，国家禁毒委员会就部署了社区戒毒和社区康复的试点工作；随后，全国各地按照国家禁毒委员会的部署，迅速行动起来，定点开展试点工作。社区戒毒和社区康复的试点工作，对社区戒毒和社区康复的组织机构建设、队伍建设、制度和机制建设以及工作流程、运行等各方面进行了摸索，取得了一些实效，也积累了一些经验，为社区戒毒和社区康复的全面铺开创造了条件、奠定了基础、提供了经验。

一、我国社区戒毒和社区康复试点工作的基本历程

为了配合执行《禁毒法》，2008 年 4 月 22 日，国家禁毒委员会办公室下发了《关于开展社区戒毒和社区康复试点工作的通知》(禁毒办通〔2008〕26 号)，要求各省、自治区、直辖市禁毒委员会办公室、新疆生产建设兵团禁毒委员会办公室，结合当地实际情况，组织开展社区戒毒和社区康复试点工作。

该通知明确指出，社区戒毒和社区康复是《禁毒法》在总结我国部分地区多年来戒毒帮教工作成功经验的基础上规定的符合科学戒毒规律和我国国情的新的戒毒康复措施。考虑到各地的实际情况千差万别，各地落实社区戒毒和社区康复工作的措施的具体形式和工作模式也不可能千篇一律，因此，各省、自治区、直辖市有必要在先行试点的基础上，逐步探索适合本地实际情况的社区戒毒和

社区康复工作模式，建立适应禁毒形势的工作队伍、工作制度以及相应的保障机制。试点工作的成效如何，直接关系到《禁毒法》能否顺利实施。为此，各级禁毒领导机关和禁毒部门务必高度重视，精心组织，根据国家禁毒委员会的要求，在各地市至少选择一个有代表性的城市街道办事处和农村的乡镇作为试点单位，开展社区戒毒和社区康复试点工作。

2008 年 6 月 1 日，《禁毒法》正式施行，标志着我国禁毒工作由此进入到了依法全面推进的新的历史阶段，对全面推动我国禁毒事业长远发展具有重大意义。各地区、各有关部门按照国家禁毒委员会统一部署，全面掀起贯彻实施《禁毒法》的热潮，为全面推进新形势下的禁毒工作打下了坚实的基础。

2008 年 6 月，中共中央总书记、国家主席、中央军委主席胡锦涛，中共中央政治局常委、国务院总理温家宝，中共中央政治局常委、中央政法委员会书记周永康对禁毒工作作出重要指示，要求把禁毒工作作为一项长期任务，坚持不懈地抓下去；要以实施《禁毒法》为契机，加强禁毒执法，在宣传教育、依法严打、科学戒毒、强化管理、国际合作等方面取得明显成效。

2008 年 6 月 24 日，国务委员、国家禁毒委员会主任孟建柱主持召开国家禁毒委员会全体委员会议，传达学习、贯彻落实胡锦涛总书记等中央领导同志重要批示精神，要求各地区、各有关部门认真贯彻落实胡锦涛总书记等中央领导同志重要指示精神，进一步坚持禁毒人民战争这一有效形式和基本经验，以巩固和扩大海洛因治理成果、遏制新型毒品发展蔓延为重点，扎扎实实地做好禁毒宣传教育、禁吸戒毒、堵源截流、缉毒执法、禁毒重点整治等各项工作，全面推进禁毒人民战争向纵深发展、在新的起点上开创禁毒工作的新局面。

2008 年 9 月 4 日，国家禁毒办、中国禁毒基金会在甘肃省兰州市召开全国社区戒毒试点工作座谈会。国家禁毒办副主任、公安部禁毒局副局长李远征、中国禁毒基金会副理事长刘志民参加会议。甘肃、天津、山西、内蒙古、辽宁、山东、河南、陕西、宁夏、青海等10个省、直辖市、自治区禁毒办有关负责人员汇报了当地社区戒毒试点工作进展情况。会议分析了社区戒毒措施的执行情况和当前工作中存在的主要问题与困难，对下一步继续深化社区戒毒和社区康复试点工作提出了新的要求。

此次会议指出，《禁毒法》确定的以社区戒毒、强制隔离戒毒、社区康复、康复场所矫治“四大平台”为一体的、具有我国特色的、符合国际社会通行模式的戒毒体制，不仅解决了吸毒人员的生理脱毒，而且解决了吸毒人员的心理脱毒，把严格执法和科学戒毒有机结合在一起。各级党委、政府和禁毒部门要把新的戒毒体制当做一场革新，采取果断措施推行新的戒毒体制，对吸毒人员管理真正实现“构建四大平台、实现无缝衔接、提供贴身服务、落实动态管控”，这样才能达到社区戒毒试点的目标，才能真正解决吸毒人员复吸率居高不下的问题。目前，我国社区戒毒工作刚刚起步，各项工作千头万绪，各级禁毒部门要深入学习了解《禁毒法》，积极主动地向同级党委政府汇报，争取他们的支持和理解，切实调动基层组织的工作积极性。各地要结合试点工作实际，带着问题学习《禁毒法》，积极向国家禁毒办献言献策，使即将制定出台的戒毒条例更加科学合理、切合实际、便于操作。

此次会议要求，社区戒毒、社区康复尚处于试点阶段，各地要按照现有工作方案，指派专门工作人员，深入基层，深入社区，掌握第一手资料，切实找准社区戒毒的难点和盲点，处理好管理与服务的关系，在管理中体现服务，在服务中体现人性化的管理。各地在试点过程中，要严格按照《禁毒法》的有关条款，对符合社区戒毒、社区康复的吸毒人员，一定要依法执行，社区戒治一批，社区康复一批，这样试点工作才能有的放矢。[1]

《禁毒法》规定了社区戒毒和社区康复等新的戒毒措施，为

---

① 《禁毒周刊》第4199期。

此，国家禁毒委员会办公室下发了《关于开展社区戒毒和社区康复试点工作的通知》，卫生部、司法部就配合做好社区戒毒和强制隔离戒毒场所医疗卫生工作，进一步推进戒毒康复工作，提出了明确要求。民政部把社区禁毒工作作为和谐社区建设的重要内容，切实做好对符合条件的生活困难戒毒人员及其家庭的救助工作。各地选择有代表性的城市街道和乡镇作为试点开展社区戒毒和社区康复工作，基本上确立了以乡镇街道政府为主体，乡镇街道综合治理部门或禁毒办具体实施，招聘专职工作人员和社工开展具体工作，卫生、公安、司法、民政、劳动保障等相关部门配合协作的工作模式，特别是甘肃、浙江两省积累的较为成功的经验，为社区戒毒和社区康复工作的全面铺开起到了积极的示范作用。《禁毒法》正式实施后至2008年年底，全国共有16363名吸毒成瘾人员被责令社区戒毒，原强制戒毒和劳教戒毒期满的出所人员绝大部分顺利转入了社区康复。按照《禁毒法》的相关规定，原有的强制戒毒和劳教戒毒统一改为强制隔离戒毒，各地认真做好新旧强制性戒毒措施的衔接工作，主动争取当地党政领导和相关部门的支持，在强制隔离戒毒经费、强制隔离戒毒人员收戒、公安与司法强制隔离戒毒投送工作衔接等方面主动调研，积极加强协调，因地制宜制定工作对策，确保了《禁毒法》实施后戒毒工作的顺利衔接，全国公安强制戒毒所和司法劳教戒毒所都顺利完成了强制隔离戒毒所的挂牌工作。据统计，自2008年6月1日《禁毒法》正式实施以来至2008年年底，全国已有103359名吸毒成瘾人员被依法予以强制隔离戒毒。①

各地区、各有关部门在开展试点工作的基础上，全面推进社区戒毒和社区康复工作，认真落实工作机构、职责任务、社会保障等措施，例如，甘肃、上海等地全面落实社区戒毒和社区康复措施，组织禁毒专干和社工队伍提供社区戒毒和社区康复专业化服务。云

① 《2009年中国禁毒报告》。

南昆明推出“70公社戒毒康复模式”，利用社区资源帮助戒毒人员戒毒康复与经济自立。2009年，全国共有4.7万名吸毒成瘾人员被责令社区戒毒，有3.5万名强制隔离戒毒出所人员被责令社区康复。目前，全国巩固3年以上未复吸的达6.8万人。[①]

二、社区戒毒和社区康复试点工作的成效和经验

社区戒毒和社区康复工作是一项新生事物，如何开展，如何实现社区戒毒和社区康复效果最大化，是当前禁毒工作面临的新课题。各地在贯彻落实《禁毒法》的过程中，结合当地禁毒的实际情况，根据国家禁毒委员会的要求，选择一个有代表性的城市街道办事处和农村的乡镇作为试点单位，积极开展社区戒毒和社区康复试点工作。经过两年多的摸索探寻，各地取得了一定的成效，积累了一定的经验。特别是甘肃、浙江两省积累了较为成功的经验，为社区戒毒和社区康复工作的全面开展起到了积极的示范作用。其主要做法是：

（一）加强领导责任制，建立社区戒毒和社区康复组织保障体系

各地积极争取党委、政府的大力支持，按照法律、法规的要求，确立以城市街道办事处、乡镇人民政府为主体，社会治安综合治理部门（或禁毒办实体组织）为责任部门，专职人员和社工开展实际工作，卫生、司法、公安、民政和劳动保障等相关部门配合协作的社区戒毒组织保障体系。

例如，甘肃省通过试点，不断完善社区戒毒和社区康复模式，形成了“以社区为基础、家庭为依托、专业组织提供指导和服务，公安、司法、卫生、民政、劳动保障等相关部门齐抓共管，志愿者、工青妇等社会力量参与”的社区戒毒和社区康复工作机制。全省不仅在省、市州、县区、乡镇街道四级政府层层成立了禁毒

---

① 《2010年中国禁毒报告》。

办，而且在社区、重点村、城中村都配备了至少一名禁毒专干，凡吸毒人员超过 50 人的再增配一名协管员，对辖区内吸毒人员超过 200 名的派出所，确定一名民警专门负责禁毒工作，增强禁毒专业人员力量。①

又如，杭州市萧山区成立了由区委、区政府领导担任组长的试点工作领导小组，成员由公安局分管领导、禁毒办主任、街道主任、镇长组成，领导小组下设办公室，具体负责试点工作组织实施和工作指导。街道、乡、镇成立了试点工作小组，并落实综治办确定专人负责禁毒社工和社区戒毒试点工作的组织实施。

再如，南京市建立了三级领导机构。各街道成立了社区戒毒办公室，办事处主任负总责，分管副主任具体负责，街道综治办、禁毒办、司法、民政、劳动保障和公安等相关人员组成。每个社区都成立了社区戒毒工作组，由社区主任、社区民警、专职禁毒社工、社区医院人员和禁毒志愿者等组成，组长由社区主任担任。对每名社区戒毒人员都建立了社区戒毒帮扶小组，由其家庭成员或者监护人、专职禁毒社工、社区民警、社区工作人员、禁毒志愿者及其所在单位代表等组成，专职禁毒社工负责落实社区戒毒措施。

（二）加大经费投入，建立专职禁毒社工队伍

例如，甘肃省对省、市、县三级禁毒部门的领导干部、公安部门相关处室负责人和禁毒委成员单位负责人、联络人，专门进行了禁毒业务培训，不但提高了他们的禁毒业务知识，还增强了他们的禁毒执法能力。在禁毒经费方面，确保落到实处。甘肃虽然是一个经济欠发达省份，但各级政府仍逐渐加大对禁吸戒毒工作的经费投入，省委、省政府提出“再穷不能穷禁毒”，每年拨出专项禁毒经费 850 万元，近几年各市州和县区都把禁毒经费纳入了财政预算。该省酒泉市甘州区，其 2007 年的社区戒毒康复工作经费为 10 万元，2008 年增加到 15 万元；定西市安定区目前政府每年对全区的

① 嘉峪关人民政府网。

禁吸戒毒工作财政预算拨款10万元。此外，区县政府聘用的社区禁毒专干人员工资待遇由区县政府统一规定，并纳入政府财政预算。各级政府的经费投入基本上保证了社区禁吸戒毒工作的顺利开展。对于社区禁毒专干人员，区县政府聘用后每月工资待遇约600元。①

杭州市萧山区在确定兼职禁毒社工和其所监护的吸毒人员名单的基础上，按辖区每20名实有吸毒人员配备1名专职社工。禁毒专职社工工作待遇、保险等参照当地巡防人员发放。禁毒兼职社工按照监管的吸毒人员每名每月补助100元。试点工作中禁毒专（兼）职社工的工资奖金费用和事务性经费由试点单位承担，省、市相关部门的补助全部划到试点单位。南京市向社会招聘禁毒专业社工，由公安机关负责组织培训，社工工资待遇为每名每月1000余元，由财政拨款，由公安机关发放。②

（三）明确职责分工，将社区戒毒工作纳入社会治安综合治理考核

例如，甘肃省各级党委、政府对禁吸戒毒工作予以了高度重视。1999年，甘肃省禁毒委制定的《甘肃省禁毒工作责任制》（省委办发〔1999〕86号）文件中规定了各地（市、自治州）、县（市、区）、乡（镇、街道）的党政一把手是禁毒工作的第一责任人，主管领导是第二责任人，并把禁毒工作列为社会治安综合治理、创建安全文明小区活动考核的重要内容，实行考核的“一票否决制”，即凡禁毒戒毒工作考核不合格的，其综合治理考核即为不合格。对隐瞒当地毒情不如实上报考核指标的，发现后对党政领导进行严肃处理。因此，各级党委和政府、禁毒部门对本辖区禁吸戒毒工作非常重视，结合本地区实际情况制定工作条例、管理办法，探索建立社区帮教工作机制，采取各种措施保证禁吸戒毒工作

---

① 《中国药物依赖性杂志》2010年第6期。

② 杜新忠戒毒禁毒专业网。

的有序开展。《禁毒法》颁布实施之后，从区县、乡镇街道到社区都结合已有社会帮教经验及社会帮教队伍人员情况，组建社区戒毒、社区康复帮教工作机构，并由社区或乡镇街道党委主要负责人作为第一责任人负责社区工作的开展。①

杭州、南京等市均建立了“一把手”亲自抓、负总责，分管领导具体抓的禁毒工作领导责任制，成立了社区戒毒和社区康复工作领导小组，对试点工作情况做到定期汇总分析，并研究部署下步工作；明确各禁毒委成员单位责任，在履行好自身工作职责的基础上，协作配合，相互沟通，及时研究解决试点工作中存在的困难和问题；确定乡（镇）负责日常管理和定期检测工作，成立了社区戒毒机构，公安、卫生、行政、民政、劳动保障、司法部门配合做好相关工作。

（四）建立健全社区戒毒运行机制，签订社区戒毒和社区康复协议

社区戒毒是一项具体而又细致的工作，各地在试点中，严格按照法律、法规落实工作责任和措施，建立和完善社区戒毒工作机制。开展社区戒毒和社区康复工作后，社区和每一位参加社区戒毒和社区康复的吸毒人员签订社区戒毒和社区康复协议，明确社区戒毒和社区康复人员、家属与社区工作小组的责任、权利与义务，落实吸毒成瘾检测、法制教育、药物治疗、低保救助、就业指导等各项工作措施。

例如，甘肃省禁毒委要求各级禁毒部门要在继承过去有效做法、丰富原有经验、巩固既有成效的基础上，按照《禁毒法》的有关规定，针对甘肃省禁毒工作面临的新形势、新问题，不断创新工作思路和工作手段，研究解决影响《禁毒法》贯彻实施的体制性、机制性和保障性等问题。公安、司法、卫生、民政、财政、劳动保障等相关部门要按照《禁毒法》关于社区戒毒和社区康复工

① 《中国药物依赖性杂志》2010 年第 6 期。

作职责的规定，进一步细化和明确具体责任，认真履行法定职责。各市州也要积极探索适合本地实际情况的社区戒毒和社区康复工作模式，建立适应禁毒形势的工作队伍、工作制度以及相应的保障机制。

又如，杭州、南京等市均建立了一套完整的社区戒毒和社区康复工作制度，建立了《社区戒毒试点工作实施方案》、《相关部门社区戒毒工作职责》、《社区戒毒工作小组工作职责》、《社会工作者工作职责》、《社会工作者考核奖励办法》、《社区戒毒对象量化管理标准》等一整套可操作性强的制度。在社工管理上按工作职责进行量化考核，考核不合格的，解除聘用关系。社区戒毒工作领导小组对各乡镇每年都进行考核。城市街道办事处、乡镇人民政府指定社区戒毒和社区康复工作组与戒毒人员签订社区戒毒协议。社区戒毒和社区康复工作组制定社区戒毒和社区康复计划，通过尿检、谈话、戒毒知识辅导、法律援助、就学就业援助、告诫、戒毒情况定期评估等方式和途径，对戒毒人员进行管理和帮助。其中每月对吸毒人员的戒毒情况进行小结，每半年进行一次戒毒工作评估。社区戒毒人员要按规定接受毒品尿样检测。①

三、社区戒毒和社区康复工作存在的主要问题

自社区戒毒和社区康复机制运行以来，各地虽取得了一定的工作成效，但由于社区戒毒和社区康复是一个全新的戒毒模式，社区戒毒和社区康复工作还处于试点阶段，各地在实施社区戒毒和社区康复工作中尚无现成经验可以借鉴，社区戒毒面临着各种复杂环境因素以及戒毒人员主观因素的影响，因此，在工作开展过程中，社区戒毒和社区康复工作面临着诸多困难和问题：

（一）对社区戒毒和社区康复工作认识不足，重视不够

一些地方党政领导对戒毒工作的重要性认识不到位，认为戒毒

① 杜新忠戒毒禁毒专业网。

工作是公安部门或戒毒所的事，和社区的关系不大，低估了社区戒毒工作的重要作用。社区戒毒作为一项重要的工作内容没有真正纳入政府的工作计划和议事日程中，更没有形成一个具体的、系统的落实戒毒工作的责任制度。上级政府若不重视，各个社区当然不会将戒毒工作作为重点工作来做，更不会将戒毒工作作为日常工作常抓不懈。卫生、民政、劳动等相关职能部门也存在认识误区，认为戒毒与己无关，与公安机关工作配合不够紧密。事实上，社区戒毒和社区康复工作是党委、政府的法定职责。《禁毒法》第 34 条第 1 款明确规定："城市街道办事处、乡镇人民政府负责社区戒毒工作……"由于我国开展社区戒毒和社区康复工作还处于起步阶段，宣传工作不够深入，街道办事处、乡镇人民政府的一些领导对社区戒毒和社区康复工作的目的、职责、工作程序等认识不清，了解不够到位，思想观念没有转变过来，对开展社区戒毒和社区康复工作积极性不高，工作欠主动；有的社区存在观望、等靠的思想，把开展社区戒毒和社区康复的工作都寄托在社区民警身上，都希望在解决社区戒毒专职人员的配备和下拨社区戒毒专项经费后再开展社区戒毒和社区康复活动，工作处于被动局面。

（二）社区戒毒机构不健全，工作效率不高

《禁毒法》规定，初次发现的吸毒成瘾人员可责令其接受社区戒毒，而经社区戒毒后再次吸食、注射毒品的可对其进行强制隔离戒毒。而事实上，一些街道办事处只设置了社区禁毒专干，仅负责辖区内的吸毒和戒毒人员的登记工作，真正的社区戒毒机构并没有建立起来，更无从开展社区戒毒工作。目前，全国在册吸毒人员总体上呈现逐年增加之势，据统计，全国上网入库的吸毒人员 2007 年年底为 95.7 万人，[①] 2008 年年底为 112.67 万人，[②] 2009 年年底

① 《2008 年中国禁毒报告》。

② 《2009 年中国禁毒报告》。

为133.5万人。[1] 对吸毒人员的监督、管理与帮教任务越来越重，很多社区戒毒组织面临诸多困难。一是社区戒毒工作需要适当的办公场所，戒毒工作日常开支与工作人员工资福利需要大量经费，吸毒人员的药物维持治疗急需大量费用，所有这些都需要相应的资金投入，经费问题困扰着全国绝大多数的社区戒毒工作。二是社区设置戒毒医疗与康复机构需要相应的场地、房屋、设备、药品，需要大量的人力、物力投入，社区戒毒医疗与康复机构要取得合法的法人地位必须符合国家规定的条件，办理相应的手续，由于诸多条件的限制，这些问题的解决往往需要很长一段时间，从而影响了戒毒康复工作的开展。

（三）法律、法规不够完善，不利于执法活动的开展

《禁毒法》于2008年6月1日正式颁布实施，社区戒毒和社区康复工作有了专门的法律依据，戒毒体系得以进一步完善。但由于《禁毒法》刚出台，在实际工作中有的地方不太了解《禁毒法》的相关规定内容，这在一定程度上制约了执法力度，由此引发了一系列的不良后果，如吸毒人数增加速度较快、复吸率高、对社区戒毒和社区康复工作不够重视等。开展社区戒毒和社区康复工作，缺少与《禁毒法》配套的相关法律、法规和具体的实施细则，是导致大多数地区社区戒毒模式至今尚未搭建成型的主要原因之一。与社区戒毒和社区康复工作紧密相关的戒毒条例和一些相关法规至今尚未出台，仅依靠《禁毒法》来构建社区戒毒和社区康复模式缺少可操作性。社区戒毒、社区康复模式构建工作中涉及的很多问题需要相关配套法规作为支撑。所以，在有关具有可操作性的配套法规颁布之前，社区戒毒和社区康复工作难以真正展开，导致社区戒毒和社区康复工作未能较好地落到实处。

（四）社区戒毒工作专业人员缺乏，影响矫治效果

目前，社区戒毒还停留在仅依靠公安禁毒部门的力量的层面

---

① 《2010年中国禁毒报告》。

上，没有充分发挥社区居民等社会力量。社区戒毒缺乏具有相关专业知识的专业人员，使社区戒毒工作在一定程度上也受到限制，由于缺少专门的社区戒毒队伍和与之相适应的志愿者队伍之间的配合，从而形成公安禁毒部门孤军奋战的局面，使社区戒毒工作难以全面展开。根据医学理论和临床实践经验，吸毒成瘾后渴求复吸是一种脑部疾病。吸毒行为在病理学上是一种病态的表露，需要专业医生和专业药物进行治疗。卫生部规定，鉴于戒毒医疗工作属于精神卫生工作领域，戒毒医疗工作原则上应在各地精神病院内设立戒毒治疗部。这说明，戒毒防复吸是一项经常性且专业性很强的治疗工作，而目前，我国的社区戒毒和社区康复专业工作人员相当短缺，社区综治员、社工、社区医生多数是临时抽调或者招募的人员。很多社区戒毒工作人员，对戒毒专业知识了解不多、不深，很难在专业治疗上提供帮助，使社区戒毒和社区康复未能达到预期的矫治效果。

（五）社区戒毒宣传工作不到位，没有形成全民参与禁吸戒毒工作的氛围

社区戒毒和社区康复是一种全新的戒毒措施，要使此项工作得到社会各界的理解和支持，必须加强舆论宣传力度，只有把政策法规宣传到位，才能为《禁毒法》的实施和社区戒毒工作的顺利开展营造浓厚的氛围。而现在的禁毒宣传模式只局限于标语横幅、广播电视、发放宣传资料等，各职能部门没有深入组织社区戒毒和社区康复具体内容的宣传学习，宣传效果也只停留在概念性的基础上，局限在初次吸毒人群和强制隔离戒毒期满的部分人群中，没有使社区戒毒和社区康复真正成为全民关心、全民参与的一项工作，这在很大程度上制约了社区戒毒和社区康复工作的持续深入开展。

（六）社区戒毒队伍不稳定，工作开展难度大

社区戒毒和社区康复工作是一项专业性、连续性很强的工作，工作人员如果业务不熟悉、社情不了解，就难以达到预期的工作效果，但现状是由于社工身份难以落实，待遇保障较低，难以安心工

作，流动性很大。同时，社工素质参差不齐，如果缺乏责任心，社区戒毒措施就难以真正落实到位，很可能会导致漏管失控；如果缺乏足够的爱心，就不能为吸毒成瘾人员提供到位的帮扶，使社区戒毒工作的开展流于形式；如果不了解涉毒人员心理，工作方法简单，还可能激起工作对象的抵触情绪，导致其“破罐子破摔”，丧失改正的信心。社工队伍的稳定和素质问题必将制约着社区戒毒和社区康复工作的最大效果，不利于社区戒毒和社区康复工作经常性地开展，不利于戒毒康复工作长效机制的形成。

四、深化社区戒毒和社区康复的工作思路

目前，社区戒毒在我国尚处于探索性阶段，要保证其法律化、有序化地进行，必须通过加强组织领导、健全戒毒机构、完善配套法规、加大经费投入、加强宣传教育、构建动态管控机制等各项具体工作，才能保证国家的社区戒毒政策落到实处，取得预期效果。

（一）加强组织领导，提高思想认识

根据《禁毒法》第4条第2款“禁毒工作实行政府统一领导，有关部门各负其责，社会广泛参与的工作机制”和第34条“城市街道办事处、乡镇人民政府负责社区戒毒工作……”的规定，党委、政府要加强领导，把社区戒毒和社区康复工作摆上重要议事日程，上级禁毒部门负责组织、协调、指导街道办事处开展社区戒毒和社区康复工作，各街道办事处、社区、公安、法院、检察院、财政、社会劳动保障、司法、民政、卫生、教育等有关职能部门各负其责，通力协作，扎实有效地开展社区戒毒和社区康复工作。

戒毒工作要取得实效，必须坚持“以社区为本”、“以人为本”的原则。要从思想上充分认识到社区戒毒工作的重要性，尤其是各级政府要充分认识到社区戒毒工作的重要性，才能使社区戒毒工作在行动中夯实社区戒毒基础，理顺社区戒毒机构的职责任务，落实力量配备和经费渠道，加强社区戒毒工作人员的教育培训，加大戒毒经费、装备投入，提高科技含量，提高戒治率，以促进社区戒毒

工作的大力开展。

（二）健全社区戒毒工作机构，加强戒毒专业队伍建设

社区戒毒工作机构设置合理与否，是戒毒工作能否顺利开展的基本保障。《禁毒法》明确规定，城市街道办事处、乡镇人民政府负责社区戒毒工作。目前，各街道（乡镇）普遍建立由街道（乡镇）党工委、办事处分管领导任组长，由综治办、派出所、社区疾病防治中心和街道（乡镇）有关科室等部门负责人参加的禁毒领导小组（或称禁毒协调指导委员会）。在此基础上，应注重加强戒毒工作机构力量。街道（乡镇）戒毒工作机构可设在综治办内，并且明确1名干部负责具体戒毒工作；对辖区内吸毒人员超过100名以上的街道（乡镇），应设立1～2名戒毒专职干部。居（村）委会可建立戒毒工作小组，由居（村）委干部、社区民警、社会禁毒工作者和帮教志愿者组成。社区戒毒的优势在于充分利用各种社会资源及力量，共同矫治吸毒成瘾者。仅依靠街道（乡镇）、居（村）委干部和社区民警的力量是远远不够的，还必须动员、组织社区居民群众积极参与戒毒工作，培育和建立社区戒毒自治组织。各街道（乡镇）可建立戒毒志愿者协会，各居（村）委会相应设立分会。戒毒志愿者协会可吸收社区内热心于戒毒工作的社会帮教志愿者、戒毒社会工作者、治安积极分子及其吸毒人员家属参加，共同开展社区戒毒相关工作。

吸毒成瘾者的治疗、矫治工作是一项非常艰巨的工作，社区戒毒工作队伍的专业化水平在很大程度上影响和制约了戒毒工作的开展。目前，我国社区戒毒工作人员素质差别很大，尤其是社区戒毒中高层次专门人才在数量上、质量上都还处于比较紧缺的状态，特别是现代化的社区戒毒工作人才、管理人才、教育人才、心理矫治人才等不能满足社区戒毒人员日益增长的个性化教育矫治的需求，优质的专业化矫治队伍尚未组建起来。社区戒毒工作人员大多是来自各监狱、劳教所和司法行政部门“转岗”，加上街道干部、教师和一部分社会志愿者协助矫治工作。因此，为了推进社区戒毒工作

的需要，应当大力加强专业化队伍建设。在政策上对戒毒机构编制、经费等方面要给予适当倾斜，也可选派出一些责任心强、经验丰富、业务熟练的人员充实进去，具体从事社区戒毒工作。

（三）完善戒毒配套法规，增强执法的可操作性

完善的法律、法规是开展社区戒毒和社区康复工作的重要前提。建议有关部门在拟定“戒毒条例”时能够广泛征求意见，深入基层调查研究，充分考虑《禁毒法》实施后社区戒毒工作面临的问题，根据实际需要制定出具有可操作性的法律规定。除了完善配套法规外，各有关部门还应制定出一些相关的管理规定和实施细则，使社区戒毒工作的构建和开展能够有法可依，有规可循。各地还应该在现有法律政策的基础上，探索性地制定相关操作规范、保障机制。例如，落实吸毒人员动态管控机制建设；依法对涉嫌吸毒人员定期尿液检测；相关审批工作和法律文书的制作、下达；落实对强制隔离戒毒出所人员的接转工作；对不执行社区戒毒规定或在社区戒毒期间又吸食毒品的戒毒人员依法采取强制隔离戒毒措施等，以推动社区戒毒工作深入开展，最大限度地实现吸毒人员躯体脱瘾、身心康复和回归社会。

（四）加大社区戒毒经费投入，保障戒毒工作正常运转

社区戒毒和社区康复是《禁毒法》规定的戒毒新模式，项目的前期建设需要投入大量的财力、物力，今后的正常运转也需要有长期的资金作保障。因此，经费问题是此项工作面临的一个重要难题。由于我国地区经济发展不平衡，尤其是对于相对贫困落后的地区来说更是一个较大的经济负担。社区戒毒工作的主要经费来源需要各级财政的大力支持。社区戒毒工作的经费大致可分为场所建设经费、宣传经费、办公经费、专职社区戒毒工作人员工资及兼职社区戒毒工作人员补贴、兼职社区医务工作人员补助、美沙酮药物维持治疗费用、社区戒毒人员尿检费用、社区戒毒工作者帮教技能培训费用等。有力的经费保障机制是抓好社区戒毒工作的基础和前提，也是确保社区戒毒工作长效开展的坚强后盾。因此，要通过多

种渠道解决社区戒毒经费的投入。一是各地政府要将社区戒毒经费列入当地财政预算，设立专项经费，实行专款专用，建立健全戒毒经费保障和监督机制，完善基础设施建设。对于一些特别贫困的地区，国家财政应给予适当的经费补贴。二是建立社区戒毒基金会，广泛募集社会资金，鼓励社会团体、企业、民间组织、商人、爱心人士等投入资金，借助社会力量解决部分戒毒经费。三是协调相关企业设立专门的安置就业点，组织生理脱毒后的戒毒人员参与生产劳动，开发多种项目的生产经营活动。通过生产自救所得的收入可用于补贴一些戒毒经费，保障社区戒毒工作的顺利进行。

（五）加强社区戒毒宣传教育，提高禁吸戒毒意识

加强宣传，提高认识，是社区戒毒工作有效推进的前提。开展社区戒毒应把宣传教育贯穿始终，针对外来人员、青少年、吸毒高危人群三个层面，启动县（区）、乡（镇）街道、社区三级宣传网络，开展形式多样、丰富多彩的宣传教育。一是要深入宣传贯彻《禁毒法》，对开展社区戒毒工作的重要意义、任务要求和如何开展工作进行深入的学习培训，提高社区工作人员对戒毒工作的认识，调动工作积极性。二是各级禁毒委成员单位要各负其责，充分发挥职能作用，突出对学生、社会闲散人员、外来务工人员等易涉毒重点人群以及重点场所的宣传教育，坚持集中宣传与经常性宣传教育相结合，社区戒毒宣传与普法、科普、公民道德、艾滋病防治等宣传教育相结合，利用报刊、广播、电视、网络等宣传媒体和组织专题宣讲团等形式，全方位、多角度、有针对性地开展宣传。三是要利用多种形式进行丰富多彩的宣传，通过组建社区戒毒宣传队、发放资料、开展禁毒知识咨询、座谈会和学习会等活动，向群众和涉毒对象广泛宣传《禁毒法》，形成浓厚氛围，提高广大群众对社区戒毒工作的正确认识。四是要利用各种形式，全面开展面向社会公众的禁毒宣传教育活动，引导、鼓励社会各界和广大人民群众参与禁毒工作。五是要宣传《禁毒法》对吸毒者具有“病人、违法者、受害者”三重属性的定位，注重对吸毒者的人文关怀。

六是要宣传戒毒措施的转换。从以前的惩罚性措施转换为以教育与救治相结合，帮助吸毒人员戒除毒瘾，充分体现康复治疗、权利保障和人文关怀的社区戒毒方式，促使全社会从思想观念上适应《禁毒法》的要求，树立“以人为本”的禁毒工作新理念。

（六）构建社区吸毒人员动态管控机制，巩固戒毒成果

为了确保社区戒毒工作顺利开展，基层派出所和社区民警要注意密切掌握社区戒毒和社区吸毒人员的动态，巩固戒毒成果。一是要对社区的高危人群定期调查，将摸排社区新滋生吸毒人员作为工作重点，发现异常情况及时处理。二是要掌握被帮教戒毒人员的社会交往、家庭等情况，建立健全他们的档案信息资料，形成详尽的个人档案。在此基础上，将戒毒帮教对象分为重点对象、一般对象和放心对象，指导社工因人制宜落实帮教措施。三是要把收集的信息及时输入警务综合信息平台，并且充分利用现有吸毒人员的信息资源，对涉毒人员、案件和毒品流向进行跟踪分析，适时研判，探索动态环境下有效查控涉毒违法犯罪活动的新途径。四是要经常对社区内歌厅、舞厅、洗浴等容易涉毒的场所进行检查，对其经营者、从业者和参与娱乐人员进行禁毒教育，落实禁毒管理措施，减少涉毒违法犯罪问题的发生。

第十三章　国外社区戒毒和社区康复的经验及启示

社区戒毒和社区康复源于国外，属于社区矫治的范畴。我国当前很多社区戒毒和社区康复的试点都是学习借鉴国外的模式和经验，因此，对国外社区戒毒和社区康复模式及经验进行总结，能够给我们带来启示，有利于我国社区戒毒和社区康复试点工作的顺利开展及其普及推广。

一、国外社区戒毒和社区康复的基本模式及经验

总体而言，目前国外的社区戒毒和社区康复模式主要有医学康复模式和社会心理康复两种模式。① 简而言之，医学康复和社会心理康复这两种模式并非一开始就取得了成功，而是经过各个国家进行了长期实践所转变和发展起来的。

医学康复模式的主要依据和理论基础是：第一，从毒品本身来看，毒品能够使人成瘾，但通过医学方法可以控制，使吸毒人员的生理机能得到有效改善，进而逐渐治愈；第二，从吸毒人员本身来看，毒瘾是吸毒人员药物滥用的病态表现，是一种长时期的、易反复发作的脑疾病，需要通过医疗康复治疗。目前，许多国家都采取合法长期使用海洛因、吗啡、杜冷丁、鸦片、美沙酮、丁内啫啡等

① 陈金瑞：《国外戒毒模式与方法的借鉴比较研究》，转引自四川省司法厅网站，2009年12月18日。

多元药物维持疗法对吸毒者进行治疗。事实上，这是一种姑息政策下的替代疗法，是以毒性较低的毒品替代毒性强烈的海洛因。美沙酮疗法是这一模式的成功范例。

社会心理康复模式基于刑事社会学派“刑事执行必须要减低成本，同时要尊重刑事被执行人”的观点，强调矫正吸毒人员的毒品依赖心理，增强社会适应能力。通常由心理学工作者、社会工作者、康复咨询人员或精神病医生对吸毒者进行认知治疗和行为治疗。当前，社会心理康复模式主要通过在自然社区中为吸毒者提供戒断毒瘾的专门社区，通过社会和亲情感化、心理引导等方式，促使戒毒者在意志上战胜毒瘾的诱惑，实现戒断和康复的目的。这种模式在戒毒、脱毒阶段对专门社区的需求相对迫切，因为要有专门的戒毒社区才能更好地保障戒毒者从毒品来源上进行隔绝，提高戒断效果；而在康复阶段，对社区的封闭性要求相对低一些。其中，治疗性社区是采用最广泛的心理康复模式，它是一种居住性治疗环境，主要通过吸毒者自助和互助来矫正自己的人格问题，改善人际关系，树立自己负责任的观念。

（一）英国社区戒毒和社区康复的模式及基本做法

起源于英国的“处方体系”①（Prescription System）是世界上最早的社区戒毒模式，又称为医疗康复模式。处方体系，是指由医疗机构及其专业人员向戒毒者提供帮助抑制戒断症状和药物渴求及阻断毒品作用的药物，使其在生理上免除海洛因的困扰，同时接受有关的辅导、行为矫治、心理治疗等，让吸毒成瘾者较快康复。

随着医学及制药技术的发展，德国药学家率先从鸦片中分离出吗啡和可卡因，皮下注射器也得以发展完善，皮下注射吗啡治疗神经痛的方法在19世纪60年代的欧洲就被广泛应用。后来，人们对毒品危害性的认识不断提高，英国于1920年通过了《危险药品条

---

① 王竞可：《析英国社区戒毒模式 探我国禁吸戒毒新路》，载《云南警官学院学报》2005年第3期。

例》，对毒品进行了严格的限制和惩罚，内政部更是规定吸毒者将接受法律制裁而不是医疗救助。这在医学界和司法界之间展开了激烈的争论。直到1926年，英国罗勒斯顿委员会在一份以激烈、强硬的口吻提出成瘾属于疾病范畴而不仅仅是“一种邪恶的放纵”以及要求国家以医疗手段来处理吸毒者的毒品成瘾问题的报告提交给国家议会并获得通过，争论才得以平息。随后，包括鸦片和可卡因的维持处方疗法等一系列医疗救助措施相继出台，成瘾者们都可以从他们的注册医生手中得到维持剂量的处方毒品，而不是转向毒品黑市去寻求毒源。1964年修订的英国毒品法案和1965年、1967年修订的危险药品法案都一致同意并承认1961年颁布的联合国关于英国毒品立法会议。这一系列事实最终构建了毒品成瘾者接受门诊救治新体系的框架，使海洛因和可卡因维持治疗得以规范。

第二次世界大战期间，德国成功合成和发明了替代吗啡的麻醉性镇痛药盐酸美沙酮（简称美沙酮）。20世纪60年代初期，人们又发现美沙酮具有治疗海洛因依赖脱毒和替代维持治疗的药效作用，美沙酮逐渐替代海洛因和可卡因成为处方药品，英国处方体系戒毒模式也因此初具规模。因此，处方体系算是美沙酮替代疗法的前身。

起初，处方体系是作为一种社会福利模式来运作的，但随着毒品日益泛滥，该体系实施到后来就以禁绝毒品为最终目的并由精神病学家直接负责具体实施。这标志着对毒品成瘾者的治疗由福利模式向控制模式的转变。治疗福利可以任人决定是否享受，社会控制就必须取得足够的支撑才能办好，尤其需要具有强大而规范的社区服务体系和巨额的经济支持，英国在这两方面都具备了基本的条件。一方面，英国国民社区意识较强，社区生活和教育是居民活动的中心；信仰宗教的比例也较高，教堂基本覆盖所有社区并成为他们的重要活动场所。因此，社区、教会及各种社会组织得以有效地围绕社区戒毒和社区康复工作发挥积极作用。另一方面，英国作为发达国家，有巨额财政投入诸如处方体系等社会服务工程，其终身免费的完善的福利医疗是推进处方体系实施社区戒毒和社区康复的重要保证。英国国家卫生事业局（National Health Service，常用其简称 NHS 指代英国国民医疗体系）在社区戒毒和社区康复工作中发挥了不可忽视的作用。NHS 确保每一位英国公民从出生的那一天起就有固定的注册医生为他提供稳定的医疗保健咨询和治疗服务，长期的医患接触使得他们之间逐渐形成一种默契的相互信赖的关系。因此，对于一个有毒瘾的人来说，一旦他决心要戒毒，就很容易得到医生的帮助，在他们的指导下进行替代维持治疗。英国在普及社区医疗服务上投入了大量资金，也有许多社会资金资助处方体系，给英国社区戒毒和社区康复提供了资金保障。由于政府的组织，法院、戒毒中心、精神病院、社区卫生机构和社会工作者等密切协作，英国形成了一个多层面的反毒品网络。[①] 在英国，戒毒矫治项目如今已经发展成为一个个非常便利，综合性很强的机构组织，成瘾者只要走进任何一家以社区为载体的当地戒毒机构都能获得免费的治疗。

处方体系在社区戒毒和社区康复方面得以推进的一个重要原因是英国施行毒品治疗与检测令[②]，把参加社区戒毒当做执行刑罚的一种变通方式。根据司法部基层工作指导司赴英国考察团了解到的情况："毒品治疗与检测令是于 1998 年开始试点，在 2000 年的法案中得到立法确认的一种社区矫正刑。毒品治疗与检测令可以由治安法院、王座法院以及少年法庭对满足以下条件的、16 岁以上的犯罪人适用：犯罪人依赖毒品，或有滥用毒品的倾向，其依赖性或倾向性比较严重，以至于需要接受戒毒治疗。但是，毒品治疗与检测令的适用不是强制性的，只有在犯罪人明确表示愿意接受戒毒治

① 胡纪念、陶晶：《英国特殊精神病院和反毒品工作情况简介》，载《法律与医学杂志》1999 年 3 期。

② 司法部基层工作指导司：《英国社区矫正制度》，载《中国司法》2004 年第 11 期。

疗的情况下，法院才可以判处毒品治疗与检测令。”毒品治疗与检测令的服刑期限应当在6个月以上3年以下。毒品治疗与检测令包括两项内容：一是治疗要求，强制犯罪人必须接受戒毒治疗。在进行戒毒治疗期间，可以根据具体情况，通过判决明确犯罪人住在指定的医院或治疗中心接受治疗，也可以允许其不住院治疗。二是检测要求，需要犯罪人在执行毒品治疗与检测令的期间，定期提供血液样本，以检测戒毒成效。检测工作在矫正官的监管下进行。在执行毒品治疗与检测令期间，法院还必须定期审查犯罪人的戒毒进展，每次审查之间的时间间隔应当至少在1个月以上。法院审查，应当要求犯罪人到庭，宣读犯罪人的血液检测结果、矫正官的报告以及治疗医生的意见等。如果经法院审查，认为犯罪人取得了令人满意的效果，在此后的审查中，可以采用简化的程序。可见，毒品治疗与检测令作为一种相对宽松的刑罚社区化执行方式，客观上造就或推动了英国社区矫正服务走向发达。

另外，英国还用物质奖励帮助瘾君子戒毒。英国全国卫生与临床学会宣布，政府将给予涉及16岁以上的约3.6万名毒品瘾君子购物券或其他奖励以帮助他们戒除毒瘾。根据瘾君子接受治疗计划和戒毒的情况，他们将得到70～150英镑不等的补偿，但其生活起居将一直受到监控，目的是确保他们不会再次吸毒。当然，这一措施的实施，也有减轻政府财政负担的考虑。因为，英国是一个高福利国家，而该国毒品注射者中有30%左右的人是乙肝携带者，政府支持的国家医疗服务系统每防止一名吸毒者成为乙肝携带者，就能节约4500英镑。①

（二）美国社区戒毒和社区康复的模式及基本做法

美沙酮疗法和治疗性社区是美国最著名、最成功的两种社区戒毒和社区康复模式。

---

①　方圆译：《英国用物质奖励助瘾君子戒毒》，载《中外健康文摘》2007年第8B期，原载《泰晤士报》。

美沙酮疗法（Methadone Maintenance）模式脱胎于英国“处方体系”模式，经过创新使用后发扬于美国。美沙酮疗法是美国应用最普遍的戒毒模式，该疗法已经在很多国家被推广使用，成为国际性的戒毒康复方法。在美国，美沙酮治疗是一项部分由国家捐款资助、其余由牟利的私营机构推行的专门计划，州政府机构负责批核、否决和监督药瘾治疗计划及制订计划标准。其目的并不是要求成瘾者完全戒除毒品，而是希望通过此计划能成功戒除成瘾者的毒瘾，改善戒治人员的社会生活功能，使他们能早日回归社会。该研究计划包括：药物滥用报告计划（Drug Abuse Reporting Program）治疗结果预测研究（Treatment Outcome Prospective Study）及相关个别计划的评估。① 美沙酮疗法是针对成瘾度高、戒除困难的吸毒人员，本着减少毒品危害和逐步治愈的目的，通过提供美沙酮替代毒品并有计划、有目标地递减供应量以达到定量控制的目的，从而降低成瘾治疗者对毒品的“想瘾”，恢复他们的社会功能和家庭功能，避免或减少死亡及其他行为问题的发生。根据患者对毒品的依赖程度不同以及功能和目的不同，在具体应用过程中，又被区分为美沙酮替代疗法或美沙酮维持疗法。② 由于美沙酮本身具有成瘾性，替代疗法的依据就是美沙酮毒性相对低一些、瘾性弱一些，用它替代海洛因等毒性、瘾性较强的毒品，逐步减轻戒毒者对毒品的依赖性；维持疗法是戒毒者进行过脱毒治疗基本戒断毒瘾后，定期给戒毒者以限量的美沙酮进行维持，防止和减轻戒毒者对毒品的强烈觅求。

治疗性社区（Therapeutic Community，简称 TC）模式是给毒品成瘾者提供一个庇护性社区，旨在为生理脱毒人员创造一个没有外界干扰、能够自食其力的戒毒环境，通过心理辅导、互帮互助等戒

① 徐媛媛、庄华、张鹏：《中外社区戒毒和社区康复比较研究》，载《云南警官学院学报》2010 年第 1 期。

② 苗翠英：《戒毒药物美沙酮》，载《刑事技术》2005 年第 1 期。

毒方式，帮助吸毒成瘾者逐渐摆脱“心瘾”，重拾生活信心、重建正常生活，最终达到完全戒毒的效果。由此看来，美国治疗性社区具有浓厚的生活化底蕴，即通过营造高度结构化的社区环境，使戒毒者重识自我，回归正常行为，建立正常社会关系。最初将 TC 引入临床戒酒（匿名者戒酒协会，简称 AA）治疗的是 Wilson 与 Bob；开创性引入戒毒的是美国人 Charles 开办的锡南浓（Synanon）。以后相继发展的 TC 类模式有凤凰村（Phoenix House）、星星之屋（Start House）、日顶村（Daytop Village）等。①治疗性社区戒治模式的主要内容包括：“集体治疗”、“个别指导课程”、“毒瘾治疗及正式的教育课程”、“生活、工作之义务观念养成”及“日常生活工作作息阶段表”等。治疗性社区模式的成功之处在于改变了传统意义上毒品成瘾者所面对的生活形态，极大地填补了吸毒人员苦于戒毒找不到专业环境的空白，让其从最初的求助转变到自我援助，大大增强了他们的自信心和自尊心，同时也在一定程度上缓解了社会矛盾。治疗性社区的缺点也显而易见，由于治疗性社区有别于传统的戒毒治疗，其治疗重点并不是脱毒，而是脱毒后的心理治疗、行为矫正、能力培养、人格重塑，因此这种治疗时间相对较长（一般一个疗程为 1 年左右，后加以短期辅助措施；有的还要根据治愈情形延长治疗时间），费用很高，一般普通家庭经济负担上有一定的压力，好在美国治疗性社区戒毒的治疗费用多由政府出资或由健康保险单位支付。

日顶村作为当今美国最成功的 TC 之一，它遵循的是“将受过培训的戒毒成功者作为社区的主导力量，影响其他毒品滥用者的转变”，强调“以森严的等级制度来运转 TC，让戒毒者自己管理自己”，工作人员仅起到监督与引导的作用。日顶村的一个突出特点就是充分调动戒毒成功者参与管理和服务，有 50% 的工作人员是

---

①　龚国如、邹晓敏、宋娟、江红：《TC 治疗在我国戒毒领域的应用现状及前景》，载《中国药物依赖性杂志》2006 年第 1 期。

戒毒成功者。因此，它能够有效地营造有效的、平等互助的同伴教育戒毒康复氛围。日顶村的戒毒者通过治疗前准备（entry）、核心治疗（upstate treatment）和重返社会（re-entry）三个阶段，参与并完成行为矫正、心理治疗、人生观教育和生存能力训练等多个项目的治疗，最终从日顶村毕业。①

另外，美国还有医院急性戒毒计划和门诊咨询与日间留院计划等其他社区戒毒和社区康复模式。美国医院急性戒毒计划是对急性戒毒人员通过在医院进行药物治疗（使用的药物一般有抗忧虑药、美沙酮等），解除其对毒品“成瘾”的依赖习惯，最终达到消除症状、远离毒品的康复目的。美国大部分的戒毒计划，通常使用药物美沙酮来解除鸦片类药物成瘾发作的症状，治疗时间在21天以上。门诊咨询与日间留院计划是专门针对急性戒毒者完成戒毒后，因需要进行持续医疗照顾，预防毒瘾复发而建立的。美国早在1970年就已开始实施此计划，当时主要针对年轻的药瘾患者。该计划设计的内容相当广泛，涵盖身体健康、心理健康、教育、职业、法律、房屋、财物、家庭等方面，其主要目的是咨询、训练药瘾患者的社会技能，强调戒除合法及非法的药品，并对可能造成药品吸食的环境予以关切。

为落实前述各种社区戒毒和社区康复模式及计划，美国在法律制度、领导和管理及经费保障等方面建立了有效的运行机制。

第一，制定较为完善戒毒法律。1914年12月14日，美国参众两院通过了以司法手段全面管制可卡因和鸦片的《哈里森麻醉品法》，该法案1915年3月1日正式生效后，极大地限制了鸦片剂类毒品的使用，但未能将大麻纳入法案管制范围。② 1966年11月8

① 陈蕾：《美国日顶村治疗社区简介》，载《中国药物依赖性通报》1996年第3期。

② 张勇安：《国家与社会的互动：美国大麻管制政策的源》，载《社会科学》2009年第2期。

日，美国总统约翰逊签署了《麻醉品成瘾康复法》，该法规定在成瘾者或亲属的要求下，通过民事程序为非刑事犯的成瘾者提供治疗；同时，为各种研究活动和地方治疗设施提供1500万美元的资助。后来，美国联邦政府毒品立法的司法权基础从《哈里森麻醉品法》借助税收权向借助州际商业权力转变，[①] 尼克松政府在1970年制定和颁布了《毒品滥用预防和管制综合法》，该法案将长期处于不断完善的《哈里森法》里面那些繁文缛节的规定纳入其中，更加注重司法惩治和医学模式的结合。自此，各届政府都颁布了综合性质的法律及政策。1997年美参议院又通过了《无毒社区法》，为社区戒毒提供了法律依据，并成立了“无毒社区联合体”，颁布和实施了“无毒社区计划”，极大地推动了无毒社区建设。

第二，完善领导机构和管理体制。19世纪早期，美国开始关涉戒毒治疗领域，当时由公共卫生官员建立公共的戒毒治疗诊所，为吸毒者提供免费治疗；19世纪中期，开始出现了专门用于隔离治疗吸毒者的“戒毒庄园”，主要由司法部门和联邦麻醉药品局管辖下的公共卫生服务部门经营管理；19世纪后期，形成了美沙酮治疗和社区戒毒治疗两大治疗形式。目前，美国药品强制管理局负责全国的戒毒工作管理和指导，美国禁毒署负责制定全国的戒毒政策。美国的社区戒毒工作部门称为“社区反毒联合体”。该部门始建于20世纪70年代初，目前联合体的组织结构日趋成熟。联合体一般设有董事会，下设执行委员会，为联合体提供更为详细的指导；有的还设有分工更细的小组委员会，制订具体的行动计划和协调活动。各州“社区反毒联合体”之间注重沟通与交流，在资源方面实现共享，在技术方面实现互助，逐渐发展成为美国禁毒运动中一支举足轻重的力量。联合体的行动也趋向多元化，既注重对吸毒者的治疗，也加强了对毒品使用的预防以及同其他机构的协作。

---

① 张勇安：《20世纪美国毒品政策史的多视角解读——读〈美国的痼疾：麻醉品管制的源起〉》，载《美国研究》2004年第4期。

例如，“迈阿密无毒社区联合体”与“无毒美国伙伴组织”合作，通过传媒来进行禁毒宣传，并帮助学校和社区组织实施了以科学为基础的毒品预防计划。

第三，多渠道筹措经费。美国实施相关戒毒政策和法规有着强大的资金保障和财政支持。例如，联邦政府创建的“社区伙伴示范授权计划”，由美国卫生和公共服务部的物质滥用预防中心领导。政府给予45个州和波多黎各的251个社区伙伴约4.5亿美元的拨款，其主要目的是通过加强社区联合体来减少成瘾物质滥用。布什政府时期增加联邦的禁毒预算，以增强社区预防毒品的能力、毒品治疗的机会和国际毒品管制项目。政府将逐年增加对以社区为基础的禁毒项目的资助，从1990年的5000万美元增加到2007年的1亿美元。无毒社区的日常的管理和资金的预算基本上由司法部的青少年司法和越轨预防办公室负责。额外的技术和科学支持及培训则由物质滥用预防中心提供，负责为美国的社区直接提供免费的或廉价的材料。无毒社区计划还得到很多私人部门和组织的协助，包括州反酒精和药物滥用主任联合会、全国预防网、反对酒后驾车母亲协会、全国吸入剂预防联合体等机构。这些机构为“无毒社区联合体”提供了有益的信息、研究和经常性交流的机会。此外，社区戒毒还得到了很多商业化的资金支助。如今，美国的“社区反毒联合体”已经发展成为具有商业化的管理模式、明确的行动目标、多渠道的资金来源、多层次全方位的协作方式等特点的成功禁毒模式。

（三）日本社区戒毒和社区康复的模式及基本做法

可以说，一部日本毒品泛滥的历史就是日本研制毒品成瘾的历史。日本社区治疗模式，可称为“整合式策略”，除政府外，更有社区的参与及民间大量志愿者的投入，为戒毒人员提供辅导、毒品滥用教育、相关资讯等，帮助毒品戒治者远离毒品，回归社会。这种较为完善的社区戒治模式，可以对离开医院后的毒品戒治者进行追踪（追踪期），从而建立“社区治疗地域网路模式”，并结合警察署（暂时保护）、保健所（指导访问）、精神病医院（验尿）、福祉事务所及职业安定所（安排就业）等机构，给戒治者提供生活上的帮助与精神上的辅导，防止其再次吸食。在日本，戒毒的机构主体是医院，但在药品与食物安全司设有专门负责麻醉药品和精神药品监控的麻醉品监控局，负责治疗与预防措施的制定与指导、监督医院等部门成瘾药物的管理和滥用情况的调查。

吸毒被认为是一种犯罪行为，但在惩处上却时刻以关心吸毒者的身心健康为首要任务，充分体现以人为本的法治理念。吸毒人员一旦被发觉，就应先送到医疗机构进行生理脱毒，治疗方法主要以药物治疗为主、以心理辅助为辅，住院时间一般为 2 个月，同时开展以“预防复发”为目的的随访工作。在此期间，戒治者如能很好地配合医生的治疗工作，出院后并非必须服刑。相对医生而言，这种强制性法律，自愿式戒毒体制更好地保证了治疗工作正常有序的进行；同时，对戒治者本人而言，保持操守、配合治疗是减轻服刑压力的一种动力。日本根据吸毒者的具体情况选择不同的刑罚措施。除限制其人身自由外，处罚的种类很多，如缓刑、假释、社区服务、暂时释放、中途之家、工作释放、学习释放、电子监控、居住中心、家中监禁、中途训练所、治疗项目、工作中心、日报告中心等。另外，从执行和监督人员来看，除警察之外，很多专业的社会力量也可执行，通常吸纳很多社会上的志愿者充当矫正官，实行同伴教育。

日本戒毒资金来源多元化，除政府的财政资助外，还包括基金会的资助、商业赞助和个人捐赠等多种方式，保障了戒毒资金的充足。此外，日本政府还将苯丙胺类成瘾者及苯丙胺类精神病症住院治疗的全部开支纳入社会医疗保险体系。

（四）德国社区戒毒和社区康复的模式及基本做法

德国的主要戒毒方式是由医院等专门机构提供门诊治疗和住院治疗，基本的治疗方法是美沙酮替代疗法和强制戒毒法，美沙酮替代疗法为多数人所选择使用。其强制戒毒法一般采取个别谈话、小组交流、运动训练的形式进行，只是在吸毒人员出现呼吸紧张、痉挛等极端症状时使用一些镇静药物，被称为“干戒”；住院治疗通常需要9个月左右，个别场所时间长的可达3年。

其康复工作主要由康复中心以社会心理康复方式实施，包括单独治疗（即个别谈话）、小组治疗、心理治疗、工作治疗（如提供再教育计划、进行职业培训、推荐就业、提供个别工作岗位等。有的自我援助机构也提供木工、油漆工等职业培训和工作岗位）。

（五）西班牙社区戒毒和社区康复的模式及基本做法

西班牙将毒品吸食者视为病人，单纯吸食者在西班牙不会被科以刑罚，戒毒是免费治疗。各种戒毒治疗计划主要由医院提供，以完全戒绝毒品为目标。因此，其治疗方法是完全戒绝与维持疗法。在医院接受治疗有门诊、住院两种方式，门诊多设于市区、住院多在郊区。

此外，西班牙还设有包括门诊室和培养戒毒者正常兴趣的工艺教室、团体活动等设施的“市立社会福利中心”这种戒毒村模式。虽名为“社会福利”，但它的实际功能是为药瘾及酒瘾者施以治疗，尤其是通过正常兴趣培养使其生活上有所寄托，并提供体能活动及团体讨论空间，以鼓励其回归正常的群体生活。

二、国外社区戒毒和社区康复的启示

有学者比较分析国外社区戒毒和社区康复模式及其基本做法后，认为各国社区戒毒和社区康复工作在以下方面存在差异：一是毒品的界定、吸毒者身份及吸毒者的法律适用不同，二是戒毒机构设置和资金来源不同，三是社区戒毒和社区康复的发展成熟度不同，四是社区戒毒和社区康复工作人员组成不同，五是社区戒毒期限不同。[①] 这些差异值得我们重视，需要我们在规划、设计和推进

---

① 徐媛媛、庄华、张鹏：《中外社区戒毒和社区康复比较研究》，载《云南警官学院学报》2010年第1期。

本国社区戒毒和社区康复工作时，能切实结合自身实际作出科学决策。在此，我们主要分析国外社区戒毒和社区康复模式及其基本做法给我们带来的以下启示。

（一）制定相关的社区戒毒和社区康复法规

美国无疑是毒品控制和戒毒法律规定最多、最完善的国家之一，不仅有前面所列的各部法律，还有其他大量专门法律是为禁毒和戒毒而制定的，如美国国会 1970 年通过了《药品滥用预防和管制综合法》，1986 年和 1988 年分别通过了《反毒品滥用法》等。另外，泰国的禁毒和戒毒法律也比较健全，除了有综合性的《禁毒法》以外，还有涵盖了毒品管制、戒毒、预防、机构、国际合作、刑事处罚、行政处罚等专项内容的《精神药物法》、《麻醉品法》、《打击毒品犯罪措施法》、《打击海上犯罪法》、《反洗钱法》和《麻醉品成瘾康复法》等专门法律，并有大量关于禁毒事务的“总理令”作为立法补充，形成了完整的禁毒法律体系，有效地保障了打击毒品违法犯罪的需要。而从国际上看，第二次世界大战以来，联合国针对国际毒潮泛滥的情况先后制定了三个禁毒国际公约，即经修订的 1961 年《麻醉品单一公约》、1971 年《精神药物公约》和 1988 年《联合国禁止非法贩运麻醉药品和精神药物公约》。因此，国际及各国为我国制定社区戒毒和社区康复法规提供了广泛的借鉴资源。从我国的现行法律体系而言，2007 年 12 月 29 日通过、2008 年 6 月 1 日起施行的《禁毒法》，却还没有出台与之配套的具体规定，更没有一部专门性的社区戒毒法规，这与我国“宽严相济”的司法政策不符，与和谐社会的法治理念相悖。国务院颁布的《易制毒化学品管理条例》、《麻醉药品和精神药品管理条例》等行政法规、部门规章，能够真正运用到社区戒毒和社区康复工作中，还需要通过较为详细的法律规定来协调。因此，我国社区戒毒和社区康复的立法工作还不齐备，应尽快启动社区戒毒的立法步伐，全面规范禁毒业务工作，构建完整的禁毒工作体系，加快社区戒毒和社区康复法制化进程，落实政府统一领导、有关部门各负其责、社会广泛参与的禁毒工作机制和保障机制，为预防和减少犯罪、维护社会稳定服务，为可持续发展的和谐社会服务。

（二）建立和完善社区戒毒和社区康复的领导机构和管理体制

我国在社区戒毒和社区康复的实践上才刚刚起步，各种相应的领导机构和管理体制还不成熟，需要日臻完善。在这方面，美国的社区戒毒和社区康复工作部门给我们起到了很好的示范作用。美国的“社区反毒联合体”一般设有董事会，下设执行委员会，为联合体提供更为详细的指导；有的还设有分工更细的小组委员会，制定具体的行动计划和协调活动。在日本，戒毒的机构主体是医院，但在药品与食物安全司设有专门负责麻醉药品和精神药品监控的麻醉品监控局，负责治疗与预防措施的制定与指导，监督医院等部门成瘾药物的管理和滥用情况的调查。因此，应积极建立长效的领导机构和管理模式，形成在官方机构的统一领导下，各部门协调配合、广大民间机构积极参与、高效运作的社区戒毒和社区康复工作体制。

（三）开拓多元化资金渠道

戒毒人员进行戒毒治疗和康复的过程是一个相对漫长的时期，需要大量的资金投入，无论是治疗性社区的建立抑或美沙酮等替代或维持药物的研发和生产都需要投入巨额资金，很难纯粹由戒毒人员全额负担，哪怕仅仅支付必要的部分费用也是一笔不菲的开支。因此，社区戒毒和社区康复工作开展得比较好的国家，无不投入大量的专项财政资金，有些国家针对戒治者对某些药物治疗的长期依赖性将其全部开支纳入社会医疗保险体系；除强大的财政拨款保障以外，还动员社会力量积极参与，得到很多私人部门和组织、个人的协助或商业化的资金支助，逐渐形成了一种具有商业化的管理运作、多渠道的资金来源、多层次全方位的协作方式等特点的成功戒毒康复模式。这种多元化的资金获取模式值得我们学习，我们也应该充分利用人口资源大国的优势，动员全社会各个组织和个人将社区戒毒和社区康复工作作为一种关系国家未来的大善事进行支持。

（四）美沙酮疗法与TC模式相结合，注重戒毒康复的社会化效果

无论美沙酮疗法，还是TC模式，都是成功的社区戒毒和社区康复模式，但也并不是说两种模式是互相排斥的，它们具有共同的目的，因而在具体实施过程中可以相互借鉴，甚至融合成为一种戒毒康复模式。例如，在TC模式中，一个毒瘾较深的吸毒者，很难或者不可能马上断绝隐患，就有必要在进入TC模式的前期用美沙酮进行替代和维持，并逐步减少用药量，最终完全断绝用药并通过TC模式成功实现康复。而纯粹的美沙酮治疗，哪怕生理上脱毒了，但心理上对毒品的依赖却可能还会存在，要被社会接纳则更难，所以，也有必要运用TC模式进行康复治疗，确保戒毒成功者在社会上也能够充满自信和获得认可。综合来看，TC模式应当成为社区戒毒和社区康复的基本模式，可以此模式为基础，兼用美沙酮疗法进行戒毒康复治疗。

因为TC模式有别于传统的戒毒治疗，其治疗重点并不是脱毒，而是脱毒后的心理治疗、行为矫正、能力培养、人格重塑。事实证明，国外的治疗性社区戒治模式具有极高的康复效果和成功经验，其基本方法是将精神科学、行为科学、心理学、社会学的知识结合起来，创造特定的环境和条件，使药物依赖者“重新社会化”。据国外资料统计，经过社区治疗1年至2年的戒毒者，其5年操守率高达85%。我国目前大多数戒毒所的治疗还处在躯体脱毒阶段，康复及回归社会两个重要阶段没有开展。因此，构建一个从脱毒、康复到回归社会的完整的戒毒体系，让吸毒者从身体和心理上完全脱毒，顺利回归社会，是戒毒者的呼唤，也是全社会的呼唤。当前，我国应积极探索国外毒品预防和控制措施，广泛推行“TC之家”的社区戒毒模式。“TC之家”模式强调戒毒不仅仅是脱毒，它的力量主要集中在吸毒者心理和行为矫正方面，注重社会功能的恢复、职业培训以及重返社会，使人的思想能融合到主流社会中，明白有所付出才能有所收获，才能学到生存的技巧，能在社

会上立足。治疗性社区戒毒模式在治疗上对戒毒者采取以心理治疗和行为矫正为核心的综合疗法，让戒毒者在一个类似于家的环境下，学习自我管理，进行行为矫正，在与他人分享经验和情感的过程中，学习面对问题和挫折，提高应对毒品的能力，进而改变自身的生活方式，增强自身承受挫折的能力，接受并遵守主流社会的规则，最终达到完全康复。

（五）有效利用社会资源，催生非政府机构的广泛参与

社区戒毒和社区康复需要社区环境的支撑。目前，我国的禁吸戒毒工作几乎由政府包揽，社区、社会团体、非政府组织、民间组织参与的空间非常有限。因此，有必要吸收非政府机构的社团组织参与到禁吸戒毒工作中来，为社区戒毒和社区康复计划的实施提供咨询、资金和技术支持。这个组织应由青少年、家长、传媒、教育机构、青少年组织、执法行政机构、宗教和社会团体等其他组织组成，进而形成全社会参与的禁吸戒毒机制。

参 考 文 献

1. 全国人大常委会法制工作委员会刑法室编:《中华人民共和国禁毒法释义及实用指南》，中国民主法制出版社 2008 年版。

2. 周云清主编:《社会学》，武汉大学出版社 1988 年版。

3.《中国大百科全书 · 社会学卷》，中国大百科全书出版社 1991 年版。

4. 郑杭生主编:《社会学概论新修》，中国人民大学出版社 2000 年版。

5. 刘豪兴主编:《社会学概论》，高等教育出版社 1999 年版。

6. 谭建华、刘建昌、朱其良著:《毒品问题的预防与控制教程》，广西民族出版社 2006 年版。

7. 诺思著:《经济史中的结构和变迁》，三联书店 1994 年版。

8. 康芒斯著:《制度经济学》，商务印书馆 1994 年版。

9. 罗尔斯著:《正义论》，中国社会科学出版社 1998 年版。

10. 辞海编辑委员会:《辞海》，上海辞书出版社 1979 年版。

11. 王逸舟著:《当代国际政治析论》，上海人民出版社 1995 年版。

12. 邓绍兴、陈智为主编:《新编档案管理学》，中国档案出版社 1986 年版。

13. 李文君著:《毒品预防教育与戒毒康复》，中国人民公安大学出版社 2010 年版。

14. 刘强著:《社区矫正制度研究》，法律出版社 2007 年版。

15. 胡鹏：《禁毒法视角下的社区戒毒工作研究》，载《青少年犯罪问题》2008 年第 6 期。

16. 戴富强、郭维丽、文建：《社区戒毒若干问题刍议》，载《云南警官学院学报》2009 年第 6 期。

17. 许雪峰、刘继平：《关于公安强制隔离戒毒所与社区药物维持治疗门诊之间转介工作的探讨》，载《海峡科学》2010 年第 9 期。

18. 薛丽燕：《我国现行戒毒模式的效果、存在问题及对策》，载《中国药物滥用防治杂志》2005 年第 11 卷第 6 期。

19. 刘丽敏、鲁仲平、陈晓雪：《社区戒毒及社区康复的工作范围探讨》，载《中国药物滥用防治杂志》2010 年第 16 卷第 1 期。

20. 沈洪仕、何英云、苏俊义：《社区戒毒模式的探讨》，载《中国药物滥用防治杂志》2008 年第 14 卷第 4 期。

21. 许翠华、胡钧：《江苏省无锡市社区戒毒模式解读》，载《江苏警官学院学报》2009 年第 6 期。

22. 周远：《我省推进社区戒毒每 20 名吸毒者配备 1 名社区戒毒专职人员》，载《河北日报》2009 年 4 月 10 日。

23. 王海珺：《〈禁毒法〉实施以来戒毒工作遇到的主要问题及对策研究》，载《云南警官学院学报》2010 年第 1 期。

24. 鲁仲平、刘丽敏、姜绍伟：《社区戒毒及社区康复的规范化管理》，载《中国药物滥用防治杂志》2010 年第 1 期。

25. 刘丽敏、鲁仲平、陈晓雪：《社区戒毒及社区康复的工作范围探讨》，载《中国药物滥用防治杂志》2010 年第 1 期。

26. 骆晓玲、高晓东：《制约社区戒毒（康复）工作发展的主要因素与对策分析》，载《云南警官学院学报》2010 年第 3 期。

27. 张晓春：《细化社区戒毒和社区康复有关工作的思考》，载《广西警官高等专科学校学报》2010 年第 4 期。

28. 陈凤艳：《论当前禁毒斗争中的社区戒毒》，载《云南警官学院学报》2010 年第 3 期。

29. 陈帅锋：《对浙江湖州社区戒毒（康复）工作的调研和思考》，载《云南警官学院学报》2010 年第 6 期。

30. 徐媛媛、庄华、张鹏：《中外社区戒毒和社区康复比较研究》，载《云南警官学院学报》2010 年第 1 期。

31. 姚建龙：《禁毒法与我国戒毒体系之重构》，载《中国人民公安大学学报》（社会科学版）2008 年第 2 期。

32. 王国庆：《以人为本科学戒毒综合矫治为民服务浅议社区戒毒、社区康复的科学性和对策》，载《云南警官学院学报》2008 年第 6 期。

33. 谢环洲：《社区戒毒的“三架马车”》，载《人民公安报》2008 年 6 月 23 日。

34. 钟莹、梁国勋：《个案管理：社区戒毒工作的新模式》，载《华东理工大学学报》2008 年第 2 期。

35. 万文涛等：《学校制度建设的几点思考》，载《江西教育》2004 年第 12 期。

36. 阮惠风、顾克非：《社区戒毒社区康复存在问题与模式构建研究》，载《云南警官学院学报》2010 年第 3 期。

37. 王竞可：《析英国社区戒毒模式 探我国禁吸戒毒新路》，载《云南警官学院学报》2005 年第 3 期。

38. 胡纪念、陶晶：《英国特殊精神病院和反毒品工作情况简介》，载《法律与医学杂志》1999 年 3 期。

39. 司法部基层工作指导司：《英国社区矫正制度》，载《中国司法》2004 年第 11 期。

40. 方圆：《英国用物质奖励助瘾君子戒毒》，载《中外健康文摘》2007 年第 8B 期，原载《泰晤士报》。

41. 苗翠英：《戒毒药物美沙酮》，载《刑事技术》2005 年第 1 期。

42. 龚国如、邹晓敏、宋娟、江红：《TC 治疗在我国戒毒领域的应用现状及前景》，载《中国药物依赖性杂志》2006 年第 1 期。

43. 陈蕾：《美国日顶村治疗社区简介》，载《中国药物依赖性通报》1996 年第 3 期。

44. 张勇安：《国家与社会的互动：美国大麻管制政策的源起》，载《社会科学》2009 年第 2 期。

45. 张勇安：《20 世纪美国毒品政策史的多视角解读——读〈美国的痼疾：麻醉品管制的源起〉》，载《美国研究》2004 年第 4 期。

46. 张昱：《构建吸毒人员的社区康复社会工作体系》，载《青少年犯罪问题》2008 年第 1 期。